〈政治〉のこれからとアーレント

分断を克服する「話し合い」の可能性

佐藤和夫

花伝社

Hannah Arendt

〈政治〉のこれからとアーレント——分断を克服する「話し合い」の可能性◆目次

アーレント著作引用略号

HC　『人間の条件』、志水速雄訳、ちくま学芸文庫、一九九四年
The Human Condition, The University of Chicago Press, 1958

OR　『革命について』、志水速雄訳、ちくま学芸文庫、一九九五年
On Revolution, Penguin Books, 1977 (Originally published Viking Press, 1963)

LM　『精神の生活』上、下、佐藤和夫訳、岩波書店、一九九四年
The Life of the Mind, Harcourt Brace & Company, 1978

CR　『暴力について』、山田正行訳、みすず書房、二〇〇〇年
Crises of the Republic, Harcourt Brace & Company, 1972

OT　『全体主義の起原』1―3、大久保和郎・大島かおり訳、みすず書房、一九七二―一九七四年
The Origins of Totalitarianism, Harcourt Brace & Company, 1951（OTEと略す）
Elemente und Ursprünge totaler Herrschaft, Serie Piper, 1986（OTGと略す）

WP　『政治とは何か』、佐藤和夫訳、岩波書店、二〇〇四年
Was ist Politik? Aus dem Nachlass hrsg. von Ursula Ludz, Piper, 1993

MD　『暗い時代の人びと』、阿部齊訳、ちくま学芸文庫、二〇〇五年
Men in Dark Times, Harcourt Brace & Company, 1968

EU　『アーレント政治思想集成』1―2、齋藤純一・山田正行・矢野久美子訳、みすず書房、二〇〇二年

Essays in Understanding 1930-1954, edited by Jerome Kohn, Harcourt Brace & Company, 1994

KM　『カール・マルクスと西欧政治思想の伝統』、佐藤和夫編アーレント研究会訳、大月書店、二〇〇二年

BPF　『過去と未来の間』引田隆也・齋藤純一訳、みすず書房、一九九四年
Between Past and Future, Penguin Books,1968

AJ　L・ケーラー／H・ザーナー編『アーレント＝ヤスパース往復書簡』1－3、大島かおり訳、みすず書房、二〇〇四年
Hannah Arendt Karl Jaspers Briefwechsel 1929-1969, R. Piper, 1985

AS　*Hannah Arendt Gershom Scholem Der Briefwechsel*, Jüdischer Verlag, 2010

JW　『ユダヤ論集』、二〇一三年、みすず書房、1『反ユダヤ主義』山田正行・大島かおり・佐藤紀子・矢野久美子訳、2『アイヒマン論争』齋藤純一・山田正行・金慧・矢野久美子・大島かおり訳
The Jewish Writings, edited by Jerome Kohn & Ron H. Feldman, Schocken Books, 2007

〈凡例〉アーレント著作の引用表記は、本文内で（著作名、訳書頁数、原著頁数）の順で記した。

また、引用にあたっては、可能なものはすべて、原文からの筆者自身の訳による。したがって、邦訳本の文章とは異なっている。

はじめに

Ⅰ 「豊かな」社会の「目にも入らぬ人間」

「目にも入らぬ人間」invisible man、「ものの数にも入らぬ人間」とでもいう言い方がある。ひどい言葉だ。たしかに、ナポレオンやレーニンのことならみんな知っているし、ピカソやビートルズのような存在も誰もが憧れるかもしれない。しかし、現実に日々の生活を送る九九・九九パーセントの人々は、「目にも入らぬ人間」、「ものの数にも入らぬ存在」ではないのか。時にはテレビなどでのマス・メディアで「時代の寵児」ともてはやされたような人物でさえ、大半は消え去り、忘れ去られる。

他方、「ものの数にも入らぬ存在」ということの屈辱感を不気味な形で表明しようとする存在が次々と現れている。二〇〇八年には、東京秋葉原で、加藤智大が運転するトラックで歩行者天国に突っ込み、ダガーナイフで無差別に七人の命を奪った。彼は、犯行に至る前、携帯に書き込みを三〇〇〇回もおこない、自分が「誰にも理解されない 理解しようとされない」と、自分が何者からも注目を浴びることもなく、振り返られることのない存在であることをくどいように訴えている。自分は、まったくの一人で、誰からも好かれず、顔が「不細工」なので女性に魅力的であるような存在ではなく、能力も必要とされる存在ではないのだという。「ネットでも無視されるし」、「いつまでたっても一人」といった書き込みがくりかえし、くりかえし行われ、その気持ちは、犯行後も変わることはない。

続いて二〇一六年には、神奈川県相模原の知的障碍者施設「やまゆり園」で、かつて、ここで勤務していた植松聖という二六歳の男性は、この障碍者たちを不要の存在、国富にとって余計な存在だと信じ、結果的に、一九人の入所者を刺殺し、さらに二六名にも重軽傷を負わせた。この事件を考えるのに見逃すことができないのは、この植松聖が、犯行のまえに当時の大島衆議院議長に手渡そうとした手紙が存在しており、そこに彼の心情が疑いもなく表明されていることだ[1]。ここで彼は、自分がいかにこの競争社会の中で国家に有益な存在になる能力を持っているかを切々と訴え、自分の誇りを取り戻すためには、自分が女性に魅力のない存在だという思い込みから解放されるために、その殺害への報償として整形手術や改名まで可能にする巨額の報奨金を要求している。それにしても、四〇名以上の人間に、実際に、一人ひとり、自分が襲って殺そうとするなどということは、体力も精神力もないとそれほどの暴力は振るえないだろう。どんな怒りが、あるいはどんな絶望が、彼をそのような壮絶な企てへと駆り立てたのだろうか。

そのことを解明する一つの有力なヒントを与えてくれているのが、ジェームズ・ギリガンである。彼は、深刻な暴力犯罪を行う犯人たちが、根底において持っている感情は、「奴にバカにされた」とか「面目をつぶされた」という恥の感覚を持つことなのだという（ギリガン 2011: 第一章）。そうした屈辱感を持つに至った構造的な原因が現在の雇用システムや教育システムであるにしても、彼らの場合、そのシステムによって自分の自我が決定的に屈辱を与えられ、恥をかいたという思いが重要なのだ。したがって、その経験を通して感じた「恥」の感覚をぬぐい去るためには、大きな事件を起こしてでも自分が有意味な存在であることを周囲に思い知らせて、自分の誇りを取り戻す必要があると感じているという。そのような誇りを取り戻すためには、他者への無差別殺人を行うこともありうるし、これによって、自分の自我を守るために自分の身体、命を犠牲にするのをいとわない。身体として生存できるだけでは人間にはこの世に生きるのは悲惨すぎる。人間は、他者に認められ、尊重されて、自分がこの世に生まれたことに価値があり、かけがえのない存在であることを経験する必要のある存在なのだ。

驚くべきことに、二千数百年前の古代ギリシアのポリスにおいて、プラトンやアリストテレスが人間存在の意味を問うたときにこの議論が立てられ、「人間事象の領域」ta ton anthropon pragmata（「人間ならではの領域」）においては、「ポリスに生きる動物＝政治的動物」であることが肝心だという議論がされたのであった。

二一世紀に入って日本社会は、格差社会がますます進行し、若者は自分たちの未来の生活に希望を持てなくなっている。そのうえ、世界は、再び、帝国主義戦争の時代に入るのではないかという暗然たる絶望感が満ちている。二〇世紀という史上空前の大量殺戮を伴った「戦争と革命」の世紀がまるでその悲痛な経験を後の世代に伝えることができなかったのではないかと思わせられるように、独裁的権力者が、選挙という形をとって民衆の支持を得たとして、世界中で、政治的経済的覇権を争い、排外主義を煽り立てている。しかも、大量生産と大量消費のとめどもない拡大の中で地球環境そのものの存続をおびやかす危機が近づいていることを科学者たちが重ねて警告しているにもかかわらず、これらの政治家たちはこのシステムを抜本的に変えていく可能性もまともに探ろうとしていない。

いずれにせよ、今のところ、二一世紀を担っていく次の若い世代は、まだ世界の政治や経済の中で「見えない」invisible でいる。加藤智大や植松聖のような未来を切り開くとはまったく思えない殺害、「拡大自殺」と名付けるような見知らぬ人々を巻き込む絶望的な自殺願望に支えられた大量殺人の頻発は、若者の問題には単に経済的「貧困」で説明された問題とは別の次元が存在していることを提起している。彼らの心の中には、孤独と、自分が無用な存在ではないかという感情がうごめいている。

その背景に、グローバル化した世界経済の先の見えない危機があることも事実であろうが、そこから生まれるかもしれないより深刻な貧困の不安だけが若者を絶望に貶めているとは思えない。若者の心の中に占めているのは、そのような現実感覚というよりも、一日の大半の時間をすごすインターネットの世界、SNSやVRで生きる時間だ。たしかに、インターネットは、これまでの人間関係を一変させてしまったように見える。どんな性的マイノリティも、変った趣味や思想信条の持ち主も、地球の裏側の人物とさえ接点を持つことができるようになり、古典的意味での孤独というのは消えてしまっているかもしれない。しかしながら、その実態は、なかなか過酷なものだ。SNSの呼びかけに即座に反応しなければ、相手に対する関心がないとか、無視されているのではという不安感を防ぐための相互依存の関係によって、一日の大半を携帯を通じてのつながりの確保に使わなければならない。SNS上でも現実のコミュニケーションにおいても、相互の傷つけ合いが繰り返されて、逆に、若者を底知れない孤独感と絶望に向かわせている。[2] いつでも友人はどの瞬間にもLINEなどのSNS媒体を通じて存在しているのだが、彼らはその人間関係に自分の「あるがまま」を共有し合える関係を持てない。互いに、求められているキャラと称する振る舞いの中で自分を偽って存在せざるを得ない彼らの心は孤独だけでなく、この世界とのどうにも埋めがたい折り合いの悪さを抱えながらの日々である。

他方、彼らにとって「現実」の関係とは、生き残りをかけた受験戦争や能力主義戦争だけであるかのように見える。しかし、この受験戦争や能力主義戦争は、もっと抜本的な危機の反映かもしれない。どうも現実の歴史の歩みを見れば見るほど、それは、二一世紀に入るとともに始まった九・一一以降の世界の変容と深くからんでいるように見えるからだ。もはや人権や世界平和を訴えた近代の理念そのものが形骸化して、まるで世界の富の支配権のための戦乱の時代に戻っていくかのようだ。

ハンナ・アーレントは、ヒトラーがあれよあれよという間に権力に登り詰めて、世界戦争とユダヤ人ホロコーストを企てたナチスの「全体主義」支配の確立を目の当たりにし、他方で、それに劣らぬ「スターリン主義によるもう一つの全体主義」という歴史的経験をしたなかから『全体主義の起原』という本を書き上げ、一気に世界の注目を浴びた人物であった。この著作でどうしても見逃すわけにはいかないのは、アーレントのこの著作が、全体主義が登場するに至った歴史的前提や政治経済制度の原因を探って、「反ユダヤ主義」や「帝国主義」といったヨーロッパにおける歴史の詳細な調査と分析を行った政治学あるいは歴史学上の著作に留まらない人間の内面の考察を含む研究を目指していたことだ。

なかでも、全体主義の運動と思想が生まれてくる中核に、「人間というものがそもそも余計なものである」（OT3 p.250, 690）とする思想がナチスの強制収容所やガス室の中には典型的に現れていることに深い関心をよせていた。この戦慄すべき思想は、今日の世界の驚くべき本質を突いているように見える。植松聖がはっきりと表明したように、今日求められているのは、国家の富を増大させるのに必要な存在なのである。植松は「世界経済の活性化」のためには、「障害者」を「抹殺」する必要があると確信しており、それに貢献しない人間は「無用」であるどころか「有害」であると考えている。今日、日本では、労働力不足で外国人労働力が必要だとして大量の「技能実習生」が採用されており、失業率もそれほど上昇しているというわけではない。それにもかかわらず、「すべての人間が自分は〈余計者〉ではないかと恐れている時代」(OT3 p.230, 675) であることは間違いない。というのも、IT化、AI技術の飛躍的発展の中で、オートメーション化、ロボット技術のあらゆる分野での導入が進んで、少なくとも、人間たちは必ずしも「労働力」として必要とならなくなりつつあるからだ。むしろ「人的資本」である限りにおいてのみ有用なのである(ブラウン 2017: 第六章)。それは、単にモノの生産に限られるものではなく、これまで必要とされてきた、経理や管理、調査研究などの精神的労働に至るまで広がっており、ソニーやトヨタの開発技術に携わる人々でさえ、本当に必要とされる雇用期間はごく限られた時期であることを自覚させられざるを得ない状況の中で生きている。

たとえば、現代の喫緊の課題であるベーシック・インカムの導入の議論においてさえ、この問題が生じている。[3] つまり、ベーシック・インカムの導入が利潤の増大という目的や財政上の支出の無駄を省くという視点から論じられる時には、じつは、人々の「無用化」が暗黙の裡に想定されているのである。今日の失業対策やホームレス対策などにおいて行われるさまざまな財政支出が、必ずしも有効ではないとして、いわば「無用」な人々に労働力という形式で雇用することよりも現金支給の方がより無駄なくカネを回転させることができる方法としてベーシック・インカムの導入が論じられている。

アーレントは、すでに一九五〇年代にこの現象に注目しており、もはや「労働」さえ必要としない時代になって「労働する動物」である人間には、消費だけが求められることになるかもしれないと警告している。マルクスは、「労働からの解放」を主張しており、それは「必要からの解放」が可能であるかのようなユートピア的主張になっているが、今日のオートメーションの発展によって、その「昨日のユートピアが明日のリアリティになるのではないか」という危惧を、アーレントは表明している。六〇年後の二一世紀の今日、その予想は的中したかのようになり、「もう働いていただかなくても結構です。どこかでお金さえ調達していただければ、新しい商品を次々と消費していただければいいのです」と言わんばかりの時代になりつつある。「労働の苦痛」からは解放されかねないが、残るは「消費の努力」(HC p.192, 131)だけが課せられることになるとアーレントは予言する。

先に述べた植松聖や加藤智大のような大量殺人者たちは、自らを含めて、自分の存在が「無用」ではないのかという思いにとらわれている。しかも、彼らの共通の特徴は、文字通り、自分がまったくの存在すら抹殺されたように、誰にも注意を向けられず、記憶されることさえないのではないかという不安と絶望の中に生きている。彼らの行為の中には「拡大自殺」という言葉に表明されているように、他の人を巻き込まないと、自らの死さえ誰も注目してくれない孤立したものになるのではないかという恐れがあり、大規模な大量殺害をすれば、少なくともその事件によって、マス・メディアがその注意を向けてくれるのではないかという絶望感がある。

問題は、二一世紀を担う世代の中で、このような自分は「無用」な存在ではないかという感覚が支配しており[4]、その中で底知れぬ「見捨てられた孤立」が支配していることである。この無用感、不要感こそ、平等な関係の創出を通じての他者との協同による「政治」への根源的不信の原因である。その無用感の根底に流れる問題とは何か。それは、結局、自分の存在の意味が社会によって求められる生産と消費の際限のない循環の担い手としての役割のみに自分が貶められていることへの絶望感ではないのか。それは「消費する動物」として、特に固有名を必要としない社会の歯車としての役割のみが求められることへの絶望感の表明ではないのか。

ここには、「豊か」になった社会のなかでの人間の根本的不安、すなわち、自分がかけがえのない存在として求められているのでなく、社会の歯車として動いている限りにおいてのみ求められているという不安がある。歯車の一つとしての存在に固有名は必要ない。「豊か」な社会において、代替可能な存在として無名の、人々の注意や尊敬のまなざしの届く可能性のない「見えない」存在だけで十分だとするあり方こそが、二一世紀の最大の問題ではないのか。「貧困」からの解放が「不要な」存在としての「消費する動物」としてのみ生存可能なのだとすれば、現代はなんと過酷な時代であろう。

この問題をめぐって、アーレントは、今まで見逃されがちだった重要な区分を提起する。それは、「貧困」poverty な人と、無用だとして注意のまなざしさえ向けられることのない「目にも入らぬ人」invisible man との区別である。たしかに、餓死は例外的事情でなければなくなったかもしれない。しかし、黒人や女性、ユダヤ人、在日コリアン、あるいは性的マイノリティだという理由だけで疎まれる人々、さらには、この能力主義を絶対的原理とする社会に生まれた自分が無能力とさげすまれて、「恥」を全身にまとわされ、生き恥をさらして屈辱のなかに生きなければならない加藤や植松のような若い人々、こうした人々の存在を貧困の問題に還元してはならない。彼らは「生活を傷つけられた上に忘却という屈辱」を付け加えられているのである。[5] アーレントは、この問題はけっして「貧困」という「社会問題」として解決されるものではなく、「政治的問題」(OR p.104, 69) なのだとして、このような問題こそがいわば、彼女が生涯にわたって「政治」の問題に取り組んだ理由の中核にあることを示している。

Ⅱ　民主主義の信用低下と「活動」としての「政治」の可能性

民主主義の信用低下がすさまじい。ほとんど破産宣告といってもよいほどだ。考えてみれば、どこの支配者たちも自分は民主主義者だと宣伝しまくったのは二〇世紀になってからだ (福田 1997: 序章) ということを考えれば分からないわけではない。今日では民主主義の理論家として紹介されることさえあるルソーやロックの時代さえ、民主主義は不評だった。しかし、民主主義という名前を今日、冠しているのは、じつは、代議制民主主義という近代国民国家の権力支配決定システムにあったのではないか。人民民主主義という名前を持った旧社会主義国の現実が、もっとも徹底した共産党による上からの指令の徹底した管理主義であったことを考えれば、それはよく理解できよう。

しかし、日本も含めた意味での西側の民主主義諸国の場合はどうであろう。こちらの信用失墜は、いささか様相が異なる。むしろ根源的な信用失墜の理由は、選挙による政権交代の実現という戦後政治のありかた自体に求められるであろう、フランスにおけるミッテラン政権の誕生、ドイツのシュレーダーによる社会民主党政権への失望、日本の民主党政権の混迷など、資本主義の問題点を改善して、より民主的で豊かな社会を作ってくれるのではないかと期待した政権交代が、ことごとく、国民の期待を裏切り、今日の経済運営を前提とする限り、どこに投票してみても、本質的な変化が感じられないという失望こそが、根本的原因であろう。現代の経済的繁栄を認めてその枠の中で動こうとするかぎり、どの政党に託しても、大差のない変化しか期待できず、しかも、経済的な豊かさそのものがもはや安心できるものではないというところに今日の根本的状況があるだろう。グローバル化し、複雑化した今日の世界経済と政治状況の中では、国内政治の無内容な議論よりも、G7やG20といった諸外国とのやり取りの中で強いリーダーシップの下で国家運営を進める強力な独裁的政治家の方があてになるというのが民衆の実感であろう。

米国を代表する政治学者のシェルドン・ウォリンは適確にも『株式会社 民主主義』という本のタイトルをつけて鮮烈にこの危機感を表明した。現代世界では、「国家と企業が結合した」「超巨大権力」Superpower が天文学的な規模のマネーを駆使しながら現代のグローバル化した市場競争を推進している。さらに、そこから生じるさまざまな問題の調整のためにさえ、G7やG20、さらにはダボス会議のような協議が、IMF、世界銀行とも密接に癒着しながら、毎月のように開催されている。地球温暖化の深刻な事態も、パナマ文書の漏洩によって発覚した目を疑うような巨額の大企業、権力者などの脱税行為も、それがどれほど深刻で大規模であろうとも、若者の危機意識を代表するグレタ・トゥーンベリが怒りと涙をもって糾弾したように、これらのトップの決定した枠内でしか何も抜本的には動かない状況である。草の根でうごめく民衆にとって、現代の政治や経済の動きとその仕組みは、巨大な象の身体を地球と錯覚してその上を歩き回る小さな蟻以上に、まったく正体のつかめないような存在である。ここでは、民主主義でさえも、これらの「超巨大権力」による「経営としての民主主義」managed democracyとなってしまっている。たしかにダイバーシティなるスローガンのもとで、性差別や人種差別の解消がスローガンとして謳われていることは前進かもしれない。しかし、それはほとんどもっぱら、技術開発や有効な企業運営のために、これらの壁をなくそうとするものであって、けっして、地べたを這いまわるような生活の現実のなかで頻発する性差別や人種差別を根絶するための本格的な取り組みをするものではない。もし「民主主義」が民衆による自治という意味なら、二一世紀の今日ほど「民主主義」からほど遠くなった時代はない。

では、民主主義は無用になったのか。事態は深刻である。米国では、トランプの登場以降、共和党と民主党の支持者が互いの議論を戦わせて、国の未来を作り上げていくなどという期待はもはやたわごとになりつつある。互いに相手が得ている情報はフェイクニュースだと罵り合い、共通に考えるべき事実さえ分からなくなりつつある。中国では、もはや「貧困」が克服された「小康社会」になったと宣言されるとともに、香港への徹底した政治弾圧、批判派への言論弾圧は背筋の寒くなるような恐怖感を感じさせる。ロシアやトルコ、サウジアラビアなどでの反対派への殺人さえ躊躇せぬ弾圧やミャンマーでのクーデターなど、政治への希望を打ち砕くような事件の続発がある。

しかし、考えてみると、これは「政治」の危機でも「民主主義」の危機でもないのではないか。もし「政治」が支配者を決めるための制度であるというのなら危機かもしれない。しかし、「政治」の原点が、古代ギリシア以来、ポリスへの市民の参加に象徴されるように、政治参加者が自分の生存のための利害関心から自由になって、共通の関心事へ主体的に参加するという営みだとするのなら、近代以降の政治は、そもそも、そうした「政治」の条件を満たすには何か重大なものを結果的に剥奪してきたのではないか。

民主主義が危機だというのなら、それは、単に代議制の民主主義の危機にすぎないのではないか。民主主義が民衆の自治、あるいは権力という原義に基づいて考えられるなら、その前提として、民衆がそのような参加の条件を、たいていの場合、奪われているという事実そのものから出発すべきではないか。

周知のように、男性の普通選挙権が成立したのは大半の先進諸国においてでさえ、二〇世紀に入ってからのことである。まして、女性の選挙権にいたっては、第二次世界大戦終了後が多数である。たしかにそれまでの民主主義、あるいは普通選挙権への理論家たちの批判や警戒には、一般庶民が何をするか分からないという支配的階層の不安や蔑視も含まれているかもしれない。しかし、何よりも明確な事実は、歴史的には選挙権の拡大は、私有財産の多寡に応じて決められてきたことである。つまり、富める者による貧しい者の支配正当化の理由として選挙権が使われてきたわけだ。今日の普通選挙権もまた、毎日の日々の生活が成り立つために、必死に働かなければならない多数の庶民にとって、人々の共通の課題にかかわる「政治」のための条件が極めて乏しいままで、一般庶民にも選挙権が拡大されてきたという歴史的経過がある。二〇世紀に一般化した普通選挙権とそれを基礎にした代議制度が、機能不全を起こしているとすれば、その発生に立ち返って、「政治」の意味と可能性が問われなければならないだろう。

ハンナ・アーレントの主著『人間の条件』の際立った特徴は、人間にとっての「政治」的「活動」

actionの意味を明らかにし、その「活動」が近代の国民国家の成立と結びつく「社会的」なものによって浸食され、衰退していくことの危機を明確にしたことにある。今日の大半の人々が、政治と聞けば、国民国家内部での財政問題を中核とする生命と生活の安全と安心をめぐる政党間のしのぎあいをイメージしてしまう。しかし、アーレントの確信によれば、「政治は断じて、生命、生活のためにあるのではない」（HC p.59, 37）。

ところが、アーレントの強調するこのような意味での「政治」が具体的にはどういう営みであるのか、そこでの「活動」とはどういうことであるのかは、『人間の条件』においては、きわめて抽象的にしか語られておらず、冒頭において「労働」や『仕事』との対比で「ものや事柄の媒介なしに人々の間で直接に進行する唯一つの営み」（HC p.20, 7）であり、その特質は、人間が一人ひとりまったく異なった存在であるという意味での「複数性」pluralityという条件において営まれるものであるという以上のことが具体的に語られているわけではない。ほとんど例外的に語られるものが、一つには、古代ギリシアのポリスにおける市民たちの「活動」であり、もう一つは例外的にハンガリー革命やロシア革命などにおいて発生した「評議会」運動であった。そのうえ、この二つは、今日二一世紀に生きる現代の私たちには、現代政治との比較で極めて、具体的な活動のイメージが困難なものであって、そのために、現代政治で議論されているものとどのような係わりがあるものなのかが、いま一つくっきりとした像を描きにくいままにある。

とはいえ、自らを職業的哲学者といわれることについては拒絶するアーレントが、「政治理論家」としては、多面的な発言をしている以上、彼女のそのような発言の中に「活動」とは何か、「評議会」

とはどういうことが意味されているのかが語られていないわけではない。とりわけて、『革命について』という政治的な著作においてはこの問題が明確に論じられていて、その解明のために決定的に重要な多くのヒントが与えられている。

本書は、二つの大きな課題を明らかにしようとして書かれている。

一つは、アーレントのみならず、マルクスやレーニンも評価した「評議会」運動において、何が目指されていたかを改めて吟味する中で、アーレントが目指していた「政治」的「活動」の意味を明らかにすることである。同時に、それは結果的には、二〇世紀の民主主義および社会主義運動の根本的限界を明らかにして、二一世紀の「政治」の可能性を問うことである。いいかえれば、二〇世紀の政治運動に決定的な影響をもたらしたマルクス主義の「活動」概念を批判的にとらえ直して、日本においてもさまざまな形で試みられてきた「政治」運動を新たな視点から再構成しようとする企てである。

第二には、近代民主主義理論が意識的にか、無意識的にか、見過ごしてきた、民主主義の前提となる「民衆」の「私的所有」＝「自分らしくいられるためのプライヴァシー」の確保の問題を議論することになる。それはさらに、「政治」や「民主主義」の概念を「超巨大権力」の統治システムから取り戻して、「政治」の本来の空間を現代において明らかにしようとする試みとなる。同時に、それは、アーレントの「活動」概念において、民衆の草の根からの「顔と顔の見える」対面的な世界がいかに重要であるかを浮きだたせ、その政治的意味を明らかにすることでもある。

第一章　歴史の「今」と自由の「遺言」

二〇世紀とは、貧困と戦争、暴力と差別の苦しみが、資本主義的経済発展か、社会主義かの選択の争いによって克服できるのではないかと、人々が歴史の未来に希望を託した時代だった。第一次世界大戦の終わりによって、歴史上、初の社会主義を掲げる政権が成立し、他方で、アメリカ合州国が空前の資本主義強国として世界に姿を現した。

日本においては、近代化に遅れて参入した資本主義発展競争の中で、労働者、農民をはじめとする国民に多くの生活困難を強いながら軍国化して、ついには太平洋戦争にまで突き進み、結果として莫大な死者を生みだし国土を荒廃させた。そのために、六〇年安保でも、七〇年安保でも、少なからぬ学生や知識人が戦争反対と社会主義への希望を願って運動に加わった。

しかしながら、そのような東西冷戦の国際状況の中での多くの闘争も、ソ連のアフガニスタン侵入などの社会主義の実態への失望が進む中、八九年のベルリンの壁崩壊以降の歴史的激変によって大きな方向転換をとげた。その結果、東西冷戦の対立は消えてよりよい社会が生まれるように多くの人々が期待したが、二一世紀が始まるや、9・11テロ以降の世界の混乱はむしろ、より一層深刻な戦争と破壊の道に進みつつある。そしてアラブ諸国の「民主化」のみじめなほどの帰結、そしてウクライナへのロシアの侵略によって、もはや戦後世界がどこかで期待してきた経済的富と平和の両立の夢は、急速にしぼんでいき、世界中で再び戦争が避けられないかのような不安と失望が広がっている。

今、私たちは過去に期待した歴史の流れのどれにも、いかなる幻想も持ちえない時代に入っている。社会主義が気味の悪いほどの官僚主義と政治的独裁によって人々の希望を失わせたとすれば、資本主義の表面的な繁栄もグローバル化金融経済の展開によって逆に若い世代に歴史に参加する希望を奪いつつある。この巨大化して硬直化した社会をどのように変えることができるというのだろうか。少なくとも、過去に示されたどこかのモデルが私たちの未来の生きることを支えるものとしての規範力を喪失したしたことだけは事実だろう。もはや、過去の経験は、私たちに何の振り返るべき素材も提供しないのだろうか。

少なくとも、このような絶望的な経験が空前のものではなかったことを逆に歴史は教えてくれる。歴史は、気力を失わせるほどの、先のまったく見えない経験を繰り返してきたのだ。たとえば、一九三〇年代にナチス政権のドイツに生きたユダヤ人は、どこに希望を持てばよかったのか。社会主義ソ連に希望を託していた人が、独ソ不可侵条約の締結によって、ナチスと社会主義ソ連が互いに手を組む仲間だったと知ったとき、彼らは歴史の未来にどのように期待しえたのか。

I　経験の貧困化と「失われた宝」

私たちは今、どんな時代に生きているのだろうか？　いったい、この現代は、私たち人類が、フランス革命や産業革命以後、追い求めてきた近代の豊かな「社会」の帰結なのだろうか。そもそも、一九八九年ベルリンの壁の崩壊以降、一気に崩れ去った東欧社会主義体制の後、一旦は、もはや争うべきもののないほどの勝利という意味でフランシス・フクヤマが究極のあり方のように唱えた米国式の「自由」な「民主主義」が、たったの三〇年もたたないうちに使用済みになった。まるでもう誰も使わなくなったカセットテープやVHSビデオのように、みんなから振り返られなくなりつつあるかのように見える。むしろ、政治の表舞台に立って世界を危うくしているトランプやプーチン、習近平、エルドアンをはじめとする上からの強引な指導が、これからの未来の世界の政治を支配するのではないかと不安にさせられる。そもそも、日常での生活の場面そのものが、先の見えない時代に生きている。日本という九〇年代に入るまでは戦後経済の超優等生のように経済的成功を収めた国自体が、方向を見失っている。たとえば、これほどのグルメブームにもかかわらず、貧困にあえぐアフリカ諸国のように、食事を十分に食べられないで登校する子どもたちが大量に存在している。そのような子どもたちがせめて食事を確保できるようにと給食制度の保持が叫ばれ、フードバンクがそのような子どもたちの食事を提供しようと努力している。しかし、そのような食材はどこから手に入れるかといえば、売れなくて大量に廃棄処分されるものをNPO団体が交渉して手に入れるものが多いという。たとえば、二〇一六年度の売れ残りや期限を超えた食品、食べ残しなど、本来食べられたはずの、いわゆる「食品ロス」は日本国内で約六四三万トン（二〇一九年度発表）であり、世界の食料生産量の三分の一にあたる約一三億トンの食料が毎年廃棄されているという。同じく、売れ残る衣料品は一〇億点を超え、繊維商品の廃棄量は年間八〇〇〇万トン以上になるという。

要するに、先進国では救いようのない浪費経済と過剰生産の中にいるということだ。アフリカ諸国の子どもたちが生存の瀬戸際で苦しむ中で、日本では、有り余る食品や衣料を廃棄処分にしている。

同じことは世界の貧困格差の一層の深刻化や地球温暖化の抜き差しならない状況に対する苛立ちと絶望感に結びついている。GAFAといわれる巨大企業の経営者たちや巨大金融市場で立ち回る人々、あるいは、プロスポーツで活躍する人々のあまりの巨額な報酬を聞くたびに、言葉を失う。せめて彼らが一人で年間に得る一〇〇億円以上の金額を一億円にするだけで、世界中の飢餓や貧困の問題など解決できるのにと思うのだが、そんなことはできそうにない。

福島原発事故で取り返しのつかない環境破壊、生活破壊を経験したにもかかわらず、政府は依然として原発廃止を主張できない。原発廃止を訴える主張をしていた政党でさえ、一旦野党勢力を結集しようとすると、原発産業関連で働く労組の強い反対の前ではそれを明確にできず、「原発をゼロにするゴールは一〇〇年単位だ」と答えるしかないという。たしかに、福島事故までの間に日本のあちこちに作られた原発の費用は天文学的である。それを維持するためには、その保全管理だけでも莫大な費用が求められ、他の方法では設置された自治体の財政を補填できるほどの代替産業の可能性はほとんどない。さらに、原発に代わる発電を保障する体制はまだ確立に程遠いし、もっと広く言えば、米国を中心とする根本的な政治経済依存関係とも関係する。福島原発事故の処理だけに限っても、実際の処理が完成するのにどれだけの期間といくらの金額が必要かを算定することさえ難しい。もう五〇基以上作ってしまったものの核廃棄物の処理はもちろん、どうやって管理するかさえ先が見えない。だから、原発はなくすことはできないという。

同じように、現在の経済体制を前提とする限り、地球温暖化に十分対応できる経済体制を作ることなど困難が多すぎる。それは現状の世界を覆う絶望的な核管理体制をめぐっても同じことだ。現在の米国やロシアの軍事産業の構造を変革しようと真面目に考えたら、その規模のあまりの大きさに、あきらめたくなるのも経済的には明らかかもしれない。

こういう絶望的状況を言うなら、アーレントが生きた時代はそれ以上だったかもしれない。ナチスは権力をとるや、国民の圧倒的支持を勝ち取っていった。他方、ナチスに対抗する勢力として期待を寄せていたソ連はスターリンの恐怖政治を進めて反対派を次々と処刑している。ましてや、まさかのナチス・ドイツと社会主義ソ連との同盟まで見たら何に希望を託せばよいのか。

実は、ヨーロッパは第一次世界大戦からすでに、まったく絶望しか見えないような状況であった。ヨーロッパ本土での毒ガス兵器の使用をはじめとして、航空機、戦車を使った塹壕戦、一般住民を巻き込む無差別殺害などによって、一五〇〇万を超える死者が出て、戦闘のあまりの過酷さに大量の兵士がPTSDを発症して、ヨーロッパの人々は深く傷ついた。

このことを、ベンヤミンは「経験の貧困」という言葉で描いた。従来の日常の経験と隔絶したあまりの残忍で過酷な戦闘を経験して「戦場から帰還している兵士たちが押し黙ったままで」（ベンヤミン 1996: 373）いることに気が付いたのだという。兵士たちは「語りうる経験が豊かになってではなく、それがいっそう乏しくなって、彼らは帰ってきたのだった。その一〇年後に、戦記物の洪水のなかでぶちまけられたものは、口から耳へと流れていく経験とはおよそ違ったものだった。そうなのだ。不思議なことでは、決してなかった。というのも、あの戦争にまつわる出来事においてほど徹底的に、経験というものの虚偽が暴かれたことはなかったのだ」（ベンヤミン 1996: 373）。現実に戦った兵士たちは、塹壕戦のなかで疲労と空腹、泥にまみれたいつ終わるとも知れない時間を過ごし、一旦戦闘となるや、一人ひとりの兵士たちが自ら見て経験したものは、一切の理性的判断も意味のない残虐極まりない殺し合い、大地の光景も変貌してしまうほどの大量破壊であった。それが、まるで輝かしい英雄的な戦いのように語られたとすれば、現場の兵士たちが生死をかけた苦痛と屈辱の限りの経験は、いったい、どこに行ってしまうのか。彼ら一人ひとりの経験は、まるであってはならなかったように扱われることになる。「経験の相場はすっかり下落してしまった」のである。

同じく忘れられてはならないのは、時間による忘却という宿命ともいうべき事態だ。一例を挙げよう。一九八九年のソ連や東欧社会主義国の崩壊は、当時二〇世紀のもっとも劇的な事件として大きく報道されたものだった。一九一七年のロシア革命は抑圧された階級としての労働者や農民が初めて政治権力を獲得した歴史的大事件として位置づけられた。ところが、そのソ連が、スターリンによる独裁と全体主義化によってヒトラーに劣らぬ恐怖政治を行い、第二次大戦後の世界は、ソ連と米国の核戦争の恐怖のなかで冷戦体制を耐えなければならなかった。

その冷戦体制崩壊のきっかけになったのが、ベルリンの壁開放に本格的に始まる東欧社会主義諸国の民主化だったが、それは、さしあたっては社会主義体制の打倒というよりは、その政治的民主化への要求として始まった。当時、東独の人々の要求は、外国への旅行の自由をはじめとする政治的権利への要求として下からの根気よい運動として始まり、東ドイツ国内での下からの民衆の要求は大きな波となった。「人民の民主主義」国だという建前を掲げる政府に対して、「我々こそ人民だ」という市民たちのスローガンは、民主的変革への運動の要求を象徴しているものだった。ところが、東ドイツ政府内部の政治的混乱をきっかけとして偶発事件として始まったベルリンの壁の開放が引き起こした歴史的展開は、どんな予想も超えて進展したものだった。結果的に生じたのは、あれよあれよという間に起きたドイツの再統一という形での、西ドイツの資本主義経済への東ドイツの併合であった。民衆の運動そのものが、民主化という政治的要求というよりは西ドイツの経済的繁栄へのあこがれへの運動であるかのように変容し、東独での民主化の運動は一挙に背後に退き、大量の西側資本の投入による都市再建や消費文化の形成だけが目を引く問題となり、市民の掲げた政治的民主化の問題はまるで最初から存在しなかったかのように忘却され、その代わりに、シュタージと呼ばれた秘密監視体制への恐怖の摘発という形だけが進行していった。その結果、旧東ドイツで、粘り強く民主化を進めようとした人々は、社会主義的独裁に協力した犯罪者であるかのようにして社会的に排除され、少なからぬ人々は自殺や失望のなかでの破滅的な人生を歩むことになった。これらの東ドイツでの民主化に逮捕や拘留なども覚悟して戦った善意の人びとのことは、今では存在したという事実さえも忘れ去られているといっても誇張ではない（東ドイツの民主化を記録する会 1990）。

時代の大きな流れの中では、個々人の命をかけた訴えも、存在しなかったように忘れ去られるとすれば、この人びとの民主的な社会主義という要求は、まったくの幻想にすぎなかったのだろうか。

とりわけて、今日のマス・メディアの急速な発展と全面化による情報管理の浸透は、支配層の強い介入とも結びついて、一人ひとりが経験して実感するものの価値を貶めてしまっている。個人にとっては最も悲惨で取り返しのつかないような経験が、大きな歴史の流れのなかでは、かすり傷さえないことであるかのように扱われることに慣れてしまい、個人のかけがえのない経験など語るに値しないものようになってしまう。個々人の経験は、歴史の大きな流れの中では些末なことにされてしまうのだ。歴史などというものには、興味を持ったとしても、無力な個人にとっては、別世界の巨大な営みであって、手に負えない規模の営みの世界ということになる。

実は、このような経験は世界の各地で起きているさまざまな運動のなかで多かれ少なかれ経験されていた。それどころか、独裁者による不当な言論弾圧や軍事的抑圧のなかで、それに反対する政党や既存組織が存在しないか、民衆の自由への要求を代表できない状態になったところでは、このような自発的運動は歴史上さまざまな形で登場した。

同じような事態は、六八年以降の各地の大学闘争のなかでも、企ての規模や射程に差はあったとしても、明らかに見られたものであった。六八年の運動で言えば、学生たちは、高度経済成長期の社会状況になかで、豊かになりつつある社会が敷いたルートに従わなければ安定した生活は保障されないという無言の圧力のなかで、権威主義的な大学の教育と管理の在り方に不満を持ちながら、戦後の民主主義の虚構に不満を持っていた。他方、ヴェトナム戦争の激化と、それに反対する世界の動き、とりわけ、徴兵拒否や人種差別反対の動きは、人々が声を上げて闘うことの必要性と可能性を学生たちに伝えていた。たとえば、東大では、矢内原三原則というものがあって、大学は教授会の自治の決定の中で学問の自由が許されるものであり、その温情独裁型の枠内でのみ学生の活動が認められた。そのため、学生たちによる自主的なストライキ決定が行われれば、自治会責任者は退学処分が行われた。戦後の民主化が唱えられてからすでに二五年以上が経つのに、上からの温情的独裁 paternalism はごく当たり前のごとく大学構内を支配していたのだった。

日大では、大学当局における数十億円にも及ぶ巨額の使途不明金が明らかになり、高額授業料などに苦しむ学生や保護者達、さらには教職員をも巻き込んで理事会側を追求したが、当局側はその大衆団交を反故にして、機動隊を導入して学生を排除した。戦後高度経済成長のなかで、「民主主義」が謳歌されたにもかかわらず、実態的には、前近代的な家父長的支配秩序や規則が厳然と残り続けたのである。

「豊かな」社会が生まれれば、民主主義的な文化や人間関係も生まれると期待された中で、国際的には、ヴェトナム戦争に象徴される相変わらずの残虐な戦争が続き、国内でも、民主的なはずであった大学内部で、医学部処分や矢内原三原則に見られるような学生の権利を上から押さえつけ、管理しようとする動きが生まれていることに対する反発は一気に学生の鬱屈した心情に働きかけた。いったん、闘争が始まるやいなや、学生たちは大学で学ぶということはどういうことかを原点に立ち戻って議論し、大学の教育研究体制やカリキュラムや授業のあり方に至るまでの改革の可能性をめぐって文字通り議論を闘わせた。[6] さらに言うならば、大学という組織が、既存の支配秩序を強化して、エリートがこの社会を実質的に支配し続けるというありかたそのものにまで疑問を投げかけ、大学の民主化にとどまらず、「大学解体」というスローガンが叫ばれ、それが学生たちの心を惹いたということ自体が、近代社会への根底的な疑問提起であったことを示している。それは、これまでの日常の権威主義的な秩序から解放されて、これまでの生活のあり方全体を問い直す議論と話し合いの場となった。[7]

しかし、その後の経過は、強力な現代資本主義社会の支配のなかで、政府の強い介入により学生運動は急速に収束に向かい、一部の暴力革命路線に走った運動を除けば、まだ、大半の学生たちは圧倒的に生産力の上昇期であった企業社会のなかで、当初の徹底した吟味を胸に秘めたままに、日本の豊かさの増大こそが現実に可能な道と見定めて生きたのであった。それは決して、心地の良い人生とは言えないものだった。なぜなら、学生運動のなかで、根本的に問い返したこと、差別と抑圧と戦争に反対し、一人ひとりが自由に自分のあるがままの願いを表出したことは文字通り「宝」であったし、「社会」に生き残るための妥協としての、仮面をかぶった生き方を一旦は問い返すという活動を経験した人間にとって、その「活動と話し合い」は決して忘れ去るわけにはいかないものだからである。

六八年以降、数年にわたって、時には高校生の運動まで誘発しながら、全国に展開していった学生運動の波は、その後、急速に世界第二の経済大国として展開した高度経済成長の波の中で、連合赤軍の事件の凄惨な大量殺人事件を引き金として、一気に一時の流行性感冒のように、しぼみ、忘れ去られていった。

しかしながら、そのような現場に居合わせて、その歴史の大きな波に参加した人間にとって、この経験は死の瞬間にまで、精神の奥深い闇の中に残り続ける。その後の展開からすれば、そういう経験が存在したことすら、一般には忘れ去られてしまうのだが、その歴史的事件の中に当事者として生き抜き、その歴史的な時間を「今」として持ち続ける人々にとっては、決して忘れ去られるものではない。とはいえ、悲しいことに、この経験は、文字通り、「遺言書」がついていないので、次の世代には、語っても伝わるとも思えない。太平洋戦争の兵士たちは、ほとんどの人が自分の子どもたちにも家族にも、戦争の具体的経験を語らない。それは、たしかに一方では、そのあまりに壮絶な暴力、殺し合い、破壊の激しさの故に語られないのかもしれない。戦場においては、時には、戦闘とは何の関係もない一般市民や女性、子どもにさえも、残虐な暴力や殺害をする羽目になったかもしれない。そのことを正直に話すことは現実の犯罪として処罰の対象になるかもしれないし、その話を聞いた側の人々からは鬼のような人物として糾弾される可能性もあるだろう。だから話されないのかもしれない。しかし、それ以上に、貴重な経験とは、時には、逮捕されたり、糾弾されるような危険があったとしても、ヴェトナム戦争反対とか、民主的な社会主義の実現といった夢に向かって、本気で仲間と徹底して議論し合い、その可能性を探ったことではなかったのか。ところが、その後の時の流れの中では、その経験が、あまりに、理解されるとは思えないということもあるのではないか。なるほど、この経験は当事者ではなかった人には理解されないものかもしれないが、その人々の心のなかでは、生涯にわたって、心の支えや逆に心の重荷になっていった。

この世に生まれてきた人間の生には苦痛や悩みがたえず降りかかって、そうした重荷に自分の人生も屈されそうになる。それでもその重荷に自らの生を耐えさせ、「人生に喜びを与えうるものは、人々が自由に活動し、言葉が生きる空間であるポリスだったのだ」（OR p.443, 281）と、アーレントは『革命について』の最後を括るにあたって述べた。この貴重な空間が、歴史という人間の営みの中で次の世代の中で生きた「遺言」となりうるかどうかが肝心なのだ。こういう確信をアーレントは、どのように得たのか。

このことを解き明かす決定的な人物が一人いる。ワルター・ベンヤミンであった。

Ⅱ 「今」に満たされた時間としての歴史――ベンヤミン「歴史哲学テーゼ」

アーレントは、ナチスの権力掌握とほとんど時を同じくして、ドイツを逃れ、四一年に米国へ亡命するまでの大半の時間をフランスのパリで過ごした。パリでは、アーレントは、ユダヤ人のための運動にかかわりながらさまざまな人々との交流を続けたが、なかでもパートナーになったハインリヒ・ブリュッヒャーとワルター・ベンヤミンとの交流は、彼女のその後の生涯と思想に強い影響を与えることになった。

四〇年のドイツのフランス侵入に伴う混乱のなかで、アーレントをはじめとして外国からのユダヤ人はフランス南西部のギュルスへの集合を命じられた。生命の危険をも感じていたアーレントやその他のユダヤ人の多くは、ナチスの侵入に伴う混乱のなかで、収容所を脱出し、マルセイユを通じて、さらにポルトガルから米国への逃亡を企てていた。アーレントは、当初は、逃亡の直前に結婚したパートナーのブリュッヒャーとも混乱のなかではぐれたが、結局、偶然出会うこともできた。同じくベンヤミンともマルセイユで会うことができ、その際、ニューヨークにあるアドルノらの「社会研究所」に『歴史哲学テーゼ』を含む最後の原稿群を届けてくれるように依頼された[8]。

この三人は、パリで一九三九年から四〇年の冬にかけて、ベンヤミンの親友の一人、ゲルショム・ショーレムの『ユダヤ神秘主義』という著作について、多くの時間を費やして議論をしたという(YG p.232, 161)。ブルーエルによれば、ベンヤミンのこの『歴史哲学テーゼ』はショーレムのこの本への応答として書かれたという。このベンヤミンのいわば絶筆を、アーレントとブリュッヒャーはリスボンでアメリカへの船を待つ間、互いに声を出して読み合い、周囲に集った難民にも読んで聞かせた。

この経験は、アーレントの歴史の見方を形成するうえで、強い影響を与えたものに違いなかった。

それでは、このベンヤミンの歴史観とはどんなものだったのか。『歴史哲学テーゼ』とはどのような内容のものだったのか。これは、原稿のままにアーレントに渡されたものであるから当然完成されたものでなく、二〇足らずのテーゼにまとめられたもの[9]であって、未完成のものといってよいのだが、自分がもう生き残れないかもしれないという絶望的危機のなかで託されたものであった。たしかに、この断片は、ショーレムの時間論への応答ではあるが、実際には同時に、歴史主義的な歴史観と、ベルンシュタインに代表される社会民主党の進歩史観への反論を目論んで書かれたものであった。当時、ドイツ社会民主党の主流は、労働者の生活条件の改善、科学技術の進歩によって、労働者階級が近代の進歩の一環に組み入れられており、もはや、現代の状況は労働者の豊かさに寄与するというような主張へと向かった。それに対して、マルクス自身、「ゴータ綱領」当時、すでに存在していたこのような技術万能主義的傾向に批判の目を向け、「自分の労働力以外の財産を所有しない人間は所有者になったほかの人間の奴隷にならざるを得ない」と反論したのだが[10]（XI）、この社会民主党の方向は二〇世紀全体の社会民主主義的な流れを決めるもので、豊かな西欧資本主義の発展は、結局は、抑圧されてきた労働者階級にとっても、進歩の過程として存在することになるという方向性を持ったものであった。つまり、資本主義の発展が歴史の進歩であるとするものであり、結果的には、国民国家の経済的発展が「進歩」の過程でもあるのだから、それに伴うユダヤ人の排除や世界戦争をも肯定するという思想を内包しており、ナチスの登場それ自体を潜在的に黙認するものだった。この種の「進歩」史観を肯定していった社会民主党に対する批判こそが、このテーゼ集のもっとも中核的な目標であった。つまり、ナチズムの到来を引き起こすに至る歴史観そのものへの批判が中核にあった。「ファシズムにチャンスを与えることになったのは、何よりもまず、その反対者の方が進歩の名のもとに、ファシズムを歴史の規則のように対処したことだ」(Ⅷ)。

ベンヤミンによれば、これまでの歴史観には歴史に対する二つの重要な看過がある。一つは、歴史が勝利者の立場から描かれていることへの看過である。もう一つは、「進歩」に依拠した必然性の歩みとして歴史を見て傍観する立場に陥ることである。

歴史上の経過とされているものは、どこかで、勝利者に「感情移入」している。歴史の歩みそのものがまるでただ一つの客観的な歴史であるかのように思いこまれ、その歴史の歩みが必然的であったかのように考えられがちだ。しかし、歴史の記録が、圧倒的に勝利したものの側からの記録である以上、それは、「勝利を勝ち取った今日の支配者が地に倒れた人々を踏みにじって凱旋する行進」(Ⅶ)を描いたに過ぎない。そこには声を出せないままでいる踏みにじられた人から見た歴史が忘れられている。コロンブスのアメリカ大陸到達以降のヨーロッパの歴史を発展と繁栄として描く歴史、とりわけて、世界史を、ヨーロッパ中心の歴史として描くものなどはその典型であろう。

コロンブス以降、アメリカ大陸の先住民は大半が絶滅させられたり、密林の奥深くに追いやられたりした。そうでなくても、自分たちの母語は公的な言語から追放され、米国の先住民のように、無理矢理に、その伝統的な生活様式を破壊された。自分たちは沈黙のうちに歴史の舞台から消え去るのみというような深い絶望感のなかでの、彼らの生活破壊は底知れない。もしこのような人々の存在の絶滅や支配を通じて到達されたものが近代だとすれば、近代の「進歩」とはいかなるものであろう。このような現実を無視して勝者へ肩入れした一方的な歴史記述は、「魂の怠惰」に基づく歴史観にもとづくものである（Ⅶ）。それに対して、むしろ、これまでの既成の歴史と称するものをいわば「逆なでにする」（Ⅶ）ことが必要なのだ。

それと同じように、近代化の過程に富の拡大を見て、結果的には世界大戦や大量虐殺を生み出すこの社会の方向を肯定した社会民主党の進歩観は、次の三つによって考えられている。この近代の「進歩」は、科学知識の進歩というのではなく、地球に住むすべての人類の進歩だと豪語した。それは進歩を、「第一には、（たんに技能や知識にとどまらず）人類そのものの進歩」と考えるものであり、そのうえ、その歩みは、「第二には、（人類の無限の完全化の可能性の）終わることのない進歩であり」、第三には、「直線か螺旋形かのコースを自動的に進んでいく止めようもない進歩」（ⅩⅢ）であるかのようにとらえている。このような人類の進歩観というのは、差別され、排除された人々を視野外に置き、多様な人間たちのさまざまな戦いや工夫、努力、苦悩といった生の現実の複雑な歩みを捨象して生まれる「同質的で空虚な時間」を流れる形で生まれる進歩観なのである。

このようなファシズムの到来を可能にする当時の社会民主党的な思考様式に対して、ベンヤミンが対抗して提起しようとするのは、「今という時間」（Jetztzeit）に満たされた時間なのだという（ⅩⅣ）。一般に考えられている時間は、人々が歴史にかかわり、作り上げていくジグザグや行きつ戻りつを含む歩みの具体相に目を向けることなく、いわば、個々人の営みを超えるどころか、それと関係のない形で生まれてくる進歩であるかのような時間概念である。それは近代においては、「理性」や「世界精神」の歩みだとして描かれてきたのである。そのような考察が行われる歴史観の根底にあるのは、個々の人間の営みを無視してもかまわない、あるいは、必然的な流れのなかでは偶然的で捨象しうるものと考える枠組みである。そのために必要にされるのは、「人類」という抽象を実体化して、個々人の人生のかけがえのない経験を超える次元の流れを想定する思考である。そのような歴史観の典型こそ、ヘーゲルがフランス革命の理念の実現を世界精神の歩みとして、個人の視点から乗り越えた歴史の歩みを実体化したものである。

こうした歴史観の持つ根本的な問題点は、現に今営まれている一人ひとりの営みのかけがえのなさが歴史の成立にとってどうでもよい派生的なこととなり、歴史自体がその中を生きる当事者にとって自分の意志や希望の枠を超えた外的なものになってしまうことである。たしかに、大きな歴史の動きの中では、個人の葛藤も努力も、壮大な天空の中を漂い、台風のような巨大な力の中では吹き飛ばされてしまう塵のような存在に見えるのだから、こうした思想が出てくるのも不思議ではない。

それ以外の歴史の見方がないのだろうか。逆に「今」を生きる一人ひとりの「個人」あるいは、私からはじまる歴史というものがありえないのだろうか。

ベンヤミンは、まさにそれを基礎づける「『今 Jetztzeit』の現前に満ちた時間」という考え方を提示しようとした。「今」ほど、時間と歴史にとって根源的なものはない。私たちは「今」を意識するようになって、初めて過去や未来が存在することの意味を理解する。「もうない」ということが、過去の時間を意識させるし、「まだない」がこれからの未来を期待させる。ところが、私たちの「今」という意識抜きには、そもそも「今」は存在しえない。「今」はいつでももう過去になってしまっており、「今」ということを可能にするのは、「今」という時間を私たちが生きる時間としてこだわりたいとする願いと意志によってだけである。少なくとも、「今」という時間枠が何時から何時までのものかを、当事者の意識抜きでは決めることはできない。いつも、プラトンやアリストテレスを読みながら考えている人にとっては、二〇〇〇年以上前の彼らが時に同時代人になってしまうだろう。愛するパートナーを失った人にとって、このパートナーが過去の人になることは極めて困難だ。あるいは人生で忘れがたい経験をした人にとって、そこでの経験、たとえば、戦争で初めて敵軍の兵を射殺しなければならなくなった時、あるいは、逆に自分が夢に描いていた大会で優勝した時などはいつでもその記憶が現在によみがえるだけでなく、その記憶そのものが現在の生きることを元気づけたり、陰鬱な気分にさせる。要するに、過去は現在と結びついて今の中に生きている。その意味で「歴史的唯物論者」である歴史家は「みずから歴史を書くその現在」そのものを現在とする。「現在は移行点ではなく、それがあるからこそ時間が生まれ、時間が立ち止まってくる」(XVI)ものなのだから。その意味で、過去とは「永遠」の固定されたものではなくて、歴史家によって「過去とのかけがえのない経験」が提起されるものなのである。

しかし、当然のことながら、人類がなしとげ、積み上げてきた歴史の中には、書き留められた「歴史」として存在するもの、まるで誰にでも共通な普遍的な歴史としての事件の羅列として蓄積されてきたものは、圧倒的に支配してきた者、勝利した者たちの歴史であるから、私たちが、そのような「大量の事実」の蓄積に埋もれてしまいがちなものを見逃さないように、探し出さなければならない。

そのことを指して、ベンヤミンは「過去の真のイメージは、さっと掠め過ぎていく」(V)という言葉で言い表している。勝者の歴史の中ではほとんど姿を見せず、過去の一瞬のように過ぎ去ってしまうものを見逃さず、現在を可能にしている私たちが、それをつかんで現代を考えるために探り当てようとする意識がない限り、見つかりにくいものが、歴史のなかには存在するからである。過去の一事件の中に、その事件の持っている現代的意味を探り当て、それを通じて数千年にわたる隔たりを一挙に超えて現代と過去を結びつける作業が求められる。そうした注目による記述においてこそ、「その仕事の中に人生の仕事が、人生の仕事の中に時代が、その時代の中に全歴史の経過が、保存されて高められていくのである」(Ⅻ)。

一例をあげよう。古代ギリシア文明の直接的源泉ともいうべきクレタ島のミノス文明を探ると、そこには、一五〇〇年以上にわたって戦争がなかったようだということが考古学的に見える(アイスラー 1991: 66 以下)。あるいは日本の縄文式文化の時代にも、考古学者の周到な調査を通じてわかるのは、本格的戦争は見つけられないということだ。それを、単に生産力の低い段階に起きた偶然にすぎないと考えるか、それとも、そもそも、戦争そのものが人間の宿命でも何でもないことの証だと考えるかは、当の現代人が真剣に現代というものをどのように考え抜こうとしているかに係わる。東西冷戦によってキューバ危機やヴェトナム戦争など、世界の戦乱が続く中、日本が憲法第九条の戦争放棄と非武装を(自衛隊の成立や安保法制によってどれほどゆがめられたにせよ)七〇年以上の間貫いてきたこと、市民の中の強い平和の意志の中で続けられてきたことが、まるで一時の幻想であるかのように否定されていく「現実主義」が強力で危険な流れとなっている。日本の戦後の国民の平和への意志を無力な妄想のように考え、安保条約によって、米国の軍事力、核の傘の下であったということによってのみ可能だったとする「現実主義」的思考はすべて、現在存在している世界の軍事支配体制を固定して考え、その枠の中でのみ平和を考えようとする思考の結果に過ぎない[11]。

一九八九年のベルリンの壁が崩壊する直前まで、世界の大半の学者たちは、東欧でいかなる変革があろうと、ベルリンの壁は崩れようがないと豪語した。その壁の崩壊は、実際には、東独の支配政党と官僚制度のほんの小さな勘違いとミスによって一気に崩れた。こうした偶発的事件は疑いもなく、東独の市民たちの往来や旅行の自由への願いがどれほど強く求めていたかの運動を権力者は感じていたからであった。同じような歴史の経験が他にもある。インドの独立を提唱したガンディーの「塩の行進」は、民衆を下から組織することでは絶対に当時世界史上最大の軍事力を誇った英国の支配を打ち破ることはできないとしたボースら多数派の国民会議派の政治家の「現実政治」観からは理解できないことであった。日本の戦後の流れの中で、戦争はもううんざりだとする民衆の下から蓄積された意識が強固に存在する間、「普通の国」としての軍事力を持った国家になろうという支配者の企ては「非現実的」であった。

そのために、民衆の非戦・反戦意識を時間をかけて破壊して行くことなくして、軍備を肯定する彼らの「普通の国」は「現実的」ではあり得なかった。日本の市民たちが数十年にわたって、そのような非戦の文化を作りあげてきた無数の企てのなかに、現在の「現実」を築きあげる「宝」を見い出しつづけるかどうかは、歴史の「今」とは何かを決定するポイントである。

アーレントは、ベンヤミンのこのような歴史意識を説明するために、シェイクスピアの『嵐　テンペスト』の一節を引用している[12]。

父は五ひろ、海の底。
骨は珊瑚になりかわり。
二つの目は今、真珠。
身体はどこにも朽ち果てず、
海の力で、みな、変えられて
不思議な宝となっている

人々がこの地球の上で営んだあらゆる経験、出来事は、時間の流れに従って、表面からは消えていく。忘れがたい、あるいは忘れることのできない経験も、次の世代が続いて生み出していく経験と出来事の中で時には背景に退かされてしまい、表舞台からは消えてしまったように見える。先立つ世代の経験は、いわば海の底に沈殿してしまう。けれども、そこに営まれた経験は、時の流れとともに、その意味が変容し、次第にその意味が浮き出てくる。かつての先祖たちが生きた証であった骨や目はいったんは海底の砂の中に見えなくさせられてしまったかのようであるが、同時にそれは、時の経過のなかで「珊瑚」や「真珠」のように、次世代に大きな光を与えてくれる結晶となることがある。アーレント自身が述べている例を挙げるなら、「政治」がそれなのだ。「政治」が語られる時、ヨーロッパにおける「政治」という単語、politics, Politik, politique, politica といった言葉は、いずれもその起源を古代ギリシアの政治経験、つまり、ポリスでの営みに持っている（BPF p.315, 204）。現代の政治が、利害をめぐる争いの結果としての戦争と革命の混乱を引き起こすものとなって人々の期待を裏切れば裏切るほど、古代ギリシアで営まれたポリスという過去の政治の経験、すなわち、互いの違いを認めながら協同の「活動と話し合い」を通じて得られる政治の意味が「宝」となりうる。それは、「過去をそのままによみがえらせるためでもなければ、消え去った時代の再生のために」でもなく、真珠採りが海の底まで潜ってきて採り集めるものは長い時間を通じて経験として結晶化したものであり、自然の流れに朽ち果てたり、激動の世界の中での変転のなかでは消え去ってしまうものも、世界を新しい相貌のもとに見ることを可能にするために海底から採り出してくるものなのである。

こうして、過去の経験は、時間軸の流れの中に歴史への関心を持つ者との関連なしにその外側に位置付けられ、連続的に置かれる情報として存在するようなものではない。過去の経験は、「今」という現在のなかで生きる要素として再度取り上げられてこそ、歴史となりうる。歴史が成立するためには、起きた事件だけでは成り立たず、それに注目し、それを記録することが重要だと考える歴史記述者や、歴史を思考することに関心があるものの存在によってはじめて歴史となるのだ。

歴史とは、単に博物館に年表として並べられる出来事の一覧表ではない。出来事の一覧表としての歴史をとらえることは、一種の「静観的態度」（ベンヤミン 1996: 562）であって、弁証法的な歴史観ではないという。

Ⅲ 「今、ここ」に生きる人間にとっての歴史

アーレントはベンヤミンの歴史観に強く影響を受けて、時間と歴史に関する自らの思想をどのように作り上げていったのであろうか。アーレントが時間の問題を最も明確に議論しているのは、カフカ

の「彼」と題された断片をめぐっての解釈である。
まず、アーレントの議論を展開するために、「彼」を引用する。

> 彼には二つの敵がある。第一の敵は、背後から、その起源から責め立てる。第二の敵は、彼にたいして正面から道を遮る。彼は両方と戦う。実際には、第一の敵は、第二の敵との彼の戦いを支援する。というのも、彼を前に進ませたいからである。同じように、第二の敵も、第一の敵との彼の戦いを支援する。彼を押し戻すことになるからである。しかし、そういうのは理論の上だけのことである。というのも、そこにいたのは単に二人の敵だけではなく、彼もいるからだ。彼の意向を実際に誰が知っているというのだろうか。とはいっても、彼の夢はといえば、いつか誰にも見張られていない時に――このためには前例のないほど暗い夜ということが必要だろう――前線から抜け出て、自分の戦闘の経験によって、敵が互いに戦うのを判定する立場になることなのである。

このカフカのアフォリズムをめぐっては、五〇年代の『過去と未来の間』という論文集の巻頭を飾る問題として「過去と未来の間の裂け目」というタイトルのもとに、カフカの論じていることが「思考における経験」をめぐってのことであり、「過去と未来のぶつかり合う波の間に地をつけている」「彼」の経験（BPF p.15. 14）に係わるから議論するのだと明言されている。[13]
その場合、忘れてはならないのは、思考の経験である。「思想そのものは生きた経験の出来事から生じるのであり、この生きた経験の出来事こそが思考がどこに向かうべきかという場合のたった一つの道しるべなのであるから、それに結びついたものでなければならない」（BPF p.16, 14）という立場で、この議論を展開していることである。

ここで言われていることを、時間と歴史と思考との三つの問題との関連で述べることが、ここでの課題である。まず第一に、思考は生きた経験の出来事の上で行われることであるから、現実に起きた出来事、事件とのたえざる往復作業の中から生じるという出発点を忘れてはならない。思考そのものは、生きた経験に由来するとはいえ、出来事に束縛されたままでいないで、それに距離を取ったり、反発したり、無視したりすることもできるが、だからこそ、その経験に立ち戻る必要がある。

第二に、人間の思考は今現に起きている出来事にだけに縛られるのでなくて、過去に起きたことを自分の思考のもとに持ちこみ、検討もし、疑問も持ちながら今問題になっているものを考える力がある。さらに、そうした過去と現在とのつながり抜きで、未来というものを考えることはできないのだから、時間と歴史というものは、人間の思考抜きでは存在しないものだということができる。あるいは、「精神の領域」での経験抜きで時間も歴史もないのだということができる。これはもちろん、時間や歴史が人間の思考によって自由に創造できるということではない。時間や歴史にとって、思考や精神というものが不可欠の構成要素だということである。

したがって、第三に、歴史や時間が、人間の係わり抜きで、「客観」的な法則性や必然性を持つという考え方に対しての根本的な批判が含まれているということである。これは、ベルンシュタインや当時の社会民主党が陥ったように、現状を歴史の必然的な結果として追認する流れの起源ともなったヘーゲルやエンゲルス流の客観的必然性という見方に対する断固たる批判である。[14]

そのことを前提に、カフカの議論は以下のように説明される。「彼」といわれる人物は、過去という時間と未来という時間の狭間に立つ存在である。ただし、この過去も未来も、「彼」が問題関心を持たなければ、生まれないものであるという点では、彼は両者に挟まれてはいるが、彼が主人公になりうるものである。とはいえ、人類が営んできたものの事件、出来事は圧倒的な量と質を持つものである。歴史の過去に起きた事件も出来事も、いかに膨大でも、その量も質もともに人間が、それを重大と考え、記憶にとどめ伝えようという意志による営みなしには過去そのものが登場さえもしないかもしれない。とにかく、過去の出来事も無限の過去から「彼」に向かっているのだし、そのことは同じく未来についても言うことできる。そこで、彼は「過去」と「未来」という両方から、向かってくる力を感じて「今」という時間を過ごしているのだが、過去の回想に自分を置くか、それとも未来への希望に自分の関心を置くかによって、さらにどのような過去の記憶をどのように深く受け止めるか、未来について希望をどれほど強く求めるかによっても、「今」という戦場に生きる「彼」は、大きく左右される。

カフカの場合、この「彼」は、過去と未来の戦闘から一歩退いて自分が当事者ではない立場から、過去から未来への時間の流れや歴史の歩みを判定してみたいものだという欲求を持つと論じている。

これに対して、過去と未来を問題にする人間の視点からすれば、「時間というのは連続体ではないし、妨げられることなく継起していく流れではない」(BPF p.11, 11)。だから、このような過去と未来の狭間にいる人間がその戦いの場から抜け出ても時間の流れがあり、現在があるかのような理解の仕方に対して、アーレントは批判的である。「彼」の立つ地点は、いわば、過去と未来の「合間」であり「裂け目」なのであって、時間という連続体の中の「今」の上に乗せられたものではない。時間が先にあって、その上にたまたま人間が存在しているのではなく、むしろ人間がいてこそ、時間の連続体が断ち切られて、現在という時間が現れ、そこから過去と未来の力へと分裂させられるのである。人間はいわば、その渦中の真ん中にいるのであるから、そこに翻弄される存在でもある。このような歴史と時間と当事者であることを抜け出して、そうした出来事のぶつかり合いの中から解放された立場から考察してみたいという欲求こそ、パルメニデスからヘーゲルに至るまでの西洋形而上学が持ち続けた「夢想」だと言って批判する。むしろ、こうした「時間も空間もない超感性的な領域が思考の固有の領域」(BPF p.12, 11) なのだということから思考とは何かをめぐる追求をおこなうことこそが肝心だとアーレントは強調する。

となれば、私たちの日常生活で理解している時間概念とはどのように違うのだろうか。日常生活における時間というのは、アーレントによれば、私たちの生活において「昨日始めた仕事を我々が続けており、明日には終えることができるだろうといった具合に、世界の中で仕事や活動を持続していることによる」(LM p.236, 205) のであって、いわば、空間的に既定された枠の中での生活について言われるものである。

それとは対比的に、カフカの問題とする時間とは、「思考する自我が日常生活の営みから退きこもってしまう」(LM p.237, 206) 限りにおいて成立するものだという。そういう時間が重要なのは、「精神の生活」においては、過去と未来の間における溝において「思考」が営む限りにおいて生まれるものだから、日常生活の時間の規定から自由になるからである。日常生活の空間的時間概念の中で生きる限り、現在というものはたえず消え去ってしまう時間であり、現在は直ちに過去になってしまう。そのように現在が現在として存在できるためには、一定の時間の持続を「今」として把持する精神の営みがなければならない。日常生活でこの世界の中で動いている「自己」（self）ではなくて、「思考する自我」（ego）は、カフカについてのアーレントの説明にあるように、この世界から「退きこもっている」のだから、過去、現在、未来という空間的順序の中に乗せられて、時間の継起の中で押しやられてしまう存在ではない。むしろ、過去と未来の両方にいわば立ち向かわれているのだが、そこでつぶされてしまうのではなくて、そこから何か新しい可能性を生み出す「今」という現在の時間を生み出すのである。なぜなら、この思考する自我は、時間軸の上にいるのではないからである。いわば時間の流れそのものに戦いをしながら、時間という絶えざる変化と不断の連続の中に、現在を存在させようとする企てをしているのである。

　別の言い方をすれば、人間が過去と未来という二つの方向からくる流れに対して、現在という時点を打ち立てることによって、過去と未来が意味を持つことになる新たな流れを創るのである。過去と未来のせめぎあいの中から、今現在の何かしらの問題意識が確立されて、それが重要だという思考の営みがあることによって初めて、過去という時間が構成されてくる。そして、その現在と過去の対話の中に、実は未来の流れが可能性として生み出されて登場する。このような「思考の流れ」（thought train）は、「私たちが生まれてくる世界と文化とは違って、時間のど真ん中での非時間の小さな空間」[15]（LM p.242, 210）だが、それがあるからこそ、大きな出来事の間に忘れ去られ、消え去りそうになるものさえも「非時間の小道」に保存されることができる。

この思考による記憶と保存の「小道」は、時の変化によって朽ちて破壊されるものではなくて、それを引き継いで再度人間の世界の問題にしようとする人間の営みがある限り「不死」であるといえる。それは人間の「有限性を超越してしまえる、一種の無時間的時間」(LM p.242, 211) であり、中世哲学の表現で言えば「静止する今」(nunc stans) と言い表されたものなのである。

このような今を生きる人間が打ち立てる時間概念が必要なのは、私たちが過去の圧力のなかで圧殺されてしまわないためである。もし、時間というものが、私たちの生きる営みとは独立に一つの必然的な流れとして存在し、それが私たちの生活と思考を外側から束縛し、規定するものだとすれば、現在は、私たちの手に負えないものだということになる。そして、今という現在の時間は、過去から続いてくる出来事の継起としての過程の中の一コマということになる。その時間は、個人の介入しえない客観的過程であるかのようにがんと存在する。

近代の時間意識と歴史意識においては、このような意味で、人間が時間をいわば始めるその営みを隠してしまい、いわば、時間がそうした人間の介入抜きで成り立つ超人間的な「世界精神」や「客観」的法則性によって、自動的「過程」であるかのように位置付けられるものとされたのである。その中で、個人は、歴史の歩みから事実上排除され、無用な存在となってしまうのである。

Ⅳ　自由の「遺言」

「自由」のもっとも大きな困難は、その言葉が「自由」を経験したことのない相手の心に入り込めず、リアリティがないことである。

私は、五〇年ほど前に、一〇・二一国際反戦デーに銀座通りを、フランスデモをして歩いた。今日の日本ではフランスデモといってもその経験がある人はほんの一握りしかいないかもしれない。東京の中心の広い大通りを道一杯に両手を広げて、隣の人と手を握り合い、何万人だかわからないほどの人々と一緒に中心通りを歩いたのであった。その頃、ヴェトナムでの、一つの国の民族と大地が丸ごと消えてしまうのではないかと思うほどの米軍の大量爆撃と枯葉剤の散布、それに抗議をして自らの身体にガソリンをかけて燃え盛る炎のなかで祈りながら崩れ去るヴェトナムの僧侶の焼身自殺の光景を毎日のテレビニュースで知らされる私たちにとっては、その怒りと無力感に満ちた思いをどう表現していいかわからないままに、いてもたってもいられない日々であった。日本の経済的発展や安定がこの陰惨なヴェトナム戦争とどこかでつながっているという思いが、私たちの心に何かの陰りを感じさせ、かといって、経済的な豊かさへと突き進む日本の根本的方向を否定して生きることのできるような具体的な道は何も見えなかった。せめて、この豊かさへの方向がヴェトナム戦争への加担となっていないことを願うばかりだった。とはいえ、その願いを公然と言葉にすれば、今度は安心して収入の道を確保できる優良企業や公務員などには就職できなくなるかもしれないという保身の気持ちも心の中に持ち上がってくる（当時は、デモなどに参加していたら公安警察から写真を撮られて、就職が難しくなるとささやかれていたし、実際に、そうした企業側の差別も横行していた）。

そんな屈折した思いを胸に秘めながら生きた世代が、銀座通りを埋め尽くす参加者と一緒に、「ヴェトナム戦争反対！」と大声で叫ぶことができる解放感は忘れがたいものだった。そのうえ、銀座通りの立ち並ぶビルのあちこちから手を振る人々や「がんばって！」という市民の声を聞き、途中からデモに加わる人々の流れなどを見て、その空間全体に「自由！」という大きな字幕が書かれているかのごとき記憶を私はいまだに鮮明に心に持っている。

大学紛争の過程では、「大学で学ぶことはそもそもどういう意味があるのか」、「大学での学問が民衆のための解放的可能性を持っているのか」、「大学の自治はどのようにして可能なのだろうか」といった根本に立ち返っての議論が正面からクラスやサークル、友人同士で、そして、時には教官たちをも巻き込んで行われた。その記憶は生涯にわたって私の頭に残っている。そのような議論は日常では心の片隅で一人で、あるいは数人の親しい友人との間に例外的にのみ語られることだったからだ。通常の人間の日常生活の中では、この心の片隅でのみひっそりと交わされる議論が、あの時には、学校という公的な場所で、あるいは銀座通りという一番皆の視線を浴びる場所で公然と表明されたという経験が、私たちの心のなかにしっかりと刻印されている。

しかし、それを経験したことのない世代に、それを私たちはどう語り伝えたらいいのだろうか。話を聞く相手が、その経験を他人事としてしか聞けない時に、それはどのように後の世代に語り伝えられるというのだろうか。この自由の経験、より限定的に言えば、「公的自由」の経験はそもそも後の世代に伝えられるのだろか。

アーレントは、「いかに思考するかの経験」をつたえようとする『過去と未来の間』の冒頭で、「過去と未来の間の空白」という難解な小論をおき、この問題に一つの提案をしている。しかし、この難解さは哲学的抽象概念を駆使しているから難解なのではない。そうではなく、人類がくり返し経験したことであるにもかかわらず、その経験があまりに輝かしく、それ故に、その後の日常の「私的生活」の「重苦しく惨めな不透明さ」épaisseur triste の中では、それを語ったとしても、通じない経験についての物語だからである。アーレントは、その経験をルネ・シャールの「私たちの遺産は遺言なしに存在している」という一見謎めいた言葉の中に秘められた意味を語ることで表明しようとしている。

フランス・レジスタンスは、ナチスおよびそれに協力的なヴィシー政権との、どこからの強力な支援があるわけでもない下からの戦いであった。全国的な中央司令部が最初にあって始まったわけではない抵抗はいつも危険で散発的に終わる危険があった。そうした抵抗の中で書かれたルネ・シャールの『エピノスの綴り』の中には、切迫した状況の中で、いつ仲間や自分自身が死ぬかもしれぬという緊迫した言葉が断片的に現れる。ナチスが撃退されたとしても、その後には、また些細なイデオロギー上の対立によって、仲間の中でいがみ合い、なじりあいが進み、疲労感が増すばかりの事態が続いてくる。そこでシャールは「たとえ私が生き残っても、このかけがえのない年月の芳香を断ち切って、沈黙のうちに、私の宝を（押し込めるのではなく）拒絶しなければならなくなるだろうことを知っている」（BPF p.2.4）と述べる。レジスタンスの中で、互いの違いにもかかわらず、その違いを認め合いながら、どう戦うのか、フランスの未来をどうしていくのか、と語り合い、協同したことの忘れがたい充溢した記憶は、戦後のフランスの世界の中では忘れ去られてしまう、いや、一時の夢だったといって切り捨てられてしまうだろう。

しかし、この時得られた「宝」とは何であったのか。それは、「レジスタンスに加わった人は自分を見出し」、「不満を丸出しにしながらそのままに自分を追い求め続けるだけ」の状態に終止符を打ち、また、もはや自分を「不誠実」だとか「人生に難癖をつけながら疑り深くいる厄介者」でいるのをやめ、「ありのままの素でいられる」(BPF p.2, 4) ことに気が付いたことだという。「社会がその成員に指定してくるとともに、個人の方でも社会に対して心理的に対応する際に自分で造りあげてしまうあらゆる仮面をかなぐり捨てて、このようにありのままの素でいるようになったとき、生まれて初めて彼らに自由が出現したのである」(BPF p.2, 4)。それは、暴虐や圧政に反抗したからではなく、自ら「挑戦者」になり、「自分自身について自分の人生の主人公になり」、「知らず知らずに自由が現れる自分たちの公的空間を作り始めたからである」(BPF p.3, 4)。

私たちは、日常の現実生活の中では、さまざまな役割を背負っている。その役割のなかで生きる人間は時にはその「社会」的役割に応じて自分を演じざるを得ない。たとえば、ある教員は生徒への制服指導などは子どもの人権侵害だと心の中では思っていても、校則や上からの指示がある場合には、子どもの服装などに注意を与えなければならない。さもなければ、処分や時には職業上の地位を失うかもしれない。公務員も、上司からの職務命令ということになれば、書類の改ざんや記録の隠ぺいを命じられるかもしれない。バイセクシュアルの父親は、自分が父親であることによる家族からの信頼を失うまいとして、ひたすらその事実を隠すかもしれない。ユダヤ人はひたすら差別と迫害を恐れて自分の姿を隠してドイツ人やフランス人になろうとしているかもしれない。日常生活では、しばしば、そういう自分を偽る演技の中で自分を生き延びさせなければならない。

しかし、自分の姿を偽ることなく、あるがままに表しながら、他者と連帯できる場があるとしたら、それはどれほど解放的な空間であろう。自分がどのような存在であるかを忘れるほど仮面をつけることになじんでしまった人間が、その活動のなかで自分を見出し、「ありのままの素でいられる」空間で活動した時、人は初めて「自由」を体験できる。アーレントは、そのような活動の空間が歴史上にしばしば登場したのだと強調する。[16]

その一つの典型的な例がフランス・レジスタンスの中で経験されたものであった。ナチスの破竹の勢いでの勢力拡大、対外進出のなかで、他の西欧諸国の反応はあいまいで複雑怪奇なものであった。西南の隣国、スペインでは、選挙による左派政権の成立に対して、フランコが軍事クーデターをナチスの協力の中で引き起こした。英国やフランスの政権は、その暴挙にあいまいな態度を取り続ける中、世界の民主主義と自由を願う人々が義勇軍を組織して内戦に参加した。英仏の権力者は、ナチスの進出以上に、ソ連と左派政権の進出に警戒心を持ち続け、ナチスへの断固たる態度を取ろうとせず、ナチスによるチェコ併合などにもあいまいな態度を取り続けた。

そして、ヒトラー・ナチスとスターリン・ソ連の間の驚愕の独ソ不可侵条約締結[17]に続くドイツのポーランド侵攻によって第二次世界大戦がはじまったが、フランスとドイツの戦争は奇妙な形をとった。フランス軍は、ドイツに対して「奇妙な戦争」態度を取り、結果的に、四〇年五月にフランスへ侵攻後まもなくパリへの侵入を許した。それ以降、将軍ドゴールはナチスとの戦いを表明したものの、ボルドーからロンドンへの逃亡の後、英国から呼びかけたに過ぎなかった。[18] 他方、ボルドーに脱出した政府は、独仏休戦協定を結び、ペタン将軍率いる「ヴィシー政権」を成立させることになったが、この政府は、のちにフランス語で collaboration（協力）と言えば、この時期のヴィシー政府のナチスへの協力的な姿勢を示すようになったほどのすり寄りぶりであった。[19] その上、共産党はヴィシー政権とナチスから容赦のない弾圧逮捕を受けていたのに、ドイツのソ連への進出による全面戦争に至るまでの間、必ずしも全面的なレジスタンス運動に入ったとは言えない状態であった。[20]
そうした中で、ナチスとヴィシー政権の両者から追及を受けたレジスタンスの運動が、下からの自発的な抵抗運動ゆえの困難と独特の連帯をつくりあげたことは容易に想像される。あらゆる既成の勢力から援助や支持の可能性も見えないままに始まったレジスタンスが、どれほど危機と恐怖と、不安と連帯に満ちていたかは、ルネ・シャールの詩集『イプノスの綴り』の中に示されている。
肝心なことは、このようなかけがえのない「公的自由」の経験は、けっしてフランス・レジスタンスの時期においてだけ経験されたことではないことだ。そうした経験は「七六年のフィラデルフィアの夏、一七八九年のパリの夏から一九五六年のブダペストの秋に」もあったし、それ以降も一九六八年のチェコの「プラハの春」や一九八九年ベルリンの壁の開放に徴される一連の東欧での「革命」にもみられただろう。ところが、そうした運動は「変幻自在にいたるところで突然予期せず姿を現したかと思うと、摩訶不思議にもまるで蜃気楼だったかのように再び姿を消し去る」(BPF p.3.5)ものであった。つまり、条件がまったく異なるところでも現れることもできるが、まもなく、その経験がなかったかのように忘れられ、互いの歴史の経験のつながりが消えてしまっている。
それには理由があって、「革命の宝」には「名前さえない」という問題があるからである。ルネ・シャールが「私たちの遺産は遺言なしに存在している」と書いたのもその理由と結びついている。「遺言は相続人に対して、何を継承すべきかを伝えてこそ、過去の財産が未来に贈られるのである」

(BPF p.4.5)。宝がどこにあって、どこに価値があるかを伝えるものがなくてならないのだが、そうした遺言がないので忘れられてしまうのだという。

たしかに、次の世代に、いったい何が伝えられたのだろう。六〇年安保反対運動にせよ、六八年の学生たちを中心とする激動にせよ、のちに一般に記憶され報道されたのは、国会前の警官隊との衝突であったり、安田講堂での機動隊と全共闘学生のぶつかり合いのショーのようなテレビの報道であった。最悪の記憶は、あさま山荘事件に帰着する新左翼といわれた人々の悲惨な暴力による殺し合いであった。同じように、七〇年代に大きく広がったウーマン・リブ運動もまるでピンクのヘルメットをかぶった中ピ連の突飛な行動が運動の代表であったかのように報道された。

これらのなかには、じつは、いずれもアーレントが言う意味での「革命」ではないかもしれないけれども、「公的自由」を求めてのかけがえのない追求がふくまれていた。新聞やテレビの報道につき従うかぎり、単なる機動隊との街頭でのぶつかり合いや、セクトの対立、勢力争いにしか見えないが、ときには命を懸けて参加した人々にとって、マス・メディアの報道は、どのような意味を持ったものだったのかをきちんと伝えたものではなかった。そこには、政治支配権力の奪取という目的のためには暴力さえも肯定したセンセーショナルな事件だけでなく、これまでの世界のあり方そのものを根本に立ち返って考え、語り合った仲間とのかけがえのない議論、「公的自由」の追求があったに違いない。あの時に何を希望し、何を話し合い、何を目指して共同の企てをし続けたのか。二度と戦争をしない国を作るにはどうしたらいいか、ヴェトナム戦争に日本が結果的に加担しているのではないか、現代の学問、教育そのものが企業に就職するための手段に成り下がっているのではないか、科学技術や芸術は現代においてどういう役割を果たすべきか、男女関係に民主的なあり方の形成が可能なのだろうか。そういった原理的な話し合いを夜を徹して話し合った経験、日頃、互いの心の中だけでひっそりと考え、時には懊悩していたことをあるがままに自由に話し合った経験、一緒にデモを組織したり、イヴェントを知恵を出し創りあった経験があったのではないか。

アーレントが強く訴えようとしたものは、自由の経験というものは、空間的に限られた特別な空間として存在するということである。「自由は、それが触れることのできるリアリティとして存在した時には、いつでもかならず、空間的に限界づけられている」（OR p.434, 267）ものであって、いわば「大洋のなかの島、あるいは砂漠のなかのオアシス」[21]（OR p.435, 267）のようなものなのだという。

しかし、このオアシスはどういうものなのだろうか。この場合、大洋あるいは砂漠とは日々の必要性に迫られて生きる空間のことであり、それに対して人間が「生活の心配」から解放されて、他者とともにこの世界を平等に基づいて創ろうとする企てのなかで生まれるのが「オアシス」という自由の空間である。これまでの近代の「政治」についての理論の大半が支配関係の形成をめぐる議論になっており、それが政治の目的となってしまっているために、上に述べたような話し合いや企てがいつの間にか手段化されて、その経験が「政治」の不可欠な、あるいは、本質的な経験であることを忘れさせてしまったのではないか。そもそも、「政治」の「意味」とは、その活動が続いている間にのみ存続するものだという（WP p.107, 126）。それは、その場所に一緒に居合わせ、ともに経験することそのものに意味が生まれているのである。

さらに重要なことがある。それは、このような経験の中から何が記憶されるべきか、何が語り伝えられるべきかの問題である。「政治の意味についての問いというのは、とりもなおさず、政治的協同生活と協同活動によってのみそもそも明らかになってくるもので、継続して記憶されるにふさわしい内包が何かに対する問いである」（WP p.111, 130）。

ところが、ことの深刻さと重要さは、それがこれまでほとんど真面目に扱われなかったことであった。そのかけがえのない経験が一時的な派生的な経験のように見られてきたのである。このことは、しばしば現実の冷酷な経過の中で忘れさられがちである。たとえば、日米安保条約の改定阻止という政治課題の目標からすれば、国民的な運動となって大きな声になったとしても、あるいは、国会前で数十万人が結集して抗議の声を上げたとしても、日米の両政府がその改定を、権力機構の根底にかかわる重要なものと位置付けていれば、容易なことでは阻止されないだろう。その意味で言えば、民衆によるかなりの大規模な運動も大した成果をあげられないままに終わる。あるいは東欧の社会主義諸国での民主化の運動も、「アラブの春」での民衆の大きな声も、一時的な輝かしい成功があったとしても、時間の流れの中で以前よりもひどい政治形態が現れたり、再び独裁や権威主義的な体制が復活してしまいかねない。

そうだとすれば、そのような運動、語り合い、協同の企ては意味がなかったといえるのだろうか。いや、そこにこそオアシスの意味がある。そのオアシスの経験は、厳しくつらい人生、時には生存のために自分を曲げたり、人と憎しみあったりしなければならない「砂漠」での生活において、「もし、オアシスが破壊されるとしたらどうやって呼吸できるかわからない」ようなかけがえのないものである。だからこそその「オアシスは砂漠で我々が砂漠と和解しなくても生きることができるようにしてくれる生命を与える泉」(WP p.154, 183) なのである。

この際に、決定的に重要なことがある。そのことをコロンビア出身の作家ガルシア・マルケスが自らの自伝を書くにあたって、エピグラフにこう書いている。「人の生涯とは、人が何を生きたかよりも、何を記憶しているか、どのように記憶して語るかである」(マルケス 2009)。つまり、起きた事件の経験そのものよりも、何よりも政治的な企ての失敗か成功かよりも、そこで何を記憶し、何をかけがえのないものとして経験したかを「語り伝える」ことの意味を、私たちは軽視してきたのではないか。悲しいほどに、学生運動において願われたことは語り伝えられていない。何故、私たちが立ち上がったのか、その際にどのような話し合いと企てがあったのか、それを伝えていくことの重要さを私たちは重視してこなかったのではないか。それこそ問題だとアーレントは声を高める。

しかし、じつは、シャールが「遺言なしに」といったとき、この遺言の意味するところは、かけがえのない経験の「どこに宝があり、その価値は何なのかをえり分け、名前を付け、伝えて指し示す」伝統が欠けていたことを伝えたのである。だから、「こうした宝が失われたのは歴史状況や逆境のせいではなく、その現われやリアリティを予見させる伝統が存在せず、それを未来に受け継がせる遺言が何一つなかったからである」(BPF p.4,5)。何かの政治的活動がときにはうまくいかなかったとしても、そこに本当の悲劇があるのではない。「そうではなく、それを受け継ぎ、それに問いかけ、それについて考え、記憶する」(BPF p.5,6) ことがない場合なのである。「実際、肝心なことは、なされたことはどれも、その物語を語りその意味を伝える人々の精神の中で「完成」しなければならない」からである。

その物語は次の世代にどのように聴かれるだろうか。聴かれなければ、歴史は、今を生きる人々が「完成」させないままに途切れてしまうことになる。人々は、どのような条件で「歴史」を聴き取ろうとするのだろうか。

第二章　「私的所有」が保障する思考

「社会」の圧力を明確に問題視したのは、ルソーだといわれる。誰も暴力をもって脅迫はしていないはずなのに、人々は「世間」や「社会」の圧力に合わせて生きないと、日常生活が実に生きづらい。おしゃれから食事のマナー、結婚や就職など生活のあらゆる空間で、誰が強制したようにも見えないのに、それを無視して生きるのはひどく面倒くさく、周囲との軋轢を生む。そして、そのような「世間」や「社会」の暗黙の強制から自由になるためには、自分の人生の主人公は自分自身だと考え、「自分本位」で生きることが肝心であろう。しかも、それが主権者として「民主主義」社会を作るには不可欠なことだという当たり前の原則が、日本では当たり前にならない。そこには、「私的所有」を奪う近代の社会の仕組みが存在しており、それが「自立」した個人の思考を困難にさせているという問題がある。

「自立」した思考を保障するものは、他人に隷属することなく暮らしていける「私的所有」の確保である。その意味で言えば、誰かに雇われることなしには生き残れない賃労働者は、「自由」な思考を十全に保障されているとは言えない。雇われなければ生きていけない以上、雇われるためにすり寄るしかないからである。世界がグローバルマネーの動向によって左右される今日、どのようにして自由で自立的な思考は可能だろうか。

Ⅰ 「社会」の要請と、この世界に生きる個人の中の「かけがえのなさ」

二〇二〇年、コロナウィルス蔓延の危機を避けるために、政府や地方自治体が「不要不急」の外出などを自粛するように強く求めた。ウイルス感染を防ぐための対策が、ロックダウンをはじめとしてさまざまな形で講じられたが、その結果、他の人々との一緒に集まっての行動はことごとく制限されてしまったことによって、逆に人間が生きるというのはどういうことなのかを考えさせられるような問題がさまざまに提起された。アーレントはもっとも政治的な営みが重視された古代ローマ人の言葉を引用して、生きるとは「人々の間にあること」inter homines esse なのだと強調したのだが、その意味で言えば、コロナ騒動は結果的に、人々の間に生きることを身体的空間的に強く制限し、その結果、人間が生きる上で他者との関係はどういうものなのかを有無を言わさず考えさせることとなった。

その点で、解剖学者の養老孟司と探検家の角幡唯介が「朝日」新聞で「不要不急」をめぐって発言した内容（養老 2020、角幡 2020 もしくは朝日 2020）は、大いに刺激的なものであった。角幡は、海外での探検旅行を終えての帰国後、日本社会が「コロナ」の問題よりも「不要不急」の話ばかりしているのをいぶかしく思ったという。というのも、そういう意味では探検家というのは「不要不急の権化」みたいな存在だからである。たしかに、「社会」からすれば、探検は「不要不急」かもしれないが、他方、角幡氏本人の言葉で言えば、「自分にとって探検は、絶対的に『有要有急』」なのである。探検が「社会」にとって有用かといわれれば、「不要不急」の企てであることは確かだろう。しかし、この「有要有急」と「不要不急」の関係はそう単純なものではない。この対立について、角幡は興味深い論点を提出している。彼はこの問題を論じるにあたって、加藤典洋が『日本人の自画像』で展開した

「内在と関係」というカテゴリーを角幡流に展開して、一人の人間が自律するダイナミズムの問題と「社会」の係わりが問われているのだと提起する。

一人ひとりの個人は、さまざまな人間関係や生活のつながりによって、その人なりの生活関心の中に生きる。一つの例で考えてみよう。たとえば、たまたま交際することになった恋人が、偶然から、両親が在日コリアンであることを知ったとする。それまで、韓国や朝鮮の問題はどこか他人事として映っていた問題が突然、関心の中に入ってくる。続いて、彼女の両親が済州島の出身であったことを知り、初めて、その島について知ることになった。しかも、その済州島が、一九四八年に忘れがたい暴力的弾圧事件をこうむることになり、そこから必死の思いで脱出した人々が日本に住む在日コリアンの中に少なからずいることを知るようになる。ところがこの四八年の四・三事件は、韓国の教科書にはほとんど書かれておらず、何が起きたかさえ分からないことだった。それはどんな事件だったのか、それが政治的意味を持っていたのかなどのことは、分からないままにとどまることになる。そうなれば、その事件の実態を知りたいという欲求は、本人にとっては強い要求となり、どうしても知りたいということになるかもしれない。このことがその本人の人生をすっかり変えてしまい、女性との関係は間もなく終わっても、その研究のために生涯を費やす人生が始まるといったたぐいの偶然は、人生にいつも付きまとう偶然の成り行きだろう。[22]

ところが、「己の内側からわき上がるものに従って生きることによって人の人生は固有なものになる。」マスメディアなどで、韓国の問題が大きく報道されることがなかったとしても、本人にとっては、この事件の実相を知ることは、どんなことよりも切実なことになるかもしれない。こうして一人ひとりが経験し、その結果、形成した個人の「内在の論理」というものがある。それは、誰にも固有なものとしてあるものであって、そこに個人のかけがえのない人生の形成がある。そうした個人の固有な経験が人生というものを形作るのであって、そうした経験を抜きに、「社会」の流れにだけ自分の生きる方向をゆだねて生きることになれば、結局、「人生は外側の価値観を生きるだけになってしまう」ということになる。

探検家角幡は、そのことについてエベレスト登頂を試みた経験を取り上げながら論じる。「なぜ山に登るのか」という質問に対しては、「そこに山があるからだ」というジョージ・マロリーの答えが有名だが、角幡によると、人は、何回ものの登頂や失敗による喜びや苦しみなどの経験をしながら山登りを重ねるうちに、ある時にエベレストならエベレストがどうしても登らなければならない山として、自分の心の中で内在的に浮上するときが熟する。マロリーに関して言えば、当初は人類の未踏峰だったからというのが理由だったかもしれないが、彼にとってはその山への二回にわたる登頂挑戦と失敗という経験が続いて、本人のなかでそれに挑戦しないと「彼の人生はそこから一歩も前に進まない」（角幡 2020: 208）事態になったからなのだ。「自分の中だけに存在する山に結晶するから、死の危険を冒してでも登る」ことが重要になり、そこに「生きる意味」が生まれてくるのだという。このように自分の中にわき上がるもの、自律のダイナミズムを尊重しないと「生きる意味に到達しない」のである。己の中にだけ蓄積されていく内的経験の積み重なりが一つの流れとなり、それまでの経験が次に目指すもの、未来に企てたいものとなり、その中で生まれる挑戦が生きることに意味を与え、過去の経験が未来へとつながっていく。

これと対照的なものが、「社会」に合わせて生きることだという。だれのなかにも自分には他人と違う固有なものがあるはずだが、「社会の役に立つ」という基準が絶対化されていくと、結局、現代では、経済性が社会の共通合意のようになっているから、ある営みが生産性に寄与するかどうかということに還元されてしまう。となれば、個人の生きる企ては、目の前の当面の社会の利益のため、具体的には国家や企業の利益に有益であるかどうかに収斂させられていくことになり、個々人の内面では「有要有急」なものとして感じられているものが、それが別の論理として「社会」によって立てられる有用性の基準によって測られて「不要不急」のものとなってしまう。自分の人生の経験から生み出されてきた重要で今追求したいものは、まるで誤ったものであるかのように自分が責め立てられる。

そういう意味では、多くの若者が、「社会」に出て、仕事に就こうとする際に感じられる葛藤は、この関係の象徴のようでもある。何か自分のやりたいことが内在的に自分の中から生まれてきた場合、「社会に出る」という形で働くことは、「自分の人生を諦める」ということとイコールに近いことになってしまう。実際、若い世代の中では、自分たちが社会の積極的形成者であるという認識を持つ人々はごく限られていて、仕事にしても、選挙を通じての政治参加にしても、自分たちが係って新しいものを形成していくという意識は希薄で、確固として確立された社会に自分を「合わせて」行くか、そうした人間社会の仕組みは可能な限り無視して、ＬＩＮＥなどのＳＮＳのなかで、ごく身近な人間関係の中でのみ生きようとする傾向が蔓延しているのではないか。これに対して、角幡は、思考の力の可能性を探る。社会に合わせるのではなく、むしろ、自分の中で、言い換えれば、内在的に意味があることを追求することが、ひたすら生産性を求める「社会」に従属させられ組み込まれてしまわないで、その外側から相対化したり批判したりする積極的な可能性を生むのではないかと提起している。

この議論は、個人の内面の生活と「社会」の中で生きなければならない関係について、多くの示唆に富む問題提起だと思われる。日本のような高度に発達した資本主義の社会では、個人が自分の中から湧き出てくる内面的な要求と、「社会」の要請するものとが、たいていの場合、一致しない。ほとんどの子どもがなってみたいと思うようなサッカーや野球の選手、あるいは、音楽やダンスに全生活をかけていきたいという願い、このような願いは、現実には、プロの世界で成功することは一億円の宝くじに当たるような幸運と努力と能力の結果の産物であるから、大半の若者たちははやばやと、自分の見通しの甘さに敗北して人生に見切りをつける生き方を迫られる。また、陶磁器や家具づくりの面白さに魅入られるとか、ジャグリングが面白くていつまでもやりたいという要求を持った若者の大半は、それでは、「社会」で食っていけないと言われて、いわば「自分の人生を諦める」ことを強要されるわけである。

それどころか、人類の科学や文化に多大の貢献をしてきたほとんどの研究や科学的発見、あるいは、芸術的創作は、実はごく個人的な好奇心や創作衝動によって生まれるものであって、特定の目的をあらかじめ設定してそのために研究したものではないものが多く、そうした営みは、当初の目的達成に至らず失敗して困惑の中でさまざまな企てをしたりしている中で望外の成果として生まれたものが少なくない。その意味では、近代のテクノロジーは「もっぱら無用の知識を求めるという完全に非実践的な探求に」(HC p.457, 289) その起源をもっているのである。個人の内在的な動因に導かれて生まれた営みが「社会」の有用性に寄与するかどうかは、まったく個人の内側から生まれてくる目的設定とは関係がないほどである。

この点で、養老孟司の発言は興味深い。当初、社会の役に立つ臨床医になろうとしていた養老は、その当初の願いに自分が応じきれる自信もなく、途中からもっと人間の基本的な知識を得るという思いから大学で解剖学という研究を続けることになり、そのまま大学に残って研究をつづけたという。ところが、大学紛争に巻き込まれ、全共闘系学生に「この非常時に研究とはなにごとか」と研究室を追い出され、研究室のある建物に入れなくなってしまった。そうして、お前の仕事なんか、要するに不要不急だろ、と、学生たちに実力行使された経験の中から、学問研究にはどういう意味があるかという問いに向かったという。養老にとって、自分の仕事は根本的には不要不急ではないかという疑問が、たえず付きまとった。しかも、解剖学の意味を問うという作業自体は、解剖学という学問分野に属さないとふつう見なされているから、結局、意味への問いは、個人の中で追及するしかないという考えに至ったという。

そもそも、学生運動もコロナの問題も、しばらく時間が経過すると過ぎ去っていくのだから、世間の流れの方にまかせて、それに合わせて自分のやっている意味を考えても仕方がない。自分自身がその意味を見出していくしかないのだ。ただそれは自分だけの問題ではなく、「世間と私の仕事との関係性だということは、どうやらわかり始めていた。世間がどういう仕事を私に要求し、他方、私はどういう仕事をしたいと思っているのか。その両者にどこまで一致点があるのか」という問題がずっと付きまとったという。

その意味で、このような個人の中から湧き出る欲求と「社会」との単純な結合は、かえって、人間の人生を生きがたくするかもしれない。もし個人の中から湧き出る要求が、大金持ちになったり、「社会」の有名人になりたいということであるなら、それは、自分の内面の要求を一切諦めて「社会」に自分を預けて、そちらに自分を売ってしまうことも必要で有効かもしれない。しかし、たとえば路上でのライブが大好きだとか、自転車での国内旅行走破にどこまでも情熱が消えないといった子どもであったとしたら、その内側から湧き出る要求を無理して打ち捨て、自分をゆがめて「社会」に合わせることは自分を壊すことになる。そんなことがどうしても必要なことだろうか。たしかに、この社会で生きていくために最低必要なカネを稼ぐための営みは要求されるにしても、それによって、自分の内面の願いをつぶす必要はまったくない。自分が心から情熱を傾けられるものは、それが何であっても、やり続けるならば、その中から自分の中に湧き出る生きる意欲や希望が実現できる対象として、その願いを持ち続けることはまったく問題がない。むしろ、その願いを抱き続けて生きる中で、いつか、何らかの形で「社会」との接点が見つかったり、時には、これまでの「社会」では見えなかった新しい生き方が見えてくるかもしれない。とりわけて重要なのは、この徹底した生産性と業績第一主義の世の中に、自分が折り合えず、違和感を持っている子どもにとっては、養老のこの問いは、とても大きな可能性を与えるかもしれない。

養老は、この問題を考えるうえで、夏目漱石の苦闘を紹介している。漱石は大学で英文学の知識を教えられ、そのまま、英文学の教師になっただけでなく、イギリスにまで国費で送られて英文学を勉強したが、それでは自ら得られるところがなくて神経衰弱のうわさがたてられるほどに苦しんだ。そして最後に、「文学とはどんなものであるか、その概念を根本的に自力で作り上げるよりほかに、私を救う途はないのだと悟ったのです。今までは全く他人本位で、根のない萍《ウキクサ》のように、そこいらをでたらめに漂よっていたから、駄目であった」（「私の個人主義」）ということに気が付き、「自己本位」、「自我本位」を原点にして探るしかないものだといったのである。この経験を、養老は、「文学論は教えてもらうものではない。自分でつくるものだ、と。漱石はそこではじめて自立した」と総括したのであった。

要するに、学問研究にせよ、文学にせよ、その対象に突き進むことの意味は自ら自身の格闘の中からしか生まれてこないのであって、その意味で本来的に個人の一身上の出発点を持つしかないものだというのである。

Ⅱ　加藤典洋の「内在」とナショナリズム

角幡は、内在という概念を使って自分の中に湧き上がってくる内面の価値意識の形成を「社会」に対抗する形で提起したが、その際に、加藤典洋の「内在と関係」という議論を参考にしたと書いている。それでは、加藤自身は、その論理をどのように展開していたのであろうか。角幡が参照した『日本人の自画像』という著作は、『敗戦後論』、『戦後的思考』などの著作を通じて、加藤が日本の戦後のイデオロギー的対立の奥底に流れている問題を指摘しながら、実は、個人の内面と共同体との関係、さらには、公共性という問題についての加藤の哲学的思考を表明しているものである。

これらの著作が興味深いのは、加藤がアーレントの「公的領域」と「私的領域」に関する『人間の条件』の記述に本格的に依拠しながら議論を展開し、しかも、彼女とのずれがうかがえる点にある。

まずは、加藤の問題意識を簡単にまとめよう。加藤は、日本の戦後の思想的な総括の仕方にねじれがあるという。ドイツのみならず、日本は太平洋戦争を仕掛けた側であり、「鬼畜米英」というスローガンにあるとおり、欧米の「民主主義」に挑戦して、権威主義的政治原理を積極的に肯定して戦った側である。ところが、その戦争に敗北した結果、アメリカ占領軍の強い圧力の下で戦後憲法が生まれてきた。すると、少なからぬ知識人や思想家が手のひらを返すようにして、平和と民主主義の原理を受け入れ、憲法第九条を含む日本国憲法を積極的に受け入れてきた。しかし、その転換が、個々人の徹底的な内面的反省や熟考のうえで行われたというよりは、その断絶を十分に反省吟味しないままに、対外的な「外向きの自己」を見せて、戦後の民主主義思想への転換が行われたといわざるをえない。このような唐突ともいうべき変更に際しては、その意味を十分に考え、まずは自分の側の問題をとことんまで受け止めて「内向きの自己」を認めて、そのジギルとハイド的なあり方を乗り越えるべき追求をして行くべきではないかというのが加藤の基本的立場である。

なかでも重要な問題に、日本の侵略戦争の結果、生まれたアジアの二〇〇〇万の死者への謝罪という問題と、そこに歴史的判定としては明らかな侵略者であった日本軍兵士ら三〇〇万人の死者への哀悼という問題の間の容易には折り合いのつかない関係があるという。日本の戦後のこの八〇年にも近づこうとする長い期間に、「戦争はもうこりごりだ」という国民感情以上にこの関係が本格的に問われることなく、対外侵略の事実を深く反省しなかったのは驚くべきことであるが、これはある面で、事実である。

そのことは、二一世紀になって、かえって一層明確になっているといってよい。日本の政治家たちの中に南京事件の大量殺戮をいまだに否定したり、「慰安婦」問題や徴用工問題をはじめとして戦後の韓国・朝鮮への責任問題を否定しようとする流れが薄れているどころか、むしろ強まっているような現代において、加藤が戦後の思想の根本的な総括をしていないとする指摘は正当であろう。少なくとも、ナショナリズムを、言い換えれば、国民国家の政治的・経済的利害の確保を絶対化する支配者層、財界などが、戦争犯罪や戦争責任の問題にできるだけ早くけりをつけてしまって、日本のアジアにおける経済的・政治的影響力の拡大と確保を目指すために、過去の問題について触れたくないのは目に見えるようである。これらの人物が靖国神社に参拝し続けて、三〇〇万に上る死者を哀悼してきた。

しかし、加藤の関心はそこにはない。「義」のない侵略戦争であった太平洋戦争に向かった兵士の中には、「自由のため、「アジア解放」のためとその折り教えられた「義」を信じて戦場に向かった兵士」（加藤 1997: 10）たちがいた。そのような兵士たちが、侵略戦争の兵士だったと一刀両断に処理してしまえば、彼らの死が「無意味」になってしまうことになる。だから、そのような「義」を感じて身を挺して戦った兵士たちの存在も含めて真剣に考えないでは前に進めないのではないかという誠実な思考から出発しているのである。たしかに、侵略戦争に赴いた兵をはじめとする人々の死が、侵略による犯罪行為の過程で起きたことであったと認めることは、「アジア解放」の「義」を信じて戦地へ赴いた兵士や遺族からすれば耐えがたいことかもしれない。なぜならこの「義」を信じて戦地で戦った大半の兵士や遺族にとっては、この戦争は侵略戦争であったからひたすら謝罪するしかないと言われたら、それによって命を奪われた兵士たちへのやり切れぬ思いを持つのも無理なからぬことだろう。それにたいして、日本の思想界文学界の論者たちが、この問題についてあいまいにしてきたのであり、少なくとも、平和憲法の理念に賛成している論者が、日本の三〇〇万人の「侵略者」への哀悼をどうするのかという問題をあいまいにしたままに済ますことはできないだろうというのが加藤の意図であるならば正当な指摘だろう。

しかし、ここには、加藤独自の論理の立て方が意識的にか無意識的にか無視している、一つの問題が現れている。状況の中に組み込まれて、戦争や暴力という巨悪に加担することになった兵士たちの問題を、個人の思想の問題、倫理的問題として考える次元と、国民国家の戦争という国家権力支配者たちの命令による暴力行使という政治的次元の問題の区別と関連を明らかにするという作業を加藤は飛ばしている。

そもそも、近代の戦争は、時の政治・軍事支配者が国家権力の行使によって国民にたいして強制する最大の暴力である。したがって、周到な宣伝と言論弾圧によって押し進められる侵略行為が、一介の庶民にとっては「聖戦」と信じられ「アジア解放」のためなのだと錯覚され誤認されるという痛ましい事態を考え抜くためには、彼ら兵士の思考や行為が、国家の支配者から徹底的に政治宣伝をされ、軍事指導者から命じられた結果であり、その上で兵士たちが「聖戦」を戦闘行為の大義としたという根本的事実を一点たりともあいまいにしてはならない。[23]

しかし、加藤には、このような議論は受け入れられない。たとえ、周恩来に代表される中国指導者たちが「侵略の担い手は一握りの軍国主義者で、広範な日本人民に罪はない」（加藤 1997:55）と発言したとしても、それを受け止めきるほどの「国内のコンセンサス」（加藤 1997:51）がまだできていないからだという。これは、日本では、「ナショナルなものとしての国民という単位」(加藤 1997:52) すら十分にできていないのだから、まずはそうしたナショナルものを乗り越えていくためにも「共同性」としての「われわれ」の確立の企てが必要だと加藤が考えるからである。「聖戦」を信じて結果的には侵略戦争の推進者として死んだ、いわば「汚れ」た同胞の死者たちの存在をも十分受け止め弔うことのできる「「国民」の基体」(加藤 1997:60) の形成が必要だとするのが、加藤の根本的関心である。

加藤の立場は、まずは、「日本の三百万の死者を悼むことを先に置いて、その哀悼を通じてアジアの二千万の死者の哀悼、死者への謝罪に至る道」を探りながら、侵略と殺害を行った「謝罪の主体を構築する義務」(加藤 1997:103) があるのだという立場である。その意味で、「この社会が謝罪できる社会になること、謝罪主体の構築」(加藤 1997:102) が必要だという。

この一見、もっともに見える議論には、重大な見逃しがあるといわざるを得ない。加藤は、日本とちがって「米国の二大政党制は、対立する二つの政党が、一旦自分が政権を取った暁には対立者である相手を含み「われわれ」を代表する」(加藤 1997:52) 国民的コンセンサスができており[24]、それを日本でも作り上げなければいけないというのである。

加藤は、日本の問題を自ら徹底して考えてみることなしに、外国から求められる侵略と加害への反省を単純に受け入れて論じてはならないのではないかと問題を提起しているが、そのことの正当性と、日本人であることに「ナショナルなものの基体」の形成を期待することには大きな乖離があるのではないか。そもそも、日本人とは何なのか。たとえば、すでに日清戦争以降、植民地化されて半世紀近くたった台湾の人々が徹底した日本化教育のなかで日本語教育を受けて育ち、そこで高砂義勇軍として従軍した先住民たちにとっての戦争の意味を含んでいるのだろうか。国内の人々でも、侵略戦争を積極的に計画し遂行したA級戦犯と、戦争中ずっと治安維持法違反によって監獄に置かれた共産党員やキリスト者などの宗教者との間にどのようなあらかじめ前提とすべき共通点があるというのだろうか。「この社会が謝罪できる社会になること、謝罪主体の構築」を目指すようなどのような共通の可能性があるのだろうか。

ここには、加藤が「共同性」という形で問題にすることと「私性」という形で対比させる中身の問題が露呈している。加藤は、「汚れた」経験をきちんと反省し、そのことをあいまいにしないで「ねじれ」なしに表明できることが何よりも必要だという考えを表明している。実は、この問題設定のなかには、加藤が学生時代に「東大闘争」の中で、革マル派と結びついて活動した自分が、この問題をきちんと反省しなかったことへの痛烈な反省が結びついていることを自ら述べている。

当時、強い影響力を持った新左翼的な情勢把握や現状分析に徹底した吟味を加えきることなく、そこに安易に依拠して運動に参加した自分が、その故に、運動を徹底して自分から反省し、位置付けることなくあいまいにして進んでしまったことへの痛烈な反省があったのである。時代の正体を摑まえ、そこでもがく自分の姿をきちんと総括しないままに謝罪や反省を言ってみても、自分の内面を真剣に見つめたものにならないし、なぜ、そうなってしまったのかをきちんと総括し、「自己から始める思想」(加藤 1997: 111) を作らなければならないという痛恨の思いが加藤の出発点にあった。

その際、加藤は、「公共性」と「共同性」という概念を使い分け、「共同性の一単位たる「私」」(加藤 1997: 260）が経験するものについての独自性を強調する。この場合、「共同性」とは、いわば、「前政治的」な経験であって、自分が生まれて育ってきた過程ではぐくんできた身近な人々との生活経験、あるいは、その人々が共同のものとして伝える文化的雰囲気や、そこから伝えられる文化的・政治的情報や、教育によって形成される集合的感情によって形成されるものである。「私」の生活経験にとっては自分が生まれ育った中ではぐくんだ好みや嗜好、愛着などがあり、それらが反省以前に、ある種の親近感や好き嫌いの感情や価値観を形成する。自分を大切にはぐくんでこれた場合には、その親族や信頼した友人との交流によって、その人々との共同の交流を生きる文化に愛着を感じ、それを大切なものと思う。こうした感情的共同性が、近代国家においては、ナショナリズムに吸い上げられていくことは明らかであろう。そうした「私」性は、自分の私的な感情や利害を超えて普遍的な立場に立とうとする「個人性」とは明確に異なるものである。

こうした「共同性に代わるものは、個人性であり、公共性」であることを加藤は認めるのであるが、そのような個人性や公共性に立ちうるためには「まず、共同性と同じ世界の住人である私性による、その殺害が、必要とされる」（加藤 1997: 268）という。そして、この種の「共同性を殺すには共同性の単位である「私」の場所から、裏の闇である私となって語るしかない。私の語る言葉とは何か。私は言葉を奪われている。」（加藤 1997: 267）と述べて、「私にのこされているのは語り口」なのだという言い方で問題をあいまい化している。

この加藤の発言には、彼の「共同性」への強いこだわりが現れている。自らが心情的に共感し、愛着を感じたものとしての革マル派への奇妙なまでの執着、それから決して抜け出ることができないままに闘争が終結してしまって、その後その問題をめぐって徹底的な対決をすることもないままに終わってしまった問題についてのあいまいさを、加藤は日本の敗戦経験に託して論じようとしている。肝心な点は、吉本隆明にせよ、加藤典洋にせよ、その共同性が、自分が生まれ育ち、はぐくんだ地元や地域の具体的な共同的関係として形成されたものというよりも、国家主義や新左翼の捉える社会主義という思想自体が孕む「共同性」であり、それに無批判的あるいは無反省な傾倒をしたという間違いの経験と結びついていたのである。一旦心情的にそのようなイデオロギーに無批判に追随してしまった人間が、それをどのようにきちんと批判的に乗り越えることが可能なのかという問いが中心にある。

このことは、新左翼運動や全共闘運動にかかわった多くの活動家にもかかわることだし、ソ連や中国の現実の社会主義が多くの知識人の希望したものとまったく異なったものであることが分かった後にも、反共的立場に陥ってはならないという決意によってのみ「現実の社会主義」に批判を明確にしなかった多くの知識人や研究者たちの立場とも深くかかわる。とりわけ、戦後日本の中では、このような心情的共感の根底には、底辺に生きる当時の民衆の貧困への「同情」あるいは「共感」があった。したがって、そのような心情的支持は、民衆の貧困を何とか克服する道はないかという模索とのつながりがあり、その中から革命や社会変革への傾倒はごく正当な流れに見えたのである。しかし、現実の過程は、暴力的破壊に終わった新左翼の運動はもちろん、言論の自由への弾圧を含めた現実の社会主義の管理主義的・指令主義的な実態が明白になるにつれ、社会主義への共感を明確にしていた人々の心をも深く傷つけた。そこで、このような心情的共感あるいは貧困への同情は、東西冷戦後の現代においてどう決着をつけるべきかという問題が問われている。

　しかし、この問題を考察するうえで、アーレントと加藤を最も明確に分かつものを明確にしなければならない。それは、「共同性」そのものにかかわる問いである。加藤は、この点でアーレントの議論を根本的に捻じ曲げて議論しているといわざるを得ない。というのも、アーレントにとっては、ユダヤ人であるということは、自分の反省以前に染みついた感情では決してなく、むしろ、「私はそもそも自分がユダヤ人であることを知らなかった」（EU1 p.9,6）という非ユダヤ的な環境で育ったのであって、子どもから道端で反ユダヤ的なことを言われてはじめて気がついた事柄だったのである。したがって、アーレントによってユダヤ人やユダヤ民族は「共同性」を形成してきた「前政治的」な経験ではなく、ユダヤ問題は、彼女がユダヤ人だとして攻撃されたことによって生まれたものであって、そこから自分が抜け出るのが難しいものでも何もなかった。むしろ、その後、このユダヤ人問題を他人事のように考えていた自分のあり方からはっきりと態度を変えて、自分のものとして引き受けるようになった展開こそ、ブルーメンフェルトの出会い以降、ラーエル・ファルンハーゲンとの徹底的な対話を通じて獲得した経験だったのである。

　したがって、アーレントには、ユダヤ民族やドイツといった加藤が執着してやまなかった共同体への執着もいかなる意味でも存在しなかった[25]。そして、それ故にこそ、アーレントがアイヒマン裁判での報告の中で、ユダヤ人評議会を中心とするユダヤ人側のメンバーに事実上のナチスへの協力があったことを指摘したことにたいする圧倒的多数のユダヤ人側からのアーレントへの非難と不信に出会ったのだった。

なかでも、アーレントと長い間深い交流のあったゲルショム・ショーレムとのやり取りは、この問題への核心に属する問題を提起している。そして、加藤典洋も自らの「共同性」からの脱出をめぐる問題で、この往復書簡を正面から問題にしている。ショーレムが一九六三年六月二三日に書いて送った手紙を読むと、ほとんど読むに堪えないほどの感情的なアーレントへの反発がある。ショーレムはユダヤ人がホロコーストというあらゆる冷静な対応も不可能なような窮状におかれたことを前にして、その窮状に苦しむユダヤ民族への「心なき」描き方に悪意さえも感じるとアーレントを批判する。ユダヤ人の「アハバト・イスラエル」Ahabath Israelという「ユダヤ人への愛」（AS 429）がアーレントにはない。そもそも、「あなたは徹頭徹尾この民族に属する人であって、しかもそれ以外ではありえない人」（AS 430）なのに、このほとんど、軽薄でぶしつけな発言は許せないと攻撃した。こうした軽薄な記述には、ユダヤ人への何の「同情」もみられないという。

これに対して、アーレントは真正面から反論をして、そもそも、自分はユダヤ民族に属する人としてふるまったこともないし、「ユダヤ人問題」というものは自分事ではないと言い切っている（AS 439）。「ユダヤ人であることは、私の人生の中での疑いようのない所与としての事実」（AS 439）なのであって、それは端的な事実であって、それ以上ではないので、「そうした事実を何とか変えたいなどとは思ったこともない」と断言している。[26] このようにアーレントにとってはユダヤ人であるということは単なる事実であって、それに対して特別の感情を持つことではなかった。ところが、加藤にとっては、「共同性」という形で日本人という近代的な民族的枠組みを自らの中に感情として持ってしまっているものがあり、それを断ち切ることが加藤には決定的な営みであった。

とはいえ、アーレント自身がこの加藤の強調するような「私」性について、大変に興味深いことを主張している。彼女は、このような「私」性の出所ともいうべき「心」について、加藤も引用するような明確な立場を持っている。それは「政治における「心」の役割」（加藤 1997: 247）への深い懐疑あるいは否定である。それにかかわって、アーレントは、「ユダヤ人への愛」という形で強調される「愛」や「同情」の問題を政治に関して議論することについてきわめて重要な問題提起をしている。[27]

加藤は革マル派への共感をもって学生運動をつづけたことはすでに述べたが、途中から、この路線には先がないと思った。それでも、その運動に積極的に反対することも、逃げ去ることもできなかったという。しかし、革マル派の革命戦略や暴力性にたとえ疑問を持っていたとしても、内面の「心」がそれに共感をよせていたとすれば、その「心」そのものの次元を乗り越えて向かう必要があったのではないか。

当時、学生運動にかかわった世代によって自嘲のように語られた言葉に、「昼のマルクス主義、夜の実存主義」という言い方があった。「昼」の闘争に熱中する間には、マルクス主義的な階級闘争論を信奉するが、「夜」になると、そうした階級規定によってはどうしても説明できない個人の内面の葛藤に懊悩して「実存主義」に惹かれる学生たちの生態を揶揄するような表現であった。おそらく加藤自身がそのような境地にいたとも思われる。

ここで実存主義と語られた雰囲気について、アーレントは「フランス実存主義」という小論で、興味深い形で、戦後フランスにおいてブームのように扱われた思想潮流を紹介している。フランスでは、両大戦間の悲しむべき光景の中で知識人たちが「政治活動からは離れ、活動についてもっぱら語るだけの理論、いいかえれば行動第一主義へと逃れてみたいという欲望」を持っており、その中でサルトルやカミュに代表される実存主義が生まれたという。この運動は二つの「心底からの反抗」によって成り立っていた。一つは、「まじめな精神」l'esprit de sérieux といわれるものへの反抗であって、既存の支配秩序や権威を引き受けてまじめに働こうとする「立派」な父親とか、大学教員などの存在を拒否して、自分を社会に適合させて生きるのを拒否する姿勢である。このような「まじめな精神」は自由を否定して既存の秩序に従うことであるから、単なる社会のなかでの歯車として生きることへの拒絶であった。この実存哲学の雰囲気において見逃すわけにはいかないのは、この反抗においては「人々の間での混じりけない仲間意識や、気取りや衒いから自由になってまっすぐに自分がありのままになれるような人間関係が可能ではないかということへの拒絶」(EU1 p.259, 190)もあったという。この拒絶の中には、自由に語り合い、互いをありのままに示し合える人間関係が作りにくいままに孤立した人間のありようが張り付いていたのである。第二の反抗は、「世界を、自然な運命づけられた環境としてあるがままに受け入れることへの怒りを込めた拒絶」(EU1 p.257, 189)である。それはいいかえれば、「人間が世界の中で根本的に居場所がない」(EU1 p.260, 191)ことを示しており、自分自身のみならず、世界のすべては「余計である」de trop という感覚であるという。アーレントのこの「実存主義」は、六〇年代末学生運動当時の学生たちの雰囲気をきわめて的確に言い表しているように見える。[28]

たしかに、クラス討論などで、互いの政治党派の理論を展開する激論はあったかもしれないが、そこにあったのは、ほとんど受け売りの公式議論の論争にすぎず、「昼」のマルクス主義と「夜」の実存主義は交差することなく、各人の心の中で葛藤していたのかもしれない。高度経済成長にまっしぐらに進む時代の中で、自分が社会のたんなる歯車でありたくないという思いとともに、それがこの世界との、さらには仲間との折り合いのつけがたさと結びつていたがゆえに、学生たちは、自分のあるがままの姿を示しながら互いの意見を認め合って話し合い、そこから活動に向かうという雰囲気とは程遠い雰囲気の中で暮していた。

加藤にとっては、自分の違和感や疑問をとことんまで出し合う中での運動はあり得ず、「共同性」の中でひっそりと「裏の闇である私」を隠し持つしか道がなかったのだろうか。現実の学生運動の中では、大学側の非民主性や高圧的な態度に抗議をして、クラスの人々が文字通り、草の根からクラス討論などの機会に、実に率直に自分たちのあるがままの願いを語りあった。ところが、まもなく、大学側の高圧的態度もあって、急速に街頭デモでの機動隊とのぶつかり合いや、新左翼間の暴力的党派闘争が進展していってしまった。そして、この新左翼セクトの中では、極めて現実性を欠いた（宗教的ドグマのような）世界情勢の分析に、心の中では納得しないことも多いままに、闘争に突き進むしかなかったのである。その運動集団のなかでは、革命戦略の是非や暴力性を議論すること自体が、時には反革命的として排除されたことは連合赤軍事件などの経過からも明らかであろう。

アーレントも、人間が「心の闇」を持っていることについては事実として認めるであろうが、それは、けっして、「私」性から「個人性」へと抜け出るためにおき去ってしまうような感情や心ではない。「心」の中に生まれるさまざまな感情や葛藤は「思考」という自分の内部で営まれる過程を保障するためのものとして、そのような過程が「公的空間」の輝きに晒されるのを避けるべきだと言っているのである。[29] そのような心のなかでのその闇のゆえにこそ、人々が互いの「私にはこうみえる」dokei moi という自分なりの見え方を率直に偽ることなく語り合える空間、「話し合いと活動」の場が必要だと強調している。彼女が深く共感する一八世紀思想家のレッシングの思想にことよせながら、人々が「無気力で暗い時代」に生きる時に、「個人的な親密さにかかわる」ものとしてではなく、「友情」(MD p.47, 25) に基づく語り合いこそが必要であることを熱く訴えた。しかも、この友情は、互いの違いをも消してしまうような親密さによるものであってはならないのであって、「心」の闇への「同情」によってではなく、「政治的要求を掲げて世界について語り続ける」ことによって生まれてくるものである。そのような「友情」に基づく話し合いは、「世界の出来事やその中での事柄をたえず語り合い続けることによって世界を人間的なものにする」(MD p.55, 30) 営みである。この場合、こうした話し合いが可能になるために特に肝心なことは、「各人は自分が真理だと思うものを語ろう、そして真理そのものは神にゆだねよう」という互いの意見の多様さを根源的に相互に認め合うことであった。加藤は、このような「友情」を基礎にした「政治的」な活動について、ほとんど信頼を置くことができなかったようだ。[30] だからこそ、「日本」あるいは「日本人」というナショナリズムにこだわらざるを得なかったのではないか。

アーレントは、「共同性」の中に互いの違いを認める可能性を奪われた「心」からの脱却は、何か自らの内面でこっそりと営まれるべきこととは考えていない。これこそ、アーレントがフランス革命をはじめとする運動において「同情」を基礎にした議論の展開を拒絶した理由であった。むしろ、「政治」という次元において、事実や世界についての「意見」を真正面から、交流し合うことから可能になると考えていた。ところが、加藤は「私性が個人という公共性の洗礼を受けないまま、共同性の外に抜ける」可能性を追うべきではないかと結論付けるのである。

しかし、まさにその故にこそ、この加藤の思いはアーレントの問題全体と深く結びつくのである。個人が「共同性」から抜け出るということによって確立される「私」であるとすれば、それは、新たな形での「共同性」あるいは、ナショナリズムに再びからめとられてしまう危険性があるのではないか。「自己から始める思想」が可能になるためには、「私」に閉じこもることによってではなく、友人たちと自由に世界について話し合う「活動」によって逆に可能になるのではないか。それは自分が「共同性の外に抜ける」という個人的な営みに留まってはならない。貧困に苦しむ人々への「同情」や「共感」は、個人の「私的」な感情の中にあることは間違いないが、その同情が「政治的」原理として立てられると、そうした心情を持たない他の人間を排除して攻撃し、殲滅さえすることが正当だとされたのである。

その問題こそ、アーレントの「公的領域」と「私的領域」をめぐる議論の中核の問題と結びつくものである。

第三章　「胃袋の反乱」としての「革命」から「連帯」による「活動」へ

二〇世紀の革命運動が、基本的には、貧困に押し込められる民衆を解放しようとする運動として存在したことは事実だろう。それへの「共感」や「同情」に始まる革命運動は、ロシア革命からキューバ革命に至るまで、厳しい暴力闘争が避けられず、日本でも、新左翼運動が連合赤軍事件に象徴されるような悲劇的で暴力的な帰結をもたらすことになった。「貧困」からの脱出をめぐる革命運動が、悲惨な結果をもたらすことは、二〇世紀の貴重な経験であった。

他方、ベルリンの壁の開放に始まる東欧社会主義諸国の民主化の結果、資本主義と社会主義の体制間の「冷戦」が終了しても、世界のさまざまな危機と対立は消えるどころか、拡大していると言っても過言ではなかろう。このような、変動する世界の中で、私たちの世界に対する原理となる立脚点はどこにあるのだろうか。

そのためには、どうしても近代革命の原点となったフランス革命およびアメリカ革命についてもう一度、その意味を問い返さなければならない。

Ⅰ　文学者と政治と貧困

アメリカ独立革命にもっとも重要な役割を果たした一人、ジョン・アダムズについて、アーレントは、アメリカ革命の根本的な性格を位置づけるものとして興味深い主張を紹介している。周知のように、アーレントの『革命について』という著作は、近代革命の典型と言われるフランス革命が引き起こした問題を、それまであまり重視されてこなかったアメリカ革命との比較において論じた著作であった。

そして、そのアメリカ革命の大きな特質を、フランス革命において「社会問題」が中心課題とされたようには「貧困状態」が存在しなかったことに求めている。しかしながら、この貧困 poverty の不在というのは、より正確には「不幸と欠乏」misery and want の不在だという。これは具体的にはどういうことかというと、たしかに貧しい人々もいたが、自分を卑しめて「物乞いする人間」など見かけなかったということであり、アメリカ革命の問題の中核にあったのは「社会的問題ではなく、政治的問題」（OR p.104, 68）なのだということである。「貧困」は、絶対的に欠乏し、食べることのない状態がなくなりさえすれば問題が解決するのか。たとえ、物乞いをする人がいない社会でも、人々が生きるにふさわしい人間としての尊厳が保障され、内面に辱めを持ち、無用感にさいなまれることのない人間的活動とそれを保証する空間が必要でないのか。誰もが自らがこの世に生まれ出たことを誇りをもって生きられることが必要ではないのか。

この問題を最も的確に表現したのがアダムズであるとして、アーレントは比較的長く彼の発言を引用している。

「貧しい人々が良心に満ちているのは明らかだ。それなのに、彼は恥をかかされた気持ちでいる。……彼は自分が他の人の視野の外にいると感じて、暗闇のなかを手探りして歩いている。人類は貧しい人に気をかけない。貧しい人は顧みられることなく、ふらつき、さまよう。教会や市場で、人ごみのど真ん中で……屋根裏か地下室にいるかのように、無名の状態におかれている。貧しい人は、受け入れられなかったり、とがめられたり、非難されたりしているのではない。貧しい人はただ気づかれず視線を向けられないのである。まったく無視され、しかも、そのことに自分も気が付いているということは耐え難いことである。もしロビンソン・クルーソーが自分の島にアレクサンドリアの図書館があったとしても、彼が人間の顔を再び見ることがないとしたら、彼は本を開いてみただろうか。」(OR p.194-196, 69)

これは、貧困と他者から認められ尊重されることとの関係をもっとも見事に描いているものである。秋葉原通り魔事件の加藤智大は、インターネット上で自分の存在と行為を必死に訴えて、犯行に及んでいる。やまゆり園で大量殺害をした植松聖は犯行にあたって、衆議院議長に自分の犯行を訴える手紙を渡そうとしている。それは、自分が人々の注意を惹くことなく、死んでいくことが耐えられないという思いをはっきりと示している。

こうして、貧困の問題が、たんに食べるものが足りないという意味での欠乏ではなく、自分が他の人々に無視されて、無名状態でいること、「無用な」存在でいることがいかに耐え難いかを痛切に訴えているのだろう。人が優れた存在、「卓越した存在であろうとする情熱」passion for distinction は「自分の保全をはかることについで、いつでも人間の活動の偉大な源泉である」(OR p.104, 69) というアダムズの言葉を引用しながら、人間が互いの存在を輝かせ合う「公的領域」が奪われた「暗さ」の中では人間は「辱め」を受けているると指摘している。

このことは、今日の米国においても相変わらず深刻な問題を引き起こし続けている。その典型的な象徴は、黒人差別問題に現れている。WASPといわれる階層を頂点に、社会全体に強い差別と辱めの中で、黒人や先住民、さらには、ヒスパニックやアジア系の市民に対する構造的で系統的な差別と抑圧を内包する構造が存在し続けている。[31]

しかし、「貧困」という問題をどうとらえるかという点で、アーレントが作家として高く評価をしていたブレヒトに対しておこなった批判ほど時代を象徴するものはない。というのも、ブレヒトは、アーレントと対照的な「革命」への態度を取ったからである。

今日では消えてしまった国の一つに「ドイツ民主共和国」（DDR）という国がある。一九八九年、ベルリンの壁の崩壊に始まる東欧社会主義国の崩壊は、二〇世紀の激動を締めくくるような大きな事件として、世界の人々の心を動かした。この劇的な下からの民衆運動による激変は、「人民」の「民主主義」的国家を標榜する共産党の指導する政府に対して、「人民」の民主主義国として成立した国々が、実際には、共産党の一党独裁にほかならなくなっているではないかと言って東ドイツの民衆が粘り強く戦った運動の結果であった。それは、実は、東欧の「社会主義国」の成立以来、繰り返し、民衆の抗議の運動を生み出してきた運動の長年の血の滲むようなたたかいの成果であった。戦後東欧社会主義諸国の成立後、大きな歴史的事件だけでも、ハンガリーでの一九五六年の革命的民衆運動、一九六八年の「プラハの春」民主化運動、そして八〇年代のポーランドでの「連帯」のねばり強い運動といった長い歴史的経験を潜り抜けてのものであった。

しかし、今日ではほとんど信じられないことだが、これらの社会主義国は少なくとも建前上は「人民」民衆のために作られた国家であったために、その運動はいささか矛盾に満ちたものであった。[32] チェコやDDRでの運動に象徴されるように、この運動の基本的特徴は、これまでの間違った官僚主義的独裁を覆して、より本格的な社会主義をというものであった。少なくとも、経済的組織体制としての「社会主義」から「資本主義」への復帰ということが目指されたものではなかった。独裁を乗り越えて、民主的でより自由な「政治」としての社会主義の実現をというものであった（ミュラー 2019: 59 以下）。

実は、東欧社会主義諸国の成立は、第二次世界大戦における反ナチス闘争（とソ連の進出）抜きにはなりたたないことであった。ナチスへの反対と抵抗のなかでこれらの国が生まれたということは、これらの国々に住む人々の倫理的道義感の根底をなすものであった。「社会主義」の正義あるいは正当性は史上まれにみる大量殺害と侵略戦争を仕掛けたナチスとの戦いにあったといっても過言ではなかった。その意味で言えば、「社会主義」諸国に住んだ人々にとっては、ナチスと命を懸けて戦ったということが政治的道義をなしていたのである。他方、資本主義国、西ドイツ側は、米国の強力な援助の中での反共的経済的復興が進められ、日本と並んで「奇跡の」という形容詞のつくような驚異的経済成長をなしとげた。この東西両ドイツにおいては、冷戦を象徴する二つの国の競争が行われたが、東ドイツ側は、党の指令主義的で官僚主義的な経済運営によって経済的には取り返しのつかないような停滞的状況を抜け出ることはできなかった。

ベルリンの壁の崩壊に続く、西ドイツ側による事実上の東ドイツの吸収によって、このＤＤＲという国は、まるで、存在したことに意味がなかった国のように消え去ったが、この東ドイツという国は、東西冷戦下で、一種、独特の文化を形成した国であった。この国は、ナチスの権力掌握を生み出した資本主義を乗り越えた国としての誇りを持ちながら、ソ連の公然たる圧力を恐れながら、共産党の指令主義的な生産体制を続けてきた。その結果、モデルチェンジなど無縁にみえる車、トラバントに象徴されるように、技術革新などまるで存在しなかったかのような生産水準の中で、いわばやせ我慢の社会主義を続けてきた。したがって、壁が落ちるや否や、一気に、経済的に圧倒的な格差のある西ドイツに吸収されていったのは、いわば当然のことだったかもしれない。

しかしながら、他方で、男女平等や国際平和といったスローガンをはじめとして、ナチスを拒否するドイツ文化の継承発展といったことは国家の威信をかけたものとして取り組まれ、その演劇活動や音楽活動などは広く西側にも知られたものであった。なかでもベルリナー・アンサンブルは、ＤＤＲの成立後、ブレヒトの作品の上演を主としてめざす演劇団体で、その上演は世界に知られるところとなった。

ところで、このブレヒトは、ナチス政権の成立によって、ドイツを離れ、デンマーク、スウェーデンなどを経たうえ、米国に行って亡命生活をした。ブレヒトにとって、米国での生活は、あまり、居心地のよいものでなく、反共的雰囲気の中で、最後には非米活動委員会（ＨＵＳＣ）にも召喚され、戦後、逃げ去るかのようにヨーロッパに戻った。ブレヒトは、当初、西ドイツに戻ろうとしたが、反共を前提とする西ドイツはブレヒトを拒否し、結果的にスイス、オーストリアを経て東ドイツに居を構えることになった。この当時、反ナチスを戦い抜いた知識人や文化人の中には、西ドイツなどから逆に東ドイツに移った人々もいたことは今日ではすっかり忘れられているが[33]、ブレヒトは結果的にそのような人物の一人となった。そして、当時の東ドイツを代表する人物として高い評価を受けていた。

ハンナ・アーレントは、このブレヒトについて長い評論を書き、詩人として高く評価している。その評論が掲載されている『暗い時代の人間』という本のタイトルが、そもそもブレヒトの表現からとられたものだし[34]、主著『人間の条件』ドイツ語版の最初には、ブレヒトの初期作品、『バール』の詩句が特に引用されている。しかし、それにもかかわらず、『暗い時代の人間』のなかでのアーレントのブレヒトへの批判は容赦ないものである。その批判の中心は、詩人としてのブレヒトの政治との関係に対してである。アーレントによれば、詩人はその政治的存在などを議論されるために存在するわけではなく、「私たちの私生活にかかわり、市民たる限りでの私たちにかかわる」(MD p.327, 210) 存在である。だから、詩人は自由な思考と態度を持ち続けるべきで、生きるための必要によって権力などに迎合的な態度をとってはならないという。詩人、すなわち、「空高く舞い上がるのを業とするものは重力を遠ざけねばならないからである」(MD p.328, 211)。というのも、詩人というものは、一般市民が「言えないことを言わなければならず、皆が沈黙しているときにも沈黙のままにとどまってはならない、だから、皆が口にしすぎることについてはあまり語らないようにしなければならない」(MD p.353, 228) 存在だからである。

これまでの既存の倫理的価値観、生活の基盤としてきたシステムや政治や文化の伝統がことごとく意味をなくしてしまったように見える時、すなわち「暗い時代」に、その暗さにもかかわらず、この

「世界」で大胆に生を肯定すること、「生きていることは面白いことだとする感情、すべてを楽しむのは生きていることの印だとする感情」（MD p.356, 230）を詩として表現することこそ、ブレヒトのもっとも魅力的な点であり、重要なポイントなのだという。彼の事実上の出世作ともいうべきフェニキア人の偶像を題して作られた戯曲『バール』に見られるように、詩人ヴィヨンと「同じ世界への愛、自分が生まれて今生きているというこの単純な事実のゆえに大地と空に感謝する」（MD p.356, 230）ことの表現にこそ、ブレヒトの詩の偉大さがあった。[35]

ところが、この「世界への愛」について、アーレントとブレヒトとは、微妙な、とはいえ、見逃すことのできない違いがあった。それは、ブレヒトが描くバールの生き方、飲み食い、セックス、ボクシングといった現世での生きることへの大胆豪放な享受への肯定のあり方をめぐるものにあった。ブレヒトが『バール』において描いたのは、どんな社会秩序にも支配されず、奔放に「文明の外に生きるもの」、パーリアの生きるあり方への肯定であった。それは、庶民が「文明」という差別と隷従を強いる仕組みに翻弄されないで生きようとする姿への強い連帯の表明であった。初演から三〇年以上のちに、晩年のブレヒト自身がこの作品に対して行ったコメントによれば、この作品には、バールの野卑ともいえるような生き方への肯定、「むき出しの自我追及に対する美化」しか見えないかもしれないが、「ここには、活用しうる創造的才能を是認するのではなく、搾取しうる創造的才能を是認する世界の不当な要求と失望に反抗する、ある種の《自我》がある」のであって、一人ひとりが持つあるがままの生活の肯定が可能にならないで「自分を才能の詰めものにされることに反抗している」姿、つまり、資本主義の富の増大に貢献するものだけに自分の才能の可能性の基準を合わせて生きなければならないことへの反抗の姿が描かれているのだと説明している。つまり、資本主義的能力第一主義への批判である。だから、このバールの非社会性は、この現代の社会が「非社会的な社会にあるから」、それに対置される存在なのだという（ブレヒト 1968:7）。資本主義は人間のさまざまな営みのうち、利潤の増大に貢献するものだけに関心を持ち、その枠の範囲の中だけで人間の能力を測り、そこに役立つ存在を意味ある有益な存在とする。人々が人間の価値を「搾取しうる創造的才能」のみにおいてしまい、そうした能力主義の原理だけが重要だという考えに浸らされている中で、人間の生命の大胆な肯定によって、この世界への愛を回復しようとするブレヒトのこのような願いは、強い共感を引き起こす。ところが、この点はアーレントと微妙なずれを作り上げる。

ブレヒトにとっての問題の関心は、庶民がまっとうに食っていけないという現実に対する抗議である。「腹いっぱい食え、住む家があり、子どもたちを養える」（MD p.376, 243）社会の実現がまず、第一の課題であった。「しかし、」と、アーレントは厳しい問いをする。「腹いっぱい食え、住む家があり、子どもたちを養える」社会の実現というだけなら、ブレヒトが一番戦っていたヒトラー・ナチス政権が実現したではないかと。ナチスが権力を握るや否や、一九三五年か一九三六年の頃には、ヒトラーは、ドイツ国民の「飢餓と失業」をほぼなくしてしまった。政権獲得後、直ちに共産党をはじめとする反対勢力を徹底的に排除し、ユダヤ人への攻撃と絶滅政策、外国領土への侵略の公言といった容赦のない暴力的政策を推進しながら、他方で、六〇〇万にも近い失業者は（いくつかの数字上の操作はあるにせよ）一気にほぼなくなり、「歓喜力行団」（ＫｄＦ）という国民がスポーツや旅行などを格安の値段で楽しめるような政策によって、圧倒的に国民の支持を獲得し、さらには、フォルクス・ワーゲンの開発とアウトバーンの建設などの政策によって、ドイツ国民は労働者も含めて急速にヒトラー支持へと向かった。

アーレントは、もし、ブレヒトが飢えた貧しい国民の救済を願うだけならば、ナチスをなぜ支持しなかったのかと問う。そして何よりも、このナチスの政策が、ユダヤ人やロマ、障碍者、性的マイノリティーの殺害、絶滅を遂行したことへの抗議をなぜしなかったのか。ナチスの政策において、「本当に迫害されているのは労働者ではなくてユダヤ人であること、問題とされたのは人種であって、階級ではなかったということ」（MD p.375, 243）になぜ、ブレヒトは強い批判の目を向けなかったのか。

この詰問に対するブレヒトの答えを考える時に何よりも興味を惹くのは、ブレヒトのソ連およびスターリンに対する態度があるだろう。ブレヒトは、多くの当時のドイツ知識人と同じく、かなり早い時期から、社会主義国ソ連の変容、とりわけてスターリンによる容赦のない反対派の処刑や弾圧、深刻な全体主義化の進行について情報を得ており、深い信頼関係にあったベンヤミンがデンマークのスヴェンボルに避難先を構えたブレヒトを訪問した時の会話では「ロシアではプロレタリアートに対する独裁政治が支配している」（ベンヤミン 1971: 218）という認識を確実に持っていたのだが、それにもかかわらず、これに「絶縁状をたたきつけるのを」差し控えたという。それは「よき古いものにではなく、悪しき新しきものに結びつくこと」が彼の信念であったからだという。

それはなぜであろうか。ここには、二〇世紀という時代への二人の根本的な認識の違いがあるだけでなく、さらに、文学あるいは詩のあり方についての彼ら二人の間の基本的な立場の違いが表れている。二人にとっての共通の友人であったベンヤミンは、ブレヒトの『試み』への批評という形で、一九三〇年に彼の文学の意味を明確にしているが、それによれば、「コイナさん談義」をはじめとするこれらの作品の中で、この「詩人は、自分の文学的著作を書くという営為からは自分で暇を取って、砂漠で技師が石油のボーリングを始めるように、現代という砂漠の中での正確に計算された場所で自分の活動を開始して」(Benjamin 1991: 661, 1991=1979: 110) おり、その営みはもはや文学作品のような「個人的経験」であってはならない。ここでは、「文学は、世界を変革しようとする意志が冷徹さと結びついていないような作家の感情からはなにも期待していない」(Benjamin 1991: 662, 1991=1979: 110) のであって、文学が「世界の変革のために多様に分かれている過程の中の一つの副産物」となることが目指されているというのである。ブレヒトにあっては、この現代が生み出す貧困化、人間性の破壊、「国家は富み、人間は貧しくされている」という状況を変革するための戦いの一つの活動の武器として、文学がある。

だから、ブレヒトにとっては、資本主義とそれに結びついた機械化による人間の貧困化を変革することに何らかの形で貢献できるもののみが文学に意味を持つものなのである。たとえ、「腹いっぱい食え、住む家があり、子どもたちを養える」社会が実現されたとしても、ヒトラーの命令の下で労働者の隷従が存在し続ける体制は許せないのであり、社会主義の運動はそれを乗り越える可能性を持ったものとして映った。したがって、そのような文化の帰結としてのナチズムとの戦いが大事なのであって、たとえ、スターリンが「労働者君主制」を引き起こしていたとしても、その批判を差し控えることを受け入れたのであろう。

しかし、アーレントにとってそれは二重の意味で許されないことだった。そもそも、ナチスの最大の犯罪は、六〇〇万人に及ぶユダヤ人の絶滅政策だけではなく、ロマや同性愛者の大量殺害も企てていたのであり、ナチズムに反対する共産党員はもちろん、良心的な反戦主義者や平和主義者をはじめとする「異なる意見」の持ち主への徹底した殺害と弾圧を進めたことにある。吐き気を催すようなユダヤ人への露骨な絶滅政策は、ある意味で、共産党員や平和主義者への弾圧に勝るとも劣らない徹底ぶりであったのだが、ブレヒトは、このような民族差別や性差別よりも、資本主義が有無を言わさず庶民を巻き込んでいった人間性の剥奪や貧困の問題を主題化したのは事実であろう。資本主義の最大の被搾取者である労働者の解放が、それ以外の異なる被抑圧者である女性、性的マイノリティ、ユダヤ人をはじめとする少数民族などの解放を可能にするという当時の「複数性」plurality を欠いた思考、労働者が他のすべての抑圧を「代表」するという思考は、二〇世紀の後半に至るまでほとんど運動に浸透する根本的な限界であったのであって、ブレヒトをもってしても、依然として、事実上、自明の前提であった。そのような思考からすれば、文学という営みでさえ、労働者階級の解放のために従属すべきものとして映ったのである。

この「複数性」の思想の欠如は、マルクスが『共産主義宣言』のなかで、資本主義の発展によってブルジョワジーとプロレタリアートの二大階級の対立に収斂していくと宣言して以来、それ以外の階層や芸術家、知識人、文学者などは最終的には派生的で消え去る存在だとして位置づけられたことと深く関連している。

当時の多くの良心的な文学者や思想家、芸術家は、階級闘争の主体たるプロレタリアートの付随的存在にすぎず、彼らの解放のために働くことが第一だという思いをもって、貧困に苦しむ労働者農民の闘争に資することのみが重要とする思考から自由になりにくかった。逆にいえば、芸術や文学、思想は労働者の階級闘争に貢献できるもののみが意味があるかのような考えから自由になりえず、自らの活動の独自性を位置づけるものではなかったのである。

これは、第二の問題と深く結びつく。アーレントによれば、「詩人」は「私たちの私生活にかかわり、市民たる限りでの私たちにかかわる」(MD p.327, 210)存在であり、その限りにおいては、詩人に対して、通常の人間生活の中では認めがたいような、ある種の「自由の幅」(MD p.382, 247)を認めなければならない。だからこそ、詩人は通常の人々に対して、ある種の距離を取った態度を取らなければならないのだという。

ところが、「民衆の吟遊詩人」たろうとしたブレヒトは結果的には、スターリンや東ドイツの権力者を容認するような発言をしてしまった。彼は、人間を搾取し、庶民の素朴な生き方をゆがめる資本主義の装置と体制をどうしても労働者が主人公になれる可能性を持つ社会主義へと変える必要があると考えており、それに代わるものを生み出したソ連の社会主義を全面的に否定することはできなかった[36]。

アーレントによれば、「私たちがそれで生きる言葉を紡ぎあげるのが詩人の課題なのだ」(MD p.384, 249)から、そこでスターリンを称賛するような言葉を書くことは許されない。精神の営みがもし経済的利害や階級的利害の闘争のために従属させられるべきだとすれば、それは精神そのものの自殺行為である。精神が生存のための従属物になったら、自らを殺すことにほかならないからだ[37]。詩人が時の体制にすり寄って、自らの批判的精神を研ぎすまさないでいたら、それは詩人を辞めることである。

「詩人に起こりうる最悪の事態は詩人であることをやめること」（MD p.330, 213）だから、ブレヒトに対して、「ジュピターに許されているものも牛には許されない」（Quod licet Iovi non licet bovi）というローマの格言をひっくり返して、「牛に許されているものもジュピターには許されない」（Quod licet bovi non licet Iovi）と、糾弾する。この場合、もちろん、ジュピターにあたるのはブレヒトであり（牛は一般の庶民かもしれない）、人々にその言葉によって生きることのできる言葉を紡ぎ出すことのできる輝かしい栄光を持つ存在である人物が、生き残るために権力者に迎合することなど、許されるはずがないという批判であった。

ここには、同じ時代を生きた二人の間の大きな違いが存在する。そこでは、思想家や詩人、あるいは文学者が時代と関わるとはどういうことかが根本的に問題提起されている。もし文学者が、当面、今迫られている事態に対して、貧困の克服か全体主義かのどちらかを取るしかないという選択肢を求められたとしたら、それは、一人の市民としての決断を迫られていることであろう。

アーレントの立場は、ナチスを生み出した資本主義の文明にいかに批判的であろうとも、そこから、よりましな悪の選択に向かうスターリンの美化につながる言説は引き出しようがないというものであった。文学者、詩人、思想家としての態度はそこに吸収されてはならないというのがアーレントの立場の原点である。

アーレントはアイヒマン裁判でのユダヤ評議会の問題を指摘したことによって、ユダヤ人から総攻撃を受けた問題をきっかけに「真理と政治」という長い論文を書いた。この論文は、後に次々と明らかになるペンタゴン・ペーパーやウォーターゲート事件などに代表される「政治における嘘」にかかわる興味深い論考となっている。その中で、政治と文学者との関係にもかかわる問題として、「政治の領域の外に立つ」(BPF p.354, 259) ことの意味について論じている。それは共同に暮らすものとの関係や仲間との交わりを断って考えて発言することの人間的意味を探ることになるのだが、「真理を語ろう」として活動する人々には、「哲学者の単独 solitude、科学者や芸術家の一人になること isolation、歴史家や裁判官の公平性 impartiality、事実調査をした人や目撃者、報告者の独立 independence」(BPF 354, 259-260) といったあり方があるという。現実の機能としては、司法制度で働く裁判官、つまり、権力から離れて判断＝判決を下す人々の活動が必要であるし、アカデミーで研究する人々が時の権力者から離れて研究するのも、文学者、芸術家やジャーナリストとしての発言もそのようなものであろう。

このような人々には、「事態に巻き込まれていないこと non-commitment、公平な不偏的立場 impartiality、思考と判断における自己利害からの自由 freedom from self-interest in thought and judgement」(BPF p.358, 262) が求められるという。歴史を冷静に眺めれば、かつての英雄となった勝者が空前の独裁者として評価が一変することや、世界史的大事件がとるに足りない事件になるといったことは繰り返されてきた。だからこそ、事実を尊重し、事件に巻き込まれることから距離を取ることの重要性が、歴史においては求められる。人間は「政治」的存在であるからこそ、時の「政治の領域」に翻弄されない立場に立とうとする者の重要性は消えない[38]。

こうしてアーレントとブレヒトの間には、同時代に生きる人間として、時代にかかわることのありようが問われていたのである。一方で、民衆が貧困に置かれ、差別され、抑圧され、無視されて、人間としての輝きと意味を奪われている現実がある。ブレヒトの場合は、民衆の貧困こそが、二〇世紀という現実の中で、人々が受けてきた差別、抑圧、無視を代表し、象徴されるものだった。マルクスの理論に共感したブレヒトは、労働者の貧困と抑圧こそが、人間全体の抑圧と人権の無視を「代表」represent＝象徴しイメージできるものとして位置づけられたのだろう。

当時、それまで、いつも、貧困に苦しみ、差別と暴力を受けてきた労働者や庶民が、ソ連における社会主義の成立によって、彼らこそ社会の主人公だとされ、生活を確保され、安心して暮らせる可能性を得られると見えた。この驚愕の歴史的事件に対して知識人が支持したのは、けっしてブレヒトに限られたものではなかった。労働者、貧しい民衆の解放こそが歴史の抱える問題の解決の中核にあり、それの解決が、知識人などの他の階級の解放につながるし、女性の解放にもなるという確信は、多くの知識人たちの固く信じたことであった。

しかし、現実には、この社会主義は共産党の強固な指導・独裁による上からの「貧困」からの脱却の道であった[39]。そのような流れが、同時に全体主義による自由の抑圧の可能性をはらみ、深刻な言論弾圧や官僚制と結びついた党独裁による指令主義的な生産システムとなってしまった現実を知った今日とちがって、当時、知識人の大半は、社会主義が持っていた可能性に期待をかけたのであった。

そのような流れから明確に袂を断って生きたアーレントは、どのようなものに希望を託したのだろうか。

Ⅱ　貧しい人々への「同情」と「社会問題」

近代的な思考と人間関係に慣れた人間にとって、アーレントの思想の理解を最も難しくさせているものに、「同情」compassion と「社会問題」をめぐる彼女の議論がある。そして、アーレントのブレヒトへの厳しい批判の根拠として挙げられているものの一つの重要な点が、まさに「同情」の問題である。

アーレントによれば、ブレヒトが詩人としての自由、「無重力」を生きることの重要さを捨て去り、現実との直接的なつながりを優先するようになったのは、「同情」にあったという。たしかに、食べたいものを自由に食べ、この人生を無邪気に享受していた一人の人間が、ある時、自分が何気なく食べていたものが「他人からかすめ取ったもの」であり、その人々が食べるものにも困って生きているのを知ったとき、[40]あるいは、これまで水などだれでも自由に飲めると思っていたのに、一杯の水さえ手の届かぬ貧しい人たちの存在を知ったとき、そこから、貧困に苦しむ人々への同情を持つのはいわば自然なことであろう。ルソーならずとも、アーレント自身でさえ、「貧困」の持つ強烈な意味をよく自覚していた、彼女によれば「貧困とは自分の持っているものを剥奪される以上のものである。すなわち、絶えざる欠乏の状態であり、痛ましくも悲惨な状態であって、それが恥ずべきなのは、人間を非人間化してしまう力を持っているからである」（OR p.90, 60）。

したがって、アーレントが「同情」心を持つことを否定しているわけでも、おそらく批判しているわけでもないだろう。人間が人間以下の状態に置かれることへの同情に基づく怒りや抗議が非難されるはずがない。そうだとすれば、彼女はなにゆえに「同情」に批判的であったのか。同情という人間としての感情はなにゆえに問題なのか。

　その点にこそ、ある意味で彼女の「政治」観のもっとも重要な問題が現れているといってよい。彼女の大きな関心は、フランス革命に始まる近代の革命運動、現代で言えば、たとえば、中東諸国で二〇一一年に一斉に起きた「アラブの春」のような巨大な運動が、当初、自由への民衆の民主的変革への希望から始まったとしても、多くの場合、どうして結果的に、目をおおいたくなるような暴力やテロ、そして独裁に終わってしまうことになるのかという難題への考察にあったようである。人類はずっと貧困の問題に苦しんできたのだが、この貧困の問題を「社会問題」として解決しようとする「どの革命も「社会問題」を解決してきたことはかつてなかったし、欠乏の難局から人々を解放したことはなかった」（OR p.166, 102）。ところが、近代の革命は、どの革命も暴政と抑圧に反対するという政治的課題において、貧困と悲惨に苦しむ民衆の強力な力をフランス革命に倣って利用しようとした。しかし、「社会問題を政治的手段によって解決しようとする企ては結局テロと恐怖政治へと向かうことになった。しかも、これによって、革命は破滅に追いやられるのである」（OR p.166, 102）。「革命が大衆の貧困という条件下で起きる時」、この致命的な間違いを避けることはほとんど不可能なのである。近代においては、その革命を推進する大きな力が、貧困が生み出す非人間性への同情心と深く結びついていることが、「政治」の原理と深い次元で絡まっており、それが暴力と混乱の革命という現象として表れるのだという洞察がアーレントにあった。

　けれども、私たちは近代以降の世界に生きているのであり、それが過去の歴史と異なるのは、まさしく民衆の存在を歴史の中から外すことはできないという点なのである。それまで長年にわたって、歴史が描かれる場合に、圧倒的多数の民衆は歴史の舞台から排除され、まるでそこに彼らが存在しないかのように無視されてきたことを考えるなら、フランス革命以降の近代において、民衆が歴史の当事者、主体として登場することをアーレントは否定しようというのだろうか。むしろ、民衆の貧困こそが、世界の悲惨を取り除く第一の課題だとする思想に共感を覚えるのは当然であろう。そして、そのような無視された民衆が貧困から解放され、歴史の主人公となるべきであるとする主張のどこに問題があるというのだろう。比較的裕福な家の出身であったブレヒトが、そうした民衆の貧困に同情し、第一次大戦後のドイツ民衆の悲惨が資本主義、帝国主義によるとするマルクス主義の主張に深く共感していったことはある意味でごく自然に理解できることであった。ブレヒトは、この資本主義の非人間化に対抗して民衆の中の学びによる変革の可能性に希望を託したのであった。

ところが、アーレントは、この民衆の貧困への同情が社会変革の原理とされることに対して大いなる異議を唱える。それは、「政治」という互いに意見や捉え方の異なる人間同士が共存しようとする営みにとって、「同情」が危険な要素を含んでいるからというのであった。「政治」の原理と「同情」の原理は折り合いが難しいのだという。アーレントによれば、フランス革命においてその暴力的な事態への進展にとってもっとも決定的な役割を果たしたロベスピエールが考えたこととは、「社会のさまざまに異なった階級を一つの国民にと結合させていく力」は、貧困に「苦しんでいない人々が不幸なる人々に対して示す同情、上流階級の下層階級への同情」(OR p.119, 79) という点にあったという。これは、ルソーの意見によれば、他人の苦しみに対して自然に持つ同情こそが「自然状態における人間の善性」の現われと見えたからである。

近代社会のブルジョワの心に潜むもっとも危険な傾向は利己主義 selfishness であった。そのような富んだ者の信じがたいような悪徳 vice は快楽の魅力によって犯罪に向かうのに対して、そのような自己中心的なあり方を乗り越える感情が「同情」あるいは「哀れみ」なのである。「苦しむ人々の心は、同情の魔法によって他の人の苦しみに対して開かれる」(OR p.121, 81) のだから、そこに利己主義を乗り越える次元が生じ、そこから貧しいものの苦悩は無私であるがゆえに善なるものだという構図が生まれてくる。それに対して、富者の利己主義は悪徳と結びついて「他人とともに苦悩する同情」を持ち得なくなる。人間が本来持つはずの「苦しんでいない人々が不幸なる人々に対して示す同情、上流階級の下層階級への同情」を持ちえないとすれば、そのような人々の存在そのものが「自然」に反するのだから、彼らを打倒する戦い、革命の原理となるものは、貧困への同情を持ちえない人物への容赦ない反自然的な傾向への戦いになる。貧困に苦しむ人々のことを忘れ、自己利益の追求、富の追求にうつつを抜かす支配者や富者への戦いは正義の戦いとなる。

それに対し、支配者たちや上のものが惨めに置かれた貧しい存在に対して個人として注ぐ「哀れみ」pity の感情の方は、肉体的には動かされないで気の毒と思うだけのものであって、単なる感傷、いいかえれば、自分以外の人には実際には向かわない主観的な感情経験に留まる。しかも、この感傷は感傷である以上、それが情念一杯のものであればあるほど、「際限のない」(OR p.134, 90) になってしまい、こうした哀れみを生むと判定されたものに対してはいくらでも残酷になりうるのであり、それは「患者の命を救えると思ったら腐って爛れていく手足を」「慈悲深いメス」(OR p.133, 89) で切り取るのと同じ残酷さを受け入れてしまうという。他方、この他人の苦悩に打たれる「同情」はだれか具体的なひとりの人間によって引き起こされるものであって、この情熱passionはともに苦しむco-sufferingというものに留まる。この同情が、「哀れみ」という感傷に向かえば、もはや、特定の人間関係中に現れる問題としてではなくて、「絶対的多数の際限のない苦悩に」に対応する「無限の情緒」となる。

このような発言を通じて、アーレントが強調しようとするのは、貧困の問題という生命の必要性の切迫力が強烈なものであればあるほど、それは感情の次元の激しさに結びつくものであるから、「国家の抑圧に対する反抗」といった問題ではなくなってしまう危険性をはらんでいるということである。このような「弱い人々に引き寄せられた」原則は、「権力への渇望と区別できないもの」（OR p.127, 85）になるという。なぜならば「同情は距離を取り払ってしまう。つまり、人々の間にある世界的な空間が取り払われてしまうのだが、そこでこそ、そもそも人間界の事象がすべて成り立つものである。だから、政治の観点からすれば、同情は重要な意味を持たないし、意味もない」（OR p.129, 86）。つまり、同情の感情に突き動かされる場合には、現実の人間関係が生み出す多様な政治的関係や利害関係、あるいは多様な営みの意味が具体的に考察されることなく、人間性という「自然」に反した利己主義の体現者がそのままに敵と一元化されて抽象化されてしまう。その結果、同情の感情はそれ以上の激しい暴力を生み出す感情にいわば火をつけることになる。

ここには、アーレントの「精神」の可能性に対する絶対的原理が表明されているといえる。それは、精神とは本来人間が他者との協同にかかわって、他者との「連帯」による活動を可能にするための働きだからである。人間の苦悩そのものへの同情は、言葉で展開されるためのものではない。それは言葉による他の人々との距離を保証し合った話し合いに転化されないままに心のなかで保持されるものであるから、それを政治の次元に直接に持ちこむと、むしろ、その苦痛への共感ゆえに、その原理に立てば「迅速で直接的な行為、すなわち暴力手段を使っての行為による」（OR p.129, 87）解決を求めることになる。言い換えれば、同情が革命の原理となってしまうと、感じ方、考え方の異なる人々との話し合いを通じての協同の「連帯」の可能性への追求ではなくて、この苦悩の感情を引き起こすものへの感情が暴力的行動をも正当化してしまうことになる。

ロベスピエールにおいて典型的に見られたような貧しいものへの「同情」が、政治的な戦いの原理とされてしまう限り、そのような危険性を持つものであるという点は、いくつかの反省を引き出すヒントとなりうる。日本の戦後史のなかでどうしても避けて通るわけにいかないのは、スターリン主義批判の上に新たな「革命」の道を行くとした新左翼運動の暴力性にかかわる問題がある。スターリン権力による気の滅入るような熾烈な党内闘争と粛清、官僚主義的国家主義や独裁、「敵」とみなした勢力への呵責のない暴力的排除といった「革命」の名の下での二〇世紀最大の暴力に対して、その批判を前提にして出発したはずの新左翼運動が連合赤軍事件による大量のリンチ殺人事件を起こした結果に終わったことに象徴されるような暴力性へと一層拡大してしまったのはなぜだろうか。

そこには、どうしてもマルクスにまでさかのぼる歴史観の問題が登場する。『共産党宣言』において、マルクスは、「今日までのあらゆる社会の歴史は、階級闘争の歴史である」として位置づけ、その歴史の展開を見るならば、そこに暴力が使われてきたという点を強調した。そして、当時のヨーロッパ「大陸の大半の国々では、我々の革命のてこ（梃子）となるものは、暴力でなければならない。

暴力こそ労働の支配を打ち立てるためにはいつかある時にそれに訴えなければならないものである」（マルクス 1967: 157-159）と宣言したのであった。そのことが、近代国民国家の枠内ではほとんど不可避のことと考えられたのは、当時の政治情勢を見るならば理解できないことではないかもしれない。二〇世紀とは「戦争と革命」の世紀であったというのは悲しいほどの事実であった。それは、近代国民国家においては、国家がその支配に抵抗する運動を暴力によって抑圧する支配機構であり、今日でも相変わらず、支配者たちが遠慮会釈ない暴力を使うことは誰もが目にしている現実であるからである。シリアでの容赦のない内戦、ミャンマーでのクーデターによる有無を言わさぬ国軍による暴力的制圧を見れば、絶望的なほどの暴力による支配を感じる。しかも、米国やフランスを代表とする今日の大半の先進諸国が、アフリカや中東諸国への系統的で持続的な戦争行為への加担と駆け引きを続け、武器輸出を自衛の名前の下に際限もなく進めている現実を見るならば、それが昔のことでないことは明らかだろう。

まるで国民国家内の「豊かさ」のためには、対外進出や、戦争さえもが必要で仕方がないかのごとき雰囲気である。日本の戦後の経済回復も、朝鮮戦争の特需やヴェトナム戦争による米国への協力がてこになっていたことを認めないわけにはいかない。そして、ナチス政権そのものが、そのような形で、第一次世界大戦後のドイツの国土の崩壊と疲弊を、対外侵略と独裁体制によって、乗り越え、ユダヤ人や同性愛者たちの虐殺を国民に黙認させる政権であった。

要するに、国民国家内での経済的豊かさが、ある種の暴力性や他国への経済的支配による利益の確保と結びついているという事実に気が付かずにはいられないのである。このことを、一九六〇年当時ブントという新左翼組織に属して六〇年安保闘争を率いた一人、西部邁がその後、保守思想家へと転じていった過程を反省しながら痛切に自己総括している。彼によれば、太平洋戦争中、日本の侵略戦争邁進に知識人もろとも翼賛的に協力しながら、戦後の日本の経済復興に際して、今度はきびすを返すように、敵国米国の「民主主義」を戦前の思考との深い対決なしに追随しはじめ、米国に従属する形で安保改定に突き進んだことに深い矛盾がある。ところが彼ら知識人は、そのことを正面から見つめることがなかったという。[41] 戦後の民主主義を標榜する論壇とマス・メディアの態度には、戦後思潮の「虚偽や欺瞞が充満している感覚」を西部は感じてきた。その点で「ブントの情念」には、その「戦後思潮の虚妄を突くという否定性」において共感したのだという。しかし、それは、結局のところ、「反体制を標榜しながら体制に寄生しつつあった」という矛盾が存在し、それを拒否したいという「否定性」の気分が「暴力への傾き」を引き出したのだ（西部 2018: 24-25）。

この点で一層明確なのは、彼の「親友」ならぬ「信友」だと感じていた当時の全学連委員長、唐牛健太郎の発言だろう。自らの出生、家族関係に苦しみぬいていた唐牛は、その「終生、他人の目に晒すまいと企った悲哀の感情」をもちながら、一九六〇年四月には、「恐れることはない。諸君、障碍物を乗り越えて一歩一歩進みたまえ！」と叫んで装甲車から機動隊のなかに飛び込んでいったという（西部 2018: 54）。このような突撃は、唐牛自らの発言（と西部は書いている）、「政治は個人的心情の賭事だ」（西部 2018: 56）と考えていた結果の行為なのである。西部は、そのような心情に任せた運動の仕方が、結局は、際限のない暴力、さらには自らが「殺戮者もしくは被殺戮者の群れになりはてる」という過激派に特有の「死の臭い」（西部 2018: 203）をかぎ取って、過激派から手を引いたという。[42]

このようなある意味で痛切な悔悛の表現が、帰するところ、アーレントの指摘する「同情」を政治参加へのてことする運動のあり方への批判と通底するものであることは容易に推察されることであろう。ルソーが「親密さという甘い喜び」の感情を発見して以降、感情はいわば社会の中に口を出すものとなった。近代社会は感情を基礎に他者との関係を感じるようになってきたのである。しかし、それは「心情にどっぷりつかったが故の現実への無感覚」(OR p.134, 80) をも生みだすことになった。「同情」とは「同胞の困苦を見るに忍びない生来の感情」(OR p.107, 61) であり、それが「親密性」の感情の領域から生み出され、「哀れみ」という感傷とも結びついた時には、同情は「無限の情緒」となって、具体的な人間との「特殊なものへの考慮」(OR p.134, 80) を失い、その「感傷の際限のなさ」のゆえに、「自分たちの「原理原則」や歴史の進路、あるいは革命の大義そのもののために良心の呵責を感じることなく」(OR p.134, 80) させてしまったという。この叙述は、フランス革命の進行の過程でのロベスピエールらの叙述であるとともに、日本の新左翼運動が結果的に陥った状況をほとんど正確に描いているように見える。

Ⅲ 「連帯」による「活動」へ

アーレントがここで問題にしていることは、近代の主観的な感情が持つ無世界性がもたらす危険についてであるから、異なる他者との関係の作り方を問う政治的関係においては、内面の感情的経験を基礎にするあらゆる近代の運動は、暴力とテロへの帰結を避けられないかのように見える。ところが、アーレントは、それと一見よく似ているように見えながらまったく別の感情的原理が、政治的なものとつながりうるという。それは「連帯」の原理である。連帯は、特定の具体的な人々の悲惨な貧しさに対して持つ「同情」が一般化される際に、「哀れみ」のように感情におぼれて、「哀れみのために哀れみを感じる」ようなやり方にならないという。連帯は、問題が何であり、何が変えられなければならないかを、「変わりやすい気分や感傷からは独立で、抑圧されたり、搾取された人々と、持続できる利害の共同をよく熟慮(deliberate)したうえで情熱から自由に」(OR p.132, 79)作り上げるものである。その大きな違いはどこにあるかといえば、「一つの階級や、国民、民族」というものだけでなくて全人類も包括できる運動となりうるものであり、「強者や富者も弱者や貧者と同じく包括してつながる」ことのできる運動である。それは、いわば「人間の尊厳」とか人間の「名誉」や「偉大さ」によって繋がりうるものであって、いわば「情緒的なものとの距離」をとっているものである。

これらの一見、理解の難しい議論の中には、さまざまな問題が提起されている。なかでも、決定的に重要なのは、感情と政治の関係だろう。「哀れみ」や「同情」という感情は、ある意味で「嫉妬」や「復讐感」、「屈辱感」といったものと同じ性格を持っている。人間がこれらの感情にいったん囚われるや否や、その感情が支配している間、もはや、「政治」的関係は成立しにくくなる。たとえば、第一次世界大戦後の敗北感と屈辱感にとらわれたドイツ人の多くの人々の共通の感情は、このようなものであったろう。ヒトラーはそのような感情に打ち沈んだドイツ人の中に、その誇りを取り戻すための感情的誘惑をしたといってもよい。

あるいは、また、シェイクスピアの「オセロ」のように、恋人やパートナーが他の異性との恋愛関係にいるのではないかと妄想し始めたら最後、そこに生まれる焦燥感や怒り、嫉妬心など、こうした感情の激しい振幅を基礎にした行動が途方もない行動を生む危険を持っていることは、重要な事実だろう。

六〇年安保の時も、七〇年の学生運動の高揚の時にも、西部邁や唐牛健太郎のように、彼らの心情から発する政治的企てが途方もない結果を生むかもしれないという危険性を認識することの重要性は間違いない。「政治」という公共的なものは、個人の心情的な経験をどこかに基礎としていることは事実であったとしても、そのような「同情」や情緒的なものは、一旦、政治的次元において、いわば、昇華されなければならないのである。

このようなアーレントの指摘が目指すものは明らかで、その点では、階級や民族といった「我々」の外部に敵を作ることによって同一性を形成するというカール・シュミット流の「政治」的なものへの強い批判をも含んでおり、その否定の上によってのみ「政治」が成り立ちうるというものである。

こうした議論はもちろん、「社会問題」の解決を革命によってなしとげることは暴力を避けられないという彼女の確信と深く結びついているし、階級と階級の対立を解決不可能だとして行われる暴力的な決着を否定するものである。それは、人間が異なる他者との間に共同の「政治」を行うことによってこそ「人間的」でありうるという可能性を奪うものであるからである。貧困への同情心のゆえに変革に向かう運動にたいしてアーレントが批判的なのは、自由を実現するための変革というスローガンが、それによってはむしろ実現されなくなってしまうということへの強い危惧のゆえだろう。

異なる他者との共存としての自由を求める革命運動が、貧困問題の解決というスローガンをその牽引力として利用することは危険である。それは貧困が生命としての危機に起因するものとして存在するものだからであって、自由とは富の多寡を問わず、互いがその違いを認め合いながら、新たな人間関係を作っていこうという「政治」の原理とは相容れにくいことだからである。たしかに、空腹、飢餓といった生物的生存の問題が原理として提起されてしまうと、他者との共存という問題は背景に退く。いったん貧困の問題が歴史を動かす原理となってしまうと、「誰もが自分の一番身に染みて知っていていろいろ考えてみるまでもない必要（必然）の絶対的命令の下」（OR p.91, 60）におかれる。その時には、人は自分の肉体の空腹や渇き、あるいは、怒りや憤りの発散に駆られた肉体的衝動を解放することにだけ向かってしまい、それ以外の問題、たとえば、言論の自由や文化活動にかかわる要求などは背景に退いてしまう。

そして、その要求の逼迫力のゆえに、その精神の感傷にひきずられた運動は、その感傷の際限のなさによって「限りのない暴力」（OR p.137, 92）に向かうことになる。しかも、ルソーの「哀れみ」の観念がいささか内面の感情において抽象的に一般化された「不幸な人々」という観念を肥大化させて、そのうえで革命のスローガンが「パンへの要求」に収斂されていくとき、「私たちが皆パンを必要としているからには私たちは皆同じであり、一つの肉体へと統一される」（OR p.140, 94）として、その要求は「一つの声」となって響くことになる。こうなればそのパンへの要求自体には嘘はない真実味のあることのように見えるから、ほかの違い自体はないかのように一挙にその情念に引っ張られて革命の流れが進んでいってしまう。

その意味で言えば、「不幸な人々」によって「人民」が一本化され、さまざまな人々の多様な要求が、パンへの要求、生命の必要へと一本化されてしまって、それ以外の多様な要求が消し飛ばされ、失われるどころか、そうした多面的な要求そのものが団結を妨げるものとして排除されてしまうことにもなりかねない。こうして変革されるべきさまざまな「政治」課題は、「同情」に駆られた貧困問題の解決への情熱に乗っ取られていくことになり、「暴政からの解放への要求によってではなく必要からの解放」に引きずられていくことになる。その意味で自由を求めて、暴政に反対する運動という「政治」的運動は、「パン」を求めての「必要（必然性）」の運動によってかき消されていくのであり、自由の形成をめざすという「政治」的視点からすれば、「胃袋の反乱は最悪のもの」（MD p.166. 102）ということになる。

以上のようなアーレントの評価は的確であるとともに、重大な難題を提起している。

それは、近代の政治変革のあり方全体に対する問題提起であるからである。たしかに、フランス革命は、その歴史的意味と政治的意味において、二つの直ちには一致しがたい要求を含んでいた。これまで貴族、王党派や聖職者などの政治支配を打ち破り、ブルジョワ市民階級が新たな支配を勝ち取ったのだが、その市民は実際には、さまざまな利害集団や階層などの違いを持っていた。それゆえに、「自由・平等・友愛」というスローガンそのものが、その内部での熾烈な闘争による対立集団の排除に走ることを免れることができなかった。とりわけ、アーレントが言うように、貧困にあえぐ民衆の支持を勝ち取るためには、ロベスピエールのような独裁が求められた。

それだけでなく、そもそも、二〇世紀以降の国民国家とは、政治支配者たちが国家規模での財政経済運営を通じてより豊かな国にするという形で、国民の支持を得ようとしてきたものであった。国家という巨大財政運営体による国民経済への関与は、財政投融資によるインフラの整備に代表される巨大産業への積極的援助や投資によって、国富の増大に努めるという形で行われてきた。

それは、もっとも代表的には、米国の軍学産一体の国家運営政策に見られるように、先進諸国の巨大な財政的基盤が軍需産業や原発さらには新幹線技術の輸出、そして戦争による巨大な利益の獲得を一つの基礎としていることに示される。これが今日、中東やアフリカ諸国で継続的な強大国の干渉による戦闘の継続の背景を作り上げている原因である。このことは何よりもアーレント自身が経験したナチスによる政策の中心にあったのであるし、かつて社会主義を掲げていた（今でも名前だけは残している）中国によるアフリカ諸国や中南米をはじめとする経済援助という形での経済進出と支配の根底をなしている。その意味で言えば、近代国家においては、国家による政治と経済の積極的結合こそが決定的な内容をなしてしまっており、その運営による国民の豊かさの保障如何が今日の政治の中心的課題となってしまっている。それこそが、世界的規模での戦争を引き起こし、対外侵略を進めさせる動機をなしているのである。今日、グローバル資本主義の拡大によって、格差社会がいっそう深刻になって、労働力の国際的移動が深刻化し、国民国家の枠を超えて大量の難民や労働力移動が進行している中、日本を含む先進諸国の国家指導者たちは、国民の生活水準を確保するためと称して、国民国家内部での利益を守るために排外主義的なナショナリズムをあおりたてている。

アーレントは、このような経済と政治あるいは統治政策との合体という今日の最大の現実問題の一つに対して、極めて批判的である。それは、まさに近代の「政治経済学」[43]的現実がヒトラーとスターリンに代表される全体主義への傾向を深くはらんでおり、アーレントが最も関心を寄せている異なるものの共存という政治概念にそぐわないものであることを深く認識しているからであろう。けれども、これとは別にアーレントの中に、少しでも貧困のみじめさに対して、国民国家的枠内での改善の可能性を探るということに積極的でない理由が二つあるように思われる。一つは、貧困の問題が、マルクスのように資本主義的搾取の可能にする生産関係の変革によって解決できるとする考え方にくみしない態度による。もう一つは、経済的貧困の格差よりも、むしろ、人々が自ら公的空間から排除され、見えなくさせられているという点に、政治にかかわる根本的関心があったからである。つまり、人間が他者との協同的経験をするという意味での自由こそ、人間が人間であること（それをアーレントはプラトン、アリストテレス以来の言葉を使って、「人間事象の領域」ta ton anthropon pragmata（「人間ならではの領域」）のもっとも基本的な経験であることを現代の人間がないがしろにして、国民国家の枠内で富の追求に関心を寄せていることへの強い反発があるからである。

前者に関して興味深いのは、マルクスの理論そのものが、「社会問題を政治的用語で語り、貧困の苦境を抑圧と搾取のカテゴリーで論じた」（OR p.96, 53）として、抑圧や暴政という本来政治的問題が、経済的問題として語られたと指摘していることである。アーレントからすれば、自由の問題にかかわる政治的問題は生産関係という経済的次元の問題によって根本的には解決される問題ではないのだが、マルクスは、近代社会においては経済的なものが「土台」をなすものだから、政治的なものはその上部構造であるとして、結局、政治の問題を経済の問題として取り上げることによって、実際には政治の固有の領域の問題は、支配被支配をめぐる問題に還元されてしまったのである。その結果、国民国家の枠内では、政治と経済が密接に結びついてしまっており、構造的に、近代を根底的に支配しているのは経済的過程だとして、経済的問題に革命の目標を据えていくことになった。こうして「革命の役割は仲間の抑圧から人々を解放することでも、ましてや自由を創設することではなくて、むしろ、社会の生活を物が十分にないという制約から解放して、溢れんばかりの豊かさの流れに乗る営みの過程にしていくこととなった。今や、自由ではなくて、豊かさが革命の目的なのである」(OR p.97, 54)。

このことはもっと実践的な革命家であり、実際にロシア革命の指導者であったレーニンにとっては一層の真実たらざるを得なかった。ロシア革命の現実の進行にあっては、第一次世界大戦によって国が疲弊しきっており、深刻な貧困問題、飢餓問題が存在する中での革命の進行である以上、ロシアの帝政を打倒した後に、ロシアがどのように生き残り、新たな変革へと向かうべきかという課題を遂行しなければならなかった。それは一方で「すべての権力をソヴィエトへ」というレーニンのスローガンにも含まれていることであるし、逆に、最終的には、ボルシェヴィキへの権力の集中によって革命を遂行していくという過程全体にからんでいる事柄であった。すべての権力がソヴィエトに集中されるということは、「所与の体制に民衆を統合する制度としての側面と、直接民主主義的な機関としての側面との矛盾」(石井 1991: 51) を抱えることになるという問題は近代国民国家間の熾烈な干渉や戦争、競争などの中で、ロシア革命を遂行しなければならないという現実の難しさを示唆している。

レーニンは、資本主義さえごく限定的にしか発展していなかったロシアにおいて、社会主義、共産主義の実現のためには、近代科学技術による近代化の過程を不可欠とみて「共産主義とはソヴィエト権力プラス電化だ」というスローガンを立てて、国内を電化によって有機的に結びつけて近代化の基礎を据えようとした。ところが、アーレントによれば、これはきわめて非マルクス主義的な経済と政治の分離であって「ロシアの社会問題を解決するものとしての電化と、あらゆる政党の外側で革命の中から生まれたロシアの新たな政治体であるソヴィエト制度の区別」(OR p.99, 65) を自明のものとする考えである。このスローガンは結局、新たな政治形態としてのソヴィエトは自由の確立の問題であるのに、貧困の解決の問題は科学技術的改良によるということを認めたはずであるのに、それがボルシェヴィキによる共産党という政党だけが、それを可能にするとみなした点において、マルクス以来の経済と政治の一体的把握に向かってしまったのだという。

この批判は正当であろうか。革命に成功したロシアが、国内の反対派との戦いだけでなく、第一次世界大戦での巨大な破壊による貧困と民衆、とりわけ兵士たちの疲弊という問題を深刻に抱え、大戦終了後も諸外国による侵略干渉戦争が続いていた中で、とにもかくにも、ロシア革命による国内の権力を維持しようとすればボルシェヴィキによる中央集権的な軍事的組織形態なしにやっていけないという判断をレーニンがしていたことは事実であろう。つまり、レーニンにとっては、成立した新たな政治権力を国家的レベルにおいて内外の闘争の中で消滅させないことが重要であったのであり、その国家を統治し続ける組織形態が必要であったのだといってよい。

しかし、アーレントはこのような統治組織としての国家の現実の存続と発展の問題については見事なほどに無関心であって、彼女の関心は、もっぱら自由の確立の可能性にあった。その意味では、一つの国あるいは制度が現実の歴史的過程において成立しうるかどうかには、極めて無関心であったといってよい。

この彼女の態度は、彼女が労働者階級に属する存在ではなく、豊かなユダヤ人家庭に育ったゆえの階級的限界なのだろうか。少なくとも、アーレントの議論は、貧困さえ克服されてよいというものとはもっとも縁遠いものだった。人間には、人間としての尊厳と誇りを可能にする「政治」制度が必要であり、その「活動」を通じて、他者との協同による生きることへの愛、「世界への愛」が必要だということは絶対的な前提であった。さもなければ、ナチスの「全体主義」支配に対抗する根本的原理が欠けることになると考えていた。そこには、アーレントが、「政治」という「活動」にどのようなものを期待し考えていたかが明確に反映されている。

その点で、マルクスやレーニンの目指していたものと、アーレントが重要だと考えたことが何ゆえに違ったのかということを考えるには、「私的所有」という問題に帰って検討せざるを得ない。というのも、ブルジョワ的な「私的所有」こそ、近代資本主義の悲惨と搾取、暴力を生み出す起源であり、それを共同的所有に換えない限り、近代の克服がありえないとするのは、マルクスのみならず、多くの社会主義者の絶対的出発点であったのだが、アーレントによれば、「私的所有」こそが、人間が「政治」にかかわるための絶対的前提だと考えたからである。

第四章　マルクス思想の出発点としての「私的所有」

「私的所有」こそ近代の最大の焦点なのだが、それがほとんどもっぱら「私有財産」という土地所有の問題と結びついて議論されてきた。しかし、「私的所有」こそ、経済的利害に留まらず、働く人々「自身の自由な個性」のための最低限の「必要条件」（マルクス）であって、これが奪われることは、自由を根底から奪うことである。

しかしながら、マルクスの思想の出発点となったのは、資本主義的な富の源泉としての「私的所有」であった。それまで、生存のための最低限の必要条件である「私的所有」は自明のこととして保障されていたのだが、近代の労働者は、封建制度下で奪われていた移動や旅行の自由や職業選択の自由などの近代的自由の交換条件のように、自らの生活のための不可欠な条件である自分の家と庭園などの土地、自ら生存の基盤を奪われてしまった。以降、土地と家を失った人々は身分的には自由にはなったが、労働者として契約によって雇われて賃金を確保できるという条件を満たされてのみ可能な自由であった。

そこには、「私的所有」と「自由」をめぐる関係の根源的な変更があったのだが、この「私有財産」の喪失がもたらす自己決定による自らの人生の主人公性の剥奪は、不思議なほど、本格的に問題とされてこなかった。自由に考える批判的な主体となりうる個人の確立のために必要な「私的所有」はなにゆえにマルクスにおいて軽視されたのか。

Ⅰ　現代の「私的所有」と「政治」

二〇世紀が「戦争と革命」の世紀だったとすれば、それは、同時に「難民」の世紀でもあった。その難民は、二一世紀に入って減るどころか、一層の深刻さを増しており、国連UNHCRによれば、二〇二一年には、八九三〇万人に達しており、二〇二二年には一億人を超えたという。次々と起こる国際紛争の中、シリアの大量難民に続く世界の難民の増加は、ミャンマーやウクライナに象徴されるように、いつ落ち着くとも思えない。ハンナ・アーレントもまた、ナチスの権力獲得に伴い、難民であることを余儀なくされ、一九三三年から四一年まで、命がけの逃亡の中、リスボンから米国に逃げるまで、フランスで難民として暮らした。

アーレントは、自分たちが「難民」と呼ばれたくもないという。一般には、難民とは、「何か事を起こしたり政治的見解のために避難先を求めることを強いられた人」（JW2 p.36, 264）のことだといわれる[44]が、自分たちは、積極的になにもことを起こしていないし、政治的異論を積極的に展開したわけではない。むしろ、自分たちの意識では「移民」とでも呼ばれたい存在であり、生活を立て直そうと意欲をもって新しい地で生きようとしていた。ところが、現実に経験するのはこのようなある種の楽観主義を打ち砕くものだったという。ユダヤ人はまさにユダヤ人であるがゆえにドイツから追放されたのだが、フランスに逃れると、今度はドイツ人を侮蔑する言葉である「ボシュ」boches（JW2 p.45, 270）と呼ばれて軽蔑された。そのうえ、ドイツがフランスに侵攻を始めると、今度はユダヤ人であるがゆえに「自発的囚人」として収容所に抑留されるのを受け入れざるを得なくなる。つまり、ユダヤ人は、ドイツでもフランスでも、いるべき場所はない厄介払いされる存在なのである。いくら、その土地に合わせて、自分のアイデンティティーを変えて適応しようとしても、彼らには、この世界での「居場所」がない。

このようにこの世界の中で普通に暮らすための「世界の内部に私的に保持された場所」（HE p.170. 112）あるいは「世界の特定の部分に自分の場所を占めること」（HC p.91. 61）が認められないことが、どれほど人間にとって致命的なことであるかを、アーレントは強く訴えて、この問題をシモーヌ・ヴェイユと同じく、「根を持つこと」として強調した（佐藤 2017: 94）。そして、『人間の条件』においては、この問題を「私的領域」の問題として展開したのである。

この問題をめぐってもっとも重要なことは、古代ギリシアに想定されていたポリスと家族との二分による「公的領域と私的領域」の区分が持つ現代的困難である。古代ギリシアにおいては、家族や私有財産の問題は、生存をめぐる困難を支えるための絶対的前提として考えられていたのであり、そもそも「家を持たなければ」、「自分自身の所有がないのだから世界の中に居場所がないのであり、それでは世界の問題に参加できない」（HC p.51. 30）。私有財産（私的所有）がなければ、そもそも人間が人間らしくあるための不可欠な条件を満たさないことになるものとして位置づけられていたのである。つまり、私有財産（私的所有）は、政治参加の絶対的前提であった。

ところが、二〇世紀に入るや、ほぼ、世界中の近代国家においては、犯罪者や禁治産者でない限り、一定の年齢に達すれば、性別の如何にかかわらず、政治参加の一形式である選挙権を認められている。

つまり、人間としてこの世界から追い出されることはなく、この世界への参加権が確保されるはずなのだ。ところが、現実はそれとは程遠い。「難民」は、人間としての最低限の生活上の権利さえ、保証されない。国民国家が難民としての認定をしない限り、この世界に安心して暮らせる場所はないのだ。

とはいえ、もっと奇妙なことが現実の世界の中で起きている。しかも、大半の人々は、その事実に日常的には気づかないままに暮らしている。世界の人類の歴史を見る時、この事実は驚愕すべきものだ。それは、私たち発展した資本主義国で暮らす圧倒的多数の人々が、生きていくために必要な活動を自分では確保できず、誰かに雇用されて働く場所と賃金を得ない限り、生き残れないということだ。つまり、この世界の中で生きていけるかどうかは、その生活のためのカネを得られるかどうかに決定的に依存している。これは人類の歴史を見れば、むしろ奇妙な事実であって、人類の大半は長い歴史の中で、自らの暮らす場所で、田を耕し、木を伐り、漁をして生き残るための生活の場所を確保してきた。とりわけて重要な事実は、後に述べるように、近代以前の中世社会における農民の位置だ。農民は、封建領主によって職業選択の自由や移動の自由などを奪われていたが、自分たちが暮らすための家と生活のための土地は、事実上の私有財産として保障されてきたのである。その意味で生きるための生活基盤である大地と労働の営みは当然の前提として確保されてきた。

ところが、現在は、農業や漁業などの生業に従事しない限り、生産手段を持たないので、誰かに雇われるか、自営業でカネを得る道を確保しなければならない。近代資本主義とは、このようなカネを媒介して生活することを絶対化して、カネを得られる安定した道を確保できなければ、容易に生き残れないという危機の前で生きることを強いるシステムである。

その危機をもっとも真剣に追及して、近代の根本的虚構を指摘したのが、マルクスであった。マルクスは、近代に入るとともに、本格化した自分らしくいられるためのプライヴァシーの剥奪という問題をもっとも真剣に考えた存在であったが、この一人ひとりの「私的所有」の剥奪が資本主義化による巨大な生産力の拡大と結びついていることに関心を集中させた。そのために、当初の私的所有の重視よりも、むしろ近代の土地所有者や資本家たちが自らの「私的所有」によって富の途方もない拡大を企てる問題に主要な関心を寄せた。当時、「資本の本源的蓄積」のために自らの生活のための土地を奪われた農民たちへの不当性を考える中で、マルクスは、土地所有の問題としての「私的所有」に関心を寄せたのであった。

それに対して、アーレントが問題にした「私的所有」とは、国民に普通選挙権が認められ、政治への参加権が形式的とはいえ認められている二〇世紀の政治状況を前提とした議論であった。二〇世紀の政治事情とは、建前としての国民主権の認められた社会において、じつは、古代ギリシアでは政治参加への自明な前提であった「私有財産」の確保が脆弱で危うくなっている状況を意味する。古代ギリシアにおいて「政治」＝ポリスに参加するとは、生活のためにあくせくするという状況から解放された人にのみ許されることであった。ところが、現代の政治参加＝「民主主義」とは、逆に、生活の安定や富の獲得のための手段となってしまっているので、もはや政治が、自由な人間の協同にかかわる営みではなくなっているのである。民主主義の主体であるはずの民衆が、人々の協同にかかわる「政治」の主体としてではなく、生活不安と経済的窮乏への不安のために、むしろ、国家統治への強権的指導を行う独裁者を求めるという危険が生まれている。安定して生活できる経済的基盤を持ちえない民衆が全体主義的指導者を歓迎しかねないということは二〇世紀の歴史の忘れ去ることのできない歴史的経験である。つまり、政治が生存のための手段となり果てている。

他方、普通選挙権の確立と生活水準の上昇に伴う教育の拡大は、民衆を歴史の主権者として生み出すとともに、権利の観念を生み出すようになっている。国民主権の確立以降、憲法のみならず、あらゆる法律について、原理的には国民は自ら、その法律策定に間接的にとはいえ関わりうるようになった。今日の例でいうなら、たとえば、同性愛者の結婚の権利といったものは、当事者たちが主権者としてそれを訴えることの運動抜きには生まれようのないものだろう。デモ、マス・メディアへの訴え、裁判所や国会議員への訴えなどの運動を通じて、国民主権による法治国家である限り、これらの運動は、長い根気強い運動を通じて、議会での法律化につながっていく。

近代以前には、法というものは支配者である封建領主などの上からの決定に過ぎないものが大半であったのに対し、近代法においては、国民は代議制という高い障壁を越えなければならないとはいえ、議会において自らが同意した法が制定可能だ。これらがいかに現実には容易ならざる過程であったとしても、個々人の市民が自ら願うものを合法化していける可能性を持った社会であるかどうかが、どれほど人間にとっての「政治」の意味に重要であるかは見過ごされてはならない。

その点でマルクスの時代には、大半の国々で議会そのものが普通選挙権を確立した上での組織になっておらず、そのような政治活動そのものが、治安を乱すものとして激しく弾圧され続けてきた。そのような状況のなかでは、異なる人々との間の対立が階級闘争として位置づけられて、支配階級に代わる新たな階級の権力獲得が政治といわれるものだったのかもしれない。

そうした状況ゆえのマルクスの限界を根本からとらえ返したものに、ルフォールの初期マルクス批判がある。ルフォールは、マルクスの『ユダヤ人問題によせて』の記述に批判的な検討を加えながら、マルクスの人権解釈に基本的な問題があるという。それは、人権宣言の一〇条と一一条[45]に示された思想および意見表明の自由とそれに基づく意見や思想の交流にかんする記述に沈黙していることだという。個々人が思想を持ち、意見を表明することによってほかの人々と交流することこそ政治的な権利の中核に属するものだが、そのような「政治的なものの次元」と「法の次元」を事実上「拒否」し、「消去」していると批判する。従来の支配体制にあっては、法と支配は王権による権力支配の宣言にほかならなかったが、民主主義的制度の確立は、このような「王の身体」の具現化としての法の次元を決定的に乗り越えたということである。

フランス革命以降の人権の確立によって「法治国家は、権利に基づき、権力に対立する可能性」（ルフォール 2017:29）をはらむようになったから、現存する法体系に対して絶えず異議申し立てをすることによって、国家の内部において「権利による対立」を生み出すことが可能になる。法秩序は、たしかに支配階級の表現体かもしれないが、人民自身が自らの制度のへの主人公性を確立する可能性も持つものだというのがルフォールの指摘である。このような権利がもし一人ひとりの意識の中に確立されて存在するならば、政治はたしかに、単なる支配の正当化の営みではなくなる可能性を持つ。

しかし、人民と法にかかわる近代の根本的虚構とは、そのような権利の主体が無条件に成立すると想定されていることではないか。逆に近代の資本主義的所有関係の成立は、「私的所有」を奪うことによって、そのような権利の担い手としての自律性が奪われることではないのか。

生き残るための絶対的前提である住む権利と食糧自給の無条件な保証が奪われた現代都市住民は、雇用されない限り生き抜けないという絶対的不安のなかで生きなければならない。たとえば、原発施設で雇用されている人物は個人的には原子力発電が危険で環境破壊的だとしても、それを表明して解雇される危険がある。それを避けて自分の生活を安定させるためには、原発賛成あるいは沈黙による事実上の是認に向かわざるを得ない。賃労働者が圧倒的割合を占める社会において、政治的意見の表明は経済的利害の従属物になる危険から自由になりえない。

その意味で言えば、現代社会は二重の意味での「私的所有」の剝奪の危機にあると言わざるを得ない。一方では、都市型の賃金労働に従事する限り、生存のための衣食住のほとんどすべてを貨幣収入に依存せざるを得ず、中世のように保障された私生活の実体的基礎をなす「市民の家と［食糧確保のための］庭園」(HC p.102, 72)という「私的所有」＝私有財産を奪われている。

もう一方で、「政治」的参加に不可欠な自己決定の自由、いいかえれば、現実の経済的利害の支配者の言動と一歩距離を取って自分で判断する自由こそが奪われているのである。そういう状況下で、考えるということは、自分が問題を進んで吟味する主体になるのではなく、現存するどのような支配的意見を選ぶのが生存に有利かといういわば利害の選択に過ぎなくなりかねない。現状の代議制民主主義は、その意味で、自分の生活利害にとってどのような政党がもっともそれを保障してくれるかをめぐる選択に過ぎない。

アーレントはアウシュヴィッツ強制収容所の責任者の一人、アイヒマンの裁判を傍聴した時に、彼が途方もないような悪の思想を持った人物ではないかと思っていたのだが、現実の裁判で、アイヒマンの応答を聞いてあまりの平凡な考えに苦笑すらせざるを得なかったという。アイヒマンは何かの思想を持って動いていたのではなく、官僚制のなかで自分の役割を果たすことだけが重要と思っていたのであって、考えるという営みは彼にとって、任務の遂行にとって何が必要かという以上のものにはなりえなかった。ユダヤ人の絶滅政策、ホロコーストがどういう意味を持つのかを自分の内面で吟味してみようなどということはまるで想定外だったということこそ驚きだったのだ。

肝心なポイントは、このアイヒマンの対応が決して現代人にとって例外的なものではなくて、ごく日常的な、どこでも見られるものであるということである。自分のしていること、考えていることがどういう意味を持つのかを利害から離れて吟味し考えてみようとすること自体が、大半の現代人にとって非日常的なのである。

もしそうだとすれば、現代人は、「思考」のための「私的所有」を奪われているのではないか。「私的所有」とは「政治」のための絶対的前提であるだけでなく、そもそも、「思考」のための前提ではないのか。権力にも権威にも隷従することなく、自分で吟味し、思考することは、実は、大変に高度な文化的訓練の産物ではないのか。

「民主主義」が法制度的に保障されたとされる現代において、実は、このような自立的思考のための「私的所有」がどのように保証されうるのか。その問いなしに、現代民主主義が問われるのなら、それは単なるポピュリズムに堕してしまうことを避けられないのではないか。

このことをまずは、マルクスに立ち返って考察し直さねばならない。

Ⅱ　批判の対象としての「私的所有」

マルクスにとって「私的所有」をめぐる関心は、一貫して彼の思想の中心に存在していた問題であった。マルクスの生涯にわたる思索の中心問題に深くかかわるものであるからだ。当初、父親の影響もあって、民主主義者として活動を始めたマルクスは共産主義思想に対しても批判的であった。しかし、ジャーナリストとして、当時のライン地方での共有地と私的所有にかかわる問題に考察を深める中で、近代国民経済学者たちが、「私的所有」を当たり前の前提として認めて、共有地からの農民の排除を当然視することについて批判的に考える中で、彼らの肯定する「私的所有」の問題性を検討することになった。

この問題は、有名な『経済学批判』「序言」において、マルクスが経済学を研究するに至った過程を自ら語っているところから見ると興味深い。それによれば、学生時代はヘーゲルやフォイエルバッハのような哲学と歴史の研究が中心で、法律の勉強は後回しにすぎなかったが、「ライン新聞」の主筆として活躍するうちに、森林伐採と土地所有分割についてのライン州議会の討論、および、モーゼル地域農民の問題、自由貿易と保護関税その他の現実的問題に係わるようになり、法律や経済の基本的問題に立ち戻って研究する必要があるということを自覚した。つまり、ジャーナリストとして現実の利害をめぐる論争を論評する中から、経済や法律の問題に真剣に係わるようになったというわけである。

なかでも重要なのは、森林伐採の取り締まりをめぐるライン州議会の議論を批判するにあたってマルクスが持っていた関心である。それは、貧しい農民が慣習的権利によって森林の木材を持っていくのを「窃盗」という法律次元での処理をすることへの批判が中心である。農民、貧民がこれまで森の中にある枯れ木や木材類を共同権利として採って利用するということを慣習としていた時に、それを突然、上から法律を制定して私的所有権の侵害だとするのはおかしいと論じたのである。この事件においては、近代の土地所有権の主張によって、これまでは慣習的に共同的な権利として、農民が森林にある落ち葉や木の枝などの利用をしてきたことに対して、ちょうどイギリスにおいて、一五世紀後半から一六世紀にはじまった第一次エンクロージャーによって、農民たちが、それまでは共有のものとして使ってきた土地を、突然、農地の囲い込みによって追い出されたのと同様な問題が、ライン地域において起きたのであった。[46] それまでは形式的には、領主のものとされていたかもしれないが、実際にはそこで暮らし耕作をした農民たちには慣習的に、自分が生きるのに必要な生活のための家と小さな庭を確保されていただけでなくて、森林や野原の共有的な使用が可能であったので家畜の世話や薪などの生活に不可欠なものを手に入れることができた。その意味で言えば、近代以前の農民は、自分の生活の最低限のものは自分たちの努力と協力によって確保できたのであった。つまり、「共有地」の使用を含むある種の「私的所有」があったといってよいのである。

　ところが、それまで自明のごとく耕すことのできた土地に暮らしていた農民たちは、領主や土地所有者によってある日、突然、柵を作られて、その土地から追い出されて生活に貧窮し、浮浪者などになるとともに、近代資本主義の賃労働者を生み出す基礎ともなったプロレタリアートになっていった。

　今日の関心からして見逃してはならない点は、それまでは、農奴と言えども、「私的所有」は許されていたということである。つまり、歴史的にも国によってもいろいろの差はあるが、農奴といわれる人々は大半の場合、たしかに移動の自由や職業の自由はなかったという点で、深刻な隷属状態にあった。旅行の自由もなかったし、何よりも賦役や貢納の義務があったことは言うまでもないが、それにもかかわらず、彼らは、自分の家を持ち、耕具や家畜、自分の耕作地を保障され、相続権さえも持っていた。その意味では、現代の賃労働者よりも生命の生存に対してその基盤としての「私的所有」を保証されていたという点は忘れるべきではない。その中に、自分たちの生活のために農民で協力するための共同管理地が存在し、入会地として認められていたのである。いわば、「私的所有」は「共有地」と結びついて存在していた。

ところが、ライン州議会は、イギリスにおける一八世紀の第二次エンクロージャーの場合と同じように、議会という「公的」問題を論ずべき場から、経済的私権にかかわる「私的所有」を正当化した。森林所有者からすれば、自分の私的利害だけに関心が行き、自分のそろばん勘定だけが関心になる。「小心で、冷淡で、精神を失った利己的な利害の魂は、自分が侵害されるというただこの一点だけしか見ない」(マルクス 1959: 140)。「利害というものは自分のことだけで頭がいっぱいで記憶力を持つ余裕がない」(マルクス 1959: 155)。そのような所有者の頭に応じる形で、州議会という法律を制定する組織が、私人の利益にかかわる問題を公的な法律のなかに組み込んで処罰しようとするのは基本的な間違いだとしたのである。これは、法という公的なものは国家と臣民あるいは市民との関係を問うもので、私人相互の私的利害にかかわるものではないとする観念と結びついていた。

そもそも、貧しい人々は落穂拾いや二番刈りのようなことについては、森などに自生する野イチゴやコケモモを拾って食べるのと同じく、「本能的な権利感覚」を持っているのであって、そうした慣習法的な領域の営みを、近代の私的所有観念によってすべて違法だとするということ自体が問題だという。これは、極めて重要な問題の指摘であって、最終的には空気や水のようなものを私的所有権の枠にしてよいのかどうなのかの根本問題を問うものであった。それは、近代私法と公法の関係の根本問題にわたる原理的問題の提起である。農民たちの「枯枝集めにおいて、人間社会における根源的・自然的な階級が、同じく根源的自然力の産物とぴったり対応しあっている」のであって、こうした根源的な人間と自然との関係を「利益」を目的とする人間関係の「私法」的処理の中に従属されてはならないというのである。となれば、森林所有者たちの「私的利害が国家を私的利害の手段にまで引き下げようと望み、またそうするしかない」ことになり、「種々の私的利害の代表機関である議会は、国家を堕落させて私的利害の思想にかえてしまおうとする」（マルクス 1959: 146）ことになると批判する。

この出発点をなす事件への論評の中で見えて来るものは、第一には、人間と自然との間に存在していた「質料交換」＝「物質代謝」の関係、つまり、生命を営む際に不可欠に取り結んでいた自然と人間との労働による「対象化」とそれによる「自己確証」のやり取りにこそ、現実的人間の人間たるゆえんが存在するという確信であった。人間が自然の中で野菜を栽培したり、牧畜や狩猟をし、森林や大地から建築材料を確保して家やいろいろな建物を作るといった営みこそが人間の根源的な活動であるというのが、人間を捉える時の出発点である。これはマルクスが人間を神の創造に基づける立場を取らない現世的唯物論の立場をとる際に不可欠な立場であった。神の創造に根拠づけられるものとしてではない「世界史といわれているものは全体として、人間労働による人間の産出にほかならないのであって、したがって自然が人間にとってのものになることである」（マルクス 1975: 467）という命題は、マルクスの人間観の根底をなしている。そのような根源的な「人間主義」と「自然主義」との統一が「私的所有」によって奪われ、敵対的な関係になっていることが問題だというのである。さらに第二に、そのような人間の自然との交流は根源的には、人間と人間が取り結ぶ社会的協同的関係と不可分に結びつくものである。「自然が人間的なものとしてあるということは、社会的なものとなった人間にとってはじめて成り立つのである。というのはこうなってこそ、自然は人間にとって人間との絆として存在し、自分の生きた存在が他の人との、また、他の人の生活が自分の生活たりうるのである」[47]（マルクス 1975: 458）。

要するに、マルクスは、森林伐採をめぐるライン議会での議論を通じて、まもなく『経済学哲学草稿』において展開した、共同的存在としての人間が自然との交流を通じて作り上げていく歴史的過程という基礎的視点を獲得していったのである。

この際に、人間が共同的存在として自然との「対象化と自己確証」を営む過程を分断して、近代において登場してきたブルジョワ的な「私的所有」こそが人間と自然の間に疎遠な関係を作り上げるものであり、農民たちが今まで共同で営んできた原理的共同性を、突然の介入によって破壊する原因をなすものとして映ったのであった。したがって、「共同所有」的な空間としての自然発生的な共有地が森林所有者の「私的所有」の宣言によって突然、喪失させられていったという事態を肯定的な過程としてみるかどうかは根本的問題であった。そして、このような自然と人間の共同的な関係を突然、私有地の囲い込みという形で排除する理論を正当化していったのが、いわゆる「国民経済学」の論者たちだったと見抜いたのであった。

この国民経済学の立場へのマルクスの批判的な思想的格闘の経過を示すのが『経済学哲学草稿』であるが、この「草稿」の中では、くりかえし、「私的所有」の問題が論じられる。この思索では、第一草稿として「労賃」、「資本の利潤」、「地代」についての考察が行われた後、「疎外された労働」において「国民経済学は私的所有の事実から出発する」(マルクス 1975: 430) という問題設定から論じ始められる。

これは、「私的所有」、つまり、経済的富の排他的所有の問題を国民経済学がその出発点の事実として認め、その枠で労賃や資本、地代といった問題がそのままに分析されるのだが、マルクスによれば、これは人間が自然的存在として、労働を通じて、自然の中に自己を実現して対象化していくという営み、いいかえれば、人間がこの世界で労働を通じて生きる豊かさを形成する「自己確証」の行為でもある人間の営みを、経済的富の問題に矮小化してしまうことなのだと捉えている。人間は、この自然に働きかけて労働し、それによって人間生活がより人間にとって多様で豊かな活動ができるものになるようにしていくのだが、マルクスは、それを自然的存在である人間が自分の働きかける対象としての自然(己の身体も含む)へと自分を「対象化」して、それで自分を実現していく過程とみなしている。たとえば、生きていくために食料を確保する労働を少しでも改善して、労働時間を減らして収穫できるように、農機具や道具を工夫することであるかもしれない。あるいは、また、農作業の間に感動した自然の美しさを絵に描いて、その絵画を友人に描いてプレゼントすることかもしれない。つまり、人間が自然に働きかけ、それを通じてより豊かな、ゆったりとした生活を作り上げようとする営みである。その場合、そうした自然に働きかける生産の営みは生命体としての生活を可能にするための自分を実現しようと対象化する活動であるから、自分や仲間の生活を豊かにする営みとして生きることの「自己確証」でもある。

マルクスは、人間が営むこのような過程の特質をフォイエルバッハの唯物論的立場を基礎にヘーゲルの世界史の議論を換骨奪胎して（＝「逆立ちさせて」）理論化しようとしたのである。つまり、ヘーゲルは、このような「人間が営む自己を生み出す行為を一つの過程として捉えた、すなわち、対象化を、自分で働きかけ、それを通じて、これまで対象として対立してきた性格をなくしていく過程として捉え、自分を表現して外に出すことによって自分が相手に譲渡されたように見える営みを、その譲渡の解消として捉えた[48]」と展開している。マルクスは、このことをヘーゲルが人間の「労働の本質」をつかんだのだとしている。

とはいっても、ヘーゲルの場合は「近代の国民経済学者」と同じ立場に立っているので、労働の本質をつかんだとしても、結局のところ、現実に起きている労働者の貧困、つまり多くを生産すればするほど逆に貧困になり、自らの「対象化」が「対象の喪失」となってしまい、自分の労働を通じて世界が豊かになることとしてではなく、逆に、賃金労働者として資本主義の奴隷にならざるを得ない状況を見て、この過程を「抽象的に精神的な労働」の問題として、展開するしかなかったという。つまり、労働が世界を豊かにしていくものであることと、現実の労働が労働の悲惨の経験になることの矛盾を、哲学的に解釈し返す（＝概念的に把握する）ことによって統一できるかのように考え、いわば、「解釈」によって現実の矛盾を乗り越えるという根本的限界を持っていたのだという。

このようなマルクスの、国民経済学への批判の中核を読み取るならば、彼が、その当時、「私的所有」という言葉のうちに何を含意していたかが分かるだろう。それは、世界史として総括されるような意味での人間が長い間の積み重ねの中で作り上げてきた文明化の過程全体、いいかえれば、自然がより人間にとって自己実現のための豊かな対象になるとともに、それを通じて人間文化とコミュニケーションの豊富化が実現されていく過程が、もっぱら、経済学的な富の形成をめぐる問題として矮小化されてしまう状況の問題への批判的指摘としての用語だったのである。

このことが最も明確に分かるものとしてマルクスがいわゆる「粗野な共産主義」にたいしてどのように批判的な態度をとっていたかを示す記述がある。マルクスは、それ以前の「共産主義」的思想の基本的問題が何であるのかを、プルードン、フーリエ、サン・シモンらの試みにおいて批判し、彼らがどのような問題を持っていたかを議論している。

これらの思想に含まれている基本的な問題は、国民経済学の現実がうみだす私的所有のあり方をそのままに肯定して「もっとカネのある私的所有に対して妬みをもってみんなで等しくするという水平化への欲望」（マルクス 1975: 455）に終わることにある。つまり、金持ちがいるのは許せない、みんな同じ生活レベルで所有を持つべきだという欲求である。これは歴史的には、一世紀以上後に、カンボジアのポル・ポト政権の試みにおいて実現されたものであった。このような「粗野な」あり方は、人類が今まで作り上げてきた「教養と文明を抽象的に否定」して「粗野で無欲な人間の不自然な素朴さ」へ戻ることが目標であるかのごとくになる。しかし、そうした人間は、「私的所有を超え出ているのではなくて、逆にまだそこにすら到達していない人間」なのだと言い切る。ここで最も重要な論点は、これでは「私的所有として万人に所有されえないものはことごとくぶちこわし」てしまうものとなるということだ。というのも、そこでは「強引に才能等々を度外視」（マルクス 1975: 455）する形で「身体的直接所有が生活と暮らしの唯一の目的」となっているからだという。

そうなれば、「私的所有」は克服されるのではなくて「私的所有の関係は物件の共有関係」にとどまるのである。この一番極端な形態が、女性の共有という形で生まれるのであり、プラトン以来のこの女性の共有という思想は、男女の性的関係が人称性を持った人格的関係ではなく、たんに所有物としての性関係が平等だとされる。それは人間と人間との間に生まれる文化的人格的関係ではなくて、動物的にメスを平等に所有しようとする物的な欲望にすぎない。このような思想を平等の実現と考える思想に欠けているのは、一人ひとりの個人を取り換え不可能なかけがえのない文化的存在として捉え、その中から男女の関係を人称的関係として捉える基本的観点である。

マルクスによれば、「男の女に対するあり方」のうちには「どれほど人間にとって人間的なあり方が自然になっているか、あるいはどれほど自然が人間の人間的なあり方になっているか」（マルクス 1975: 456）が示されているのであって、たんに性欲の実現の対象としてのみ男女の性関係が捉えられるとすれば、それは自然がまだ人間化されていない次元であることを示すに過ぎない。

では、この人間的な関係はどのようなものであるかが当然問われることになるのだが、給料（サラリー）を同一にするような関係を平等の実現とみなすのは、人間の多様な欲求や人間関係の多様性を無視した野蛮で粗野な共産主義にすぎないと強く批判する。この箇所が興味深いのは、マルクスが、このような思想は「身体的次元で直接的な所有が生命と生活の唯一の目的」になってしまい、「才能等々」の個人による違いを度外視することになっていると批判する点にある。それは人間をものの次元にとどめ、人間を水平化してしまうものだとしているのである。であるから、個人的差異を否定的に捉えるのではなく、むしろ、多様な個人の違いが豊かな協同的関係を作るものとして捉えられているのである。言うまでもないことだが、このような個々人の個性が形成される一つの不可欠な要因は、のちの『資本論』において断言されているように疎外されていない「私的所有」である。

となれば、「国民経済学」やヘーゲルがとどまっている「私的所有」の次元とは異なる「所有」のあり方はどのようであるのかが、当然、問われる。この問題について、マルクスは、「私的所有」と対比的に「真に人間的な所有」あるいは「真に人間的かつ社会的な所有」（マルクス 1975: 442）という言葉で議論しようとしている。とはいえ、その当該箇所では、実際には、「真に人間的な所有」とはどういうことかについて具体的に展開しているわけではないのだが、展開すべき論点としては提起されている。一つは、「私的所有の起源への問い」を探ろうとするならば、それは「外在化されて他のものになってしまった労働 entäusserte Arbeit を人類の発展の問題へと転換させる」というやりかたによって、問題を明らかにするということである。これは、ヘーゲルの「世界史」における精神の発展の論理に影響されて、次のように宣言される。「社会主義的な人間にとっては、いわゆる世界史なるものは人間の労働による人間の産出にほかならないし、それによって自然が人にとってのものになること」（マルクス 1975: 467）だという。つまり、「労賃」、「資本」、「地代」というような形で、経済学の富の問題が、「人間の労働による人間の産出」、人間の豊穣化の過程としてある人類の営みの成果を、単なるカネの蓄積、「富」の増加の問題として矮小化するあり方を乗り越えていくことである。その意味での「私的所有」とは、人間が世界を作り上げていく「主体」として「活動」していく営みをたんに結果としての富の「状態」として受け取るだけの思想なのである。俗な言い方をすれば、カネがたくさん手に入れば、それだけで豊かになれるという捉え方である。人間と自然との間に「労働」を介して形成されるやり取りの営みには関心がもたれず、ただ結果としてのカネだけが問題の関心にされてしまう。これに対して、「真に人間的かつ社会的な所有」においては、人間は、そのような人間と自然との関係を「労働」によって新たに生み出す「主体」として存在する。つまり、単に出来上がった世界の富の配分という「客体化された」問題ではなくて、人類が主体として世界を作り上げ、自然と人間との相互の発展、この頃の用語でいうならば、首尾一貫した人間主義が、首尾一貫した自然主義ともなるような文明化の歩みを確立することなのである。

もっと平易なマルクスの言葉で表現しなおすならば、「食べ、飲み、本を買い、劇場へ、ダンス会場へ、飲み屋へ行き、考え、愛し、理論を立て、歌い、描」（マルクス 1975: 471）くといった人間的な営み全体が、人間の自己確証の実現であり、世界との交流であるのに、「私的所有」の世界においてはこうした事柄が全体として「富」を増やすための手段とされてしまうために、無駄なことだと判断されてしまう。それにたいして、「真に人間的な所有」においては、（マルクスが主としてフランスの社会主義的労働者の姿を見て感じたように、）彼らは団結するために学習したり宣伝したりの活動をするが、それは運動のための手段として捉えられるものではなく、彼らは、そこに「仲間との交流の必要」を感じている。したがって、ここでは、「手段と見えるものは目的」となる。彼らの間では「タバコを吸うこと、飲食をすることなどは、団結の手段であるだけでなくて、仲間の交流、結社、談論、交流が目的になるような話し合いということで彼らには十分なのである。」そこでは「人間の同志的連帯がから文句としてではなく」存在して、「人間の気高さ」[49]（マルクス 1975: 475）が現れていると感動的に描かれている。

最低の確認をしておくならば、ここでは、「私的所有」はまったく、否定的批判的に描かれている。それに対応して「真に人間的かつ社会的な所有」においては、「私的」な要素はまったく考慮されていない。私的な富の増大だけが関心になる「国民経済学」の対象とする社会においては、人間が人類として労働を通じて作り上げていく豊かさは関心の対象とされず、むしろ人間と人間の交流は、富の増大の契機においてのみ位置づくのである。端的にいえば、労働者の交流、働く人間たちが生きることの不可欠な核心として求めるコミュニケーションは、利潤の拡大にとってどうでもよいことないしは無駄なことである。話し合いや議論、あるいは、「民主主義」でさえも、それらが利潤の拡大に資するかぎりにおいてのみ意味があるのであって、それ以上ではない。このような「私的所有」へのあくなき貪欲な欲望は、マルクスにとって肯定的に捉えようのないことであった。それに対抗的原理として立てられる「真に人間的な所有」においては、むしろ「共同的関係」のみが前面に強調されており、この両者の間は互いに排他的であると誤解されかねないほどのものとして理解されていたのである。

どう見ても、マルクスは「真に人間的な所有」においては、人間たちのコミュニケーション、交流は、有機的肯定的なものとして存在するように想定していて、もっぱら肯定的な関係としてとらえられ、現実の諸個人が共に生きる際に避けて通るわけにいかない意見の違いや生活条件の違い、利害の違いといったものが、互いに対立をはらんで時には分裂や憎しみを生み出すといった問題に対して無関心に思える。マルクスの関心は、もっぱら、人間と自然の間に本来は成立するはずの豊穣的関係が、「私的所有」によってゆがめられてしまうということにだけ問題が絞られているといってよい。今日のような高度化して複雑化した人間関係は、資本と賃労働の関係に還元されるとみられており、たとえば、協同組合運動や平和のための市民運動、あるいは各自が生産手段を有している自営業者の協同といった諸個人の互いに協力し合う人間関係の問題は背景に退き、そうした協同がどのようにすれば可能になるかという現実的問題は背景に退けられている。

少なくとも、「私的所有」を経験した文化の中から、その積極的契機も含めたような「個人的所有」がどのように形成可能になるかは、まったく理論的関心の外に置かれて、もっぱら資本賃労働関係に還元されている。現実の歴史的経験の中では、資本家的経営者対雇用された賃労働者の対立よりも、ともに働く労働者同士がしばしば抱きがちな不信感をどのように乗り越えるかという問題こそが、人間の共同的関係にとって大きな問題であろうに。

Ⅲ　二つの「私的所有」

とはいえ、マルクスは、労働者の変革の運動のなかで、いつもぶつかっていた他の「社会主義」的運動の中での「粗野な共産主義」的理論をどのように乗り越えるかをいつも意識せざるを得なかった。そのような流れの中で書かれた『共産党宣言』は「私的所有の廃止」という問題を高らかに掲げる点で最も特徴的なものである。

この著作は、まず、「これまでのあらゆる社会の歴史は、階級闘争の歴史である」という宣言をして、これまでの自由民と奴隷、都市貴族と平民、さらには領主と農奴といった対立する階級の間の闘争が、近代になると最終的にブルジョワ階級とプロレタリア階級との対立に帰着するのだという。その過程を通じて、存在するそれ以外のさまざまな階級や階層は、最終的にはこの二つの階級に収斂されていく。マルクスは、その歴史的過程を記述する中で近代資本主義がいかに巨大な生産力を生み出し、すべてを貪り食うかのように、農業を含めた他の産業、民族の違いなどを一挙に資本主義の経済の仕組みのうちに容赦なく組み込むかを描いている。その巨大さを描きながら、「ブルジョワ階級は、彼らの百年にもみたない階級支配のうちに、過去のすべての世代を合計したよりも、多量の、また大規模な生産諸力を作り出したのであり」、「これほどの生産諸力が社会的労働の懐の中にまどろんでいたとは以前のどの世紀が予感しただろうか」（マルクス・エンゲルス 1951: 46）と、ほとんど称賛にも見える驚嘆の言葉を与えている。しかし、それは、旧来の外的な存在を吸収して自分の発展の中に組み込むだけでなく、その圧倒的な力は、同時に自らの階級を破壊しかねない「死をもたらす武器」ともいうべき過剰生産恐慌などの危険を生み出す。さらには、同時に、その武器を使う人間をも生み出したという。それが近代的労働者であるプロレタリアである。この近代的労働者の決定的な特徴は、身分的拘束からは自由になったが、自分が働いて生きるための生産手段を雇われることによってしか確保しえないために、あらゆる「独立的性格」を奪われて「労働者は機械のたんなる付属物」になるしかないし、彼らの得られる収入は自分や家族が生き残るための生活手段の購入ための賃金以上のものはえられない。にもかかわらず、他の下層階級はこのプロレタリア階級へと没落することを余儀なくされていき、最終的に、この社会はこのブルジョワとプロレタリアによる二つの階級の対立に吸収還元されていく。

その際に強調されるのが、プロレタリア階級の団結と力の強化である。機械装置が発展して大規模化していくうちに、その仕事内容が次第に職人的特殊的技術を無用化して「労働の差異を消滅させ、賃金をほとんどどこにおいても一様に低い水準にひきさげるので、プロレタリア階級の内部における、利害、生活状態はますます平均化されていく」（マルクス・エンゲルス 1951: 51）。そのうえ、経済恐慌によって労働者の賃金は低下の道をたどるので、次第に労働者は互いに同盟を結んでブルジョワ階級と戦う方向で団結していく。さらに、小工業者、小商人、農民といった中産階級も結局、没落の危機の中でブルジョワ階級と戦うようになる。けれども、プロレタリア階級はまったくの「無所有」であるので、「確保すべき何ももたないから、これまでのすべての私的な安全や保障を壊さざるを得ない」（マルクス・エンゲルス 1951: 54）と述べてプロレタリア階級の闘争の必然性を示そうとしている。

その場合、見逃してならないのは、このプロレタリア階級の闘争の仕方に特徴があると特に指摘している点である。それによれば、「これまでのすべての社会は、抑圧する階級と抑圧される階級との対立の上に立っている。だが、一つの階級を抑圧できるためには、その抑圧される階級に隷従的にせよ少なくともなんとかやっていける条件が確保されていなければならない。小市民が封建制絶対主義の抑圧下で苦労してブルジョワになったように、農奴たちは農奴制の下で苦労してコミューンの構成員になった。これに反して、近代の労働者は産業の進歩とともに進歩するのではなくて、自分自身の階級の条件をますます低下させていく。」（マルクス・エンゲルス 1951: 55）ブルジョワ階級は、自分の存立のために必要な労働者がますます貧困状態に陥ってしまっていくのを止められない。だから、ブルジョワ階級はこの社会形態を維持できなくなり、労働者はこの中で「競争による孤立ではなくて連帯的結合による革命的団結」を作り出す。だから、大工業の発展によって、「ブルジョワジーは自らの墓堀人を生み出す」。これが、『共産党宣言』において、プロレタリア階級がブルジョワ階級に勝利する必然的根拠だと宣言されたのだった。

しかしながら、二〇世紀の歴史的経験は、このような過程にはならなかった。あるいは、すでにマルクスの時代においてすらそのような一面的な進行はなかったのである。ブルジョワ階級は、自らの利潤増大のためには、より有効で効率的な生産体制、および経営形態を獲得する必要を理解し、そのためには能力主義的競争を課することによって労働者を競争させてより優秀な労働者を作り上げることが重要と判断していった。とりわけ、国民国家をバックボーンとする国民教育の形成を通じて、世界的規模で展開する競争のために能力主義選抜方式を進め、結果的に高度の自然科学的テクノロジーの形成に向かった。それは技術的意味で高度の科学技術革命に対応する技術労働者、および、それにふさわしい管理様式に必要な人材の選抜体制の確立であった。

このことをどう考えるべきであるか。少なくとも、マルクス自身、一八四八年以降の現実の政治情勢の展開を通じて、このような形で革命が起きるとは簡単には言えない要素があることを見ていた[50]。実際、労働者の全面的な非人間化、貧困化こそが逆に変革の条件を作るという考えはきわめて観念的な図式化だと言わざるを得ない。これでは、生存の危機にまで落ちぶれた労働者が変革への強い力を持つといって、貧窮化が変革のてこになると言っているに等しい。しかし、このような貧窮化による変革への動きは、労働者を自分たちの生存の確保にだけに向かわせるのであって、それが可能であれば、新たな独裁者を期待することさえありうる。労働者を人間以下の生活条件においていくことは、労働者自身を自らの生存にだけ関心を寄せることにさせてしまうのであって、自分が生き残り、安心できる生活が得られるためには極めて利己的に動いたり、せいぜい自分の仲間や家族などの利益のためにだけ生きることになりかねない。[51]自分、および自分が所属する身近な集団の利益を越えて連帯するためには、労働者自身が、無知で貧困のなかでの悲惨な状況にいることは決して望ましいことではないだろう。『共産党宣言』の中で描かれたような絶対的窮乏の中に労働者が置かれたとすれば、議会制代議制度の中では、むしろ、トランプやヒトラーのようにポピュリスト的な独裁者の強い指導権を求めて、そのもとに吸収されていくだろう。

この点においてこそ「私的所有」の問題が現れてくる。マルクスは、『共産党宣言』の頃までは、労働者が一切の「独立的性格」を奪われてしまっている状態、いいかえれば、自分の生活を自ら確保すべき「私的所有」を奪われている状態が、逆に近代資本主義のシステムを全面的に変革する力と団結を生み出すという論理を仮説として持っていたのである。これは、当時のマルクスがヘーゲルの歴史観とその背景にある弁証法的論理に強く影響されていたことを示唆している。それ以前の階級対立においては「小市民」が「ブルジョワ」になり、「農奴」が「コミューンの構成員」になることによって、敵対する支配階級を打ち倒す力を形成したのであるが、それと同じ在り方では、再び新たな階級対立を生み出すだけであって、これまでの「階級闘争の歴史」を一気に廃絶する主体とはなりえないと考えたのである。「近代の労働者」は、階級闘争そのものを廃絶する歴史的主体でなければならないという考えが論理的に要請されたのである。そのためには、「労働者」は対立の拮抗する一項に留まってはならないという論理が持ち出されてきたのであった。

そのために、労働者階級にとって、いわゆる「私的所有」なるものは、彼らを資本主義の経済的仕組みの中に組み込んでしまう論理なのだから、それは積極的な意味を持ちえない。近代資本主義の枠内で考える限り、労働者の得る賃金は「裸のままの生命を再生産する」以上のものではない。だから共産主義者は「私有財産の廃止という一つの言葉に要約」（マルクス・エンゲルス 1956:14）できるような主張を掲げる。しかし、それは「個人的に獲得した財産、みずから働いて得た財産を、すなわち、一切の個人的自由、活動、独立の基礎をなす財産を」廃棄しようなどということは断じて考えていないと念を入れて主張している。その意味で、「生命そのものを再生産するにすぎないような労働生産物を、個人が取得することを廃棄しようとは思わない」のであって、これはそれによって「他人の労働を支配するほどの純粋利益にならない」程度のものであって、廃止したいのは「労働者が資本を増殖するためにのみ生活」（マルクス・エンゲルス 1956:60）するような在り方だと宣言している。つまり、「資本」と「労働」とが互いに対立して分離している状態の克服が問題なのである。あえて言えば、「資本」という「共同の生産物」が「階級的性格を失う」（マルクス・エンゲルス 1956:59）ことが問題なのである。

このような意味で、マルクスの意図に忠実に従う限り、個人が生活していくために働いて得た限りでの財産である「私的所有」の否定的評価は根本的にはない。しかし、「私有財産」への積極的な評価は与えられていないことも事実である。もっと限定的に言えば、変革の主体とされた「労働者」の

「私的所有」の剥奪は、階級対立の克服への主体であることにとってどういう意味を持つかはほとんど考察の対象になっていない。それは何よりも、この時代のマルクスが、労働者が近代社会の富を完全なまでに剥奪されていることが、逆に普遍的解放の力になり、労働者が団結させることになると確信していたからであって、労働者自身が新しい社会の主人公としてどのように社会を変え、運営していけるかなどという問題には、ほとんど関心がなかったからである。

しかし、一八四八年のプロレタリアートの公然たる登場を画期した革命運動の最終的敗北をはじめとするヨーロッパの一連の政治的経験が、マルクスに以上のような見解の修正を迫ったことは間違いない。マルクス自身の言葉によれば、一八四八、四九年以降のさまざまな出来事によって、ブルジョワ社会が到達した新たな発展段階に応じるために「すっかり初めからやり直す」必要を感じて、その研究の成果は一八五九年一月に書かれた『経済学批判』のための「序言」に新たな唯物史観の表明として結実した。

ここで提起された唯物論的歴史観の内容については、意識と現実的存在との関係、経済的土台と法律や政治の上部構造の関係などの記述はあまりにも有名であり、そのことの意味を検討することは、今、ここでの課題ではない。しかしながら、「経済的基礎の変化につれて、巨大な上部構造全体が、徐々にせよ急激にせよ、くつがえる」という社会の大変革の過程に関する記述は、この四八年革命の失敗以降の経験をマルクスがどのようにとらえたかを考えるうえで見逃すわけにはいかない。マルクスは、この変革の時期をどう考えるかにあたって、「その時代の意識から判断する」ことはできないのであって、この変革の意識を「物質的生活の諸矛盾、社会的生産諸力と社会的生産諸関係との間に現存する衝突から説明しなければならない」として次のように書く。「一つの社会構成は、すべての生産諸力がその中ではもう発展の余地がないほどに発展しないうちは崩壊することはけっしてなく、また新しいより高度な生産諸関係は、その物質的な存在諸条件が古い社会の胎内で孵化し終わるまでは、古いものにとって代わることはけっしてない。だから人間が立ちむかうのはいつも自分が解決できる課題だけである。というのは、もしさらに詳しく考察するならば、課題そのものは、その解決の物質的諸条件がすでに現存しているか、またはすくなくともそれができはじめている場合にかぎって発生する」（マルクス 1956: 14）のだという。

この文章は大変に興味深く示唆的である。資本主義という社会構成体は、生産力がもうこれ以上に増大しえないほど発展しなければ崩壊しないという議論は、現実の歴史の進行を過去にさかのぼって考察するならば、複雑な意味を持つ。ロシアであれ、中国やキューバなどであれ、現実に起きた「社会主義」革命というものは、このようなマルクスによって記述された条件とは異なった状況で生まれた。それらは、「社会主義」あるいは「共産主義」という名前を持つ政党の主導権の下に革命が遂行されたが、マルクスの議論に忠実に言えば、それが一つの社会構成の全面的転換であるはずの「社会主義」革命ではありえない。単なる政治権力の交代にすぎないと言えよう。というのも、資本主義の発展は、これらのどの国においても、生産力がこれ以上に発展できないほど発展した段階にあるどころか、むしろきわめて初歩的な発展しかない国々であったからだ。それだけではない。このマルクスの叙述によれば、社会の新たな全面的変革という意味での革命は生産力の最高度の発展だけでなく、「新しいより高度な生産諸関係」が生まれるにふさわしいほどに「その物質的な存在諸条件が古い社会の胎内で孵化し終わるまで」は不可能であると言っているからである。

つまり、新しい社会が生まれるにはブルジョワ社会の中に存在する敵対関係を解決するための物質的諸条件が生まれていることが必要なのである。いいかえれば、古い社会がこれ以上は発展できない段階に達してしまっていると同時に、新しい生産様式、生活形態がもはや古いものを必要としないで、すでに、具体的な「解決の物質的条件」が存在していなければならない。次の社会がすでに古い社会の胎内で十分に育って、それに移行するのが現実的選択の対象となるまではできない。となれば、この物質的諸条件はどのような形で現実に存在したのであろうか。マルクスの議論に忠実である限りは、革命が成立するためには、この社会の中にすでに資本主義のあり方を乗り越える物質的条件が形成されていなければならないのである。

従来の理論では、このような可能性は、科学技術革命とそれに対応する大工業による生産様式の新しい形成という問題として議論されてきたのだが、ここで、生産をする労働者の文化的・知的・政治的能力の形成という問題はほとんど自動的に可能であるかのように議論されてきた。しかし、今日の状況を見るならば、もはや機械をはじめとする物質的生産はますます、オートメーション化されたり、コンピューター技術の広範な適用によって単純化される一方、新たなゲノム操作やiPS細胞、AI技術に代表されるコンピューターおよびインターネットなどの科学的革新と技術開発は、人類の未来をも左右しかねない急速な発展を遂げている。それだけではない。そもそも、このような技術発展に基づく新たな社会が地球的規模の自然の破壊につながらないのか、人間が核戦争による人類の絶滅の危機の克服をも含むどのような国際関係を作るのか、どのような民族、性、マイノリティなどにかかわる倫理的関係を構築するのか、家族はこれからどうなっていくべきか、自然と共存しながら生きる意欲に満ちた社会をどのように作るのかといった問題が同時に決定的な問題になりつつある。いいかえれば、この人間社会を作る一人ひとりの主体的で協同的な文化的・精神的能力の形成が決定的に必要である。とりわけて、ナチスやスターリン体制による全体主義的支配の経験は、民衆の合意の下での権威主義的で画一主義的な国家による支配の強化をどのように克服しうるかという問題を提起している。二〇世紀の世界経験によって、それまで「政治」の世界から排除されてきた労働者や女性をはじめとする庶民がどのように社会形成の積極的な主体になりうるのかという重い課題が与えられている。

その意味で言うなら、マルクスのこの段階における民衆の主体的形成の問題は、物質的諸条件のたんなる受動的な結果のように位置付けられているといわざるを得ない。とりわけて、政治的・社会的協同の形成に不可欠な個々人の主体的能力の形成の問題は、まったく無視されているか、自ずから楽天的に形成されるかのように考えられている。

とはいえ、マルクスはこの頃から下からの協同組合の形成や、そのための能力の前提となる「私的所有」についての関心を注意深く持ち続けていることも見逃すわけにはいかない。そのもっとも興味深い記述は、『資本論』第一巻における「いわゆる本源的蓄積」に関する章においてである。この章は、資本がいかにして蓄積されるに至るかを考える際に、そもそも、その資本の蓄積に先行する蓄積があることへの歴史的考察をしたものである。それは「額に汗してパンを食べる」苦労などしない人間がどうして生まれるかを明らかにするといい、現実の歴史を見るならば、そのような人物の登場は

「暴力が巨大な役割」を果たした結果生まれたものであることを子細に、描いていく。

資本の蓄積の決定的条件となるのは、自ら所有する貨幣や生産手段、生活手段を基礎に他人の労働力を使用して富を増やそうとする資本家と、「生産手段から自由」=生産手段を持たない「自由な労働者」が自分の労働力を売ろうとするという関係の存在である。しかし、その「自由な労働者」はどのように創造されたかをめぐってのマルクスの怒りに満ちた叙述の中で、彼の関心がどこにあるのかが明確に示されている。まず、注目しなければならないのは、資本主義社会に先立つ封建社会に生きる農民たちの生活についての叙述である。マルクスは、イギリスにおける農奴制がすでに一四世紀の終わりごろには事実上終わっていて、一五世紀には「その所有がどのような封建的な看板に隠蔽されていようとも、自由で自営的な農民」(マルクス 1964: 563)となっていたという指摘から始める。自由な借地農業者たちは、そもそも、自営農民であって四エーカー以上の耕地や小屋を所有しており、その上、家畜の放牧や燃料の薪、泥炭などを取得するための共同地を利用し合う権利を共有していたのである。「農奴ですら自分の家に付属する零細地の所有者」であるだけでなく、「共同地の共有者」であったという点も、再度、強調して、農民が自分たちの生活のための最低の所有権を保証されていただけでなく、共有地への共同所有者であり得たということが強調されている。

このいわば長い歴史を通じて農民に事実上権利として許されていた「私的所有」と「共同所有」の伝統を壊したのが近代資本主義であった。犯罪者や奴隷でもなければ侵されることのない「私的所有」が、農民たちから大量に失われ、自分の生活を自分の責任で営むための最低の条件を奪ったのは資本主義だったのだという指摘は、マルクスが「森林窃盗法案」問題以来一貫して持っていた関心であった。この「私的所有」と「共同所有」を、突然、一方的な宣言によって農民から剥奪し、彼らの無一文のプロレタリア大衆にしていったのは、一五世紀最後の三分の一および一六世紀の初めの数十年のことであったという。フランドルの羊毛工業の繁栄と、それに照応して起きた羊毛価格の高騰によって、イギリスの貴族たちは、農民の使用していた耕地を突然牧羊地として宣言して農民を排除したのであり、さらに、一六世紀には宗教改革とその結果生まれた教会領地の盗奪によって、そこに住んでいた居住者たちもプロレタリアートに落ちぶれていったのである。

マルクスが特に強調したのは、「共有地の囲い込み」であった。ここでは、本来、共同的な使用権を持っていた農民が突然暴力的に封建的土地所有者によって追い出された事件だったものが、一八世紀になると、「共同地囲い込み法案」として議会によって正当化されるという「議会クーデター」まで強行されたといって、その歴史的暴挙を批判している。

以降、労働者の条件はますます悪化して、低賃金に苦しみながら、労働者の団結は禁止された。さらに農民たちも、自分たちの生活のために食料を生産するという空間が次第に減っていき、ついには、野菜や肉の生産が、自分たちのためではなく、売って儲けるためのものに転化してしまう過程や、マニュファクチャ的生産から資本制大工業に移行していき、さらには植民制度、国際制度、租税制度の確立を通じていかに資本蓄積のために、植民地、新大陸の奴隷制度までが利用されることになったかなどが詳しく具体的に説明されていく。

興味深いのは、最後の節「資本制的蓄積の歴史的傾向」における叙述である。ここでは、資本の本源的蓄積というのは「奴隷と農奴の賃労働者への直接的転化」を意味するのであり、それは「直接的生産者の収奪、すなわち、自分の労働に基づく私的所有の解消」（マルクス 1964: 596）なのだと宣言していることである。つまり、ここでは、資本の本源的蓄積の問題は、「私的所有」の剥奪の過程であり、それが一旦奪われて成立した「資本制的な私的所有」から、そのより高度な「私的所有の再建」へと向かう「歴史的傾向」が論じられるのである。

こうしてここで、初めて明確に二つの「私的所有」が対比されて問題にされる。

次の最終章の冒頭には「経済学は、原則的に非常に異なる二種類の私的所有を混同するのであって、その一方は、生産者の自己労働に基づくものであり、他方は、他人の労働に基づくものである。後者は前者の正反対物をなすばかりでなく、前者の墳墓の上にのみ成長することを、経済学は忘れている」（マルクス 1964: 598）として、この二つの区別の重要性を提起している。ここでのマルクスの記述を特徴づけているのは、「私的所有」への高い評価と並んで、それが歴史的に一定の段階の産物であり、したがって、特定の時代において形成されたものであるから、歴史の発展段階においては別の段階に移行せざるを得ないということへの強い確信である。まず、「私的所有」は働くものが自分の生産手段を自分で所有していることであるが、それに基づいて営まれる「小経営」は「社会的生産の発展と労働者自身の自由な個性の発展のために必要な条件である」（マルクス 1964: 596）もので、それは歴史をかなり貫く基本的傾向である。ただし、それが「社会的・集団的所有」と対立して孤立した意味で栄えるのは、農民が自分の耕作地を持ち、手工業者が自分の技能を発揮するべく道具を所有している「自由な私的所有者」である場合だけであるという。ところが、この所有者のあり方は土地や生産手段の分散を前提としてそのままに置かれるのだから、このような個人的で分散的な生産の仕方は、より集中的で社会的に組織された生産様式によって、有無を言わさず、衰退させられていく。「自分で働いて得られる私的所有、個々の独立して労働する個体が生産手段といわば合体癒着した私的所有は、形式的には自由なる他人の労働を搾取することによって成り立つ資本主義的な私的所有によって駆逐される」（マルクス 1964: 597）のである。

こうした駆逐は、留まりようのないほどの突進的発展を遂げ、資本主義的な生産様式が自立的な発展を遂げるようになると、「労働者はプロレタリアに転化して、その労働条件が資本に転化してしまう」だけでなく、労働の一層の社会化や生産手段の社会的利用の進化が進んでいくと、今度は資本そのものがますます集中化されて弱小資本は吸収され没落していく。こうして資本そのものが最終的にはグローバル化されていく。その過程において、「労働者階級の反逆」も組織され結合されていくことによって「生産手段の集中と労働の社会化は、それらの資本主義的な外皮と調和しえなくなる時点に到達する。この外皮は粉砕される。資本主義的私的所有の弔いの金がなる。収奪者たちが収奪される」（マルクス 1964: 597）。

これが、マルクスが必然的と確信した歴史的傾向である。何よりも注目しなければならないのは、このような歴史的傾向が「私的所有」を軸に展開されるということである。

Ⅳ 「私的所有」から「個人的所有」へ

『経済学批判要綱』という著作としてまとめられて出版されたマルクスの一八五〇年代の研究ノートは、彼の理論的関心が率直に示されている点で、大変に興味深いものである。なかでも重要なのは、最初の「序説」において、物質的生産が検討されるといって、直ちに、「社会の中で生産する諸個人」の問題から始めることである。生産というものは、いつでも特定の社会の発展段階において論じられるものであって、抽象的個人の問題として議論がなされてはならず、「社会的な諸個人の生産」（マルクス 1958-65:6）が問題なのだという。そうした上で、スミスやリカード、ルソーたちが想定する個人というものが「ブルジョワ社会」（「市民社会」）の成立と離れて理解できないものであることを強調する。彼らは歴史の出発点として、個人が自然から生まれたように論じるが、じつは、一八世紀の「ブルジョワ社会においてはじめて、社会的連関のさまざまな形態が個々人に自分の私的目的のためのたんなる手段として、外的必然として対立するようになる」のであって、個々の個人が孤立した個人として現れること自体が、これまでに最も発展した社会においてなのである。その意味で、人間は「ゾーン・ポリティコーン」、「交流をする動物というだけでなく、社会の中においてのみ孤立化できる動物」（マルクス 1958-65:6）なのだと強調している。

この記述はそうした歴史的形成の産物として人間を見る視点をもたないプルードンたちへの批判として言われたのであるが、この視点はマルクスにおいて一貫している。言い換えれば、人間を考察する時には、いつでも具体的な歴史的条件の中で考察されなければならないし、個人が生きる社会的条件の中で分析しなければならないという原則は、マルクスにおいては、個人を「社会的諸関係のアンサンブル」として捉えなければならないとするフォイエルバッハ・テーゼの人間観として帰結している。問題は、諸個人を社会的関連の中でとらえることが大事なのであって、個人としての個人の独自な分析は対象とされないことだ。

そのうえで、国民経済学者たちが「所有」を議論する場合に、直ちに「私的所有」を当然の前提とするのはおかしいとして、その歴史性を指摘する。そして歴史的に見るならば、「共同所有」こそが所有の「本源的形態」（マルクス 1958-65:9）であるだろうと提起している。

こうして、マルクスは終始、「私的所有」と「共同所有」の関係を問うていくのだが、あえて、単純化して言えば、マルクスにおいては、「所有」の問題は、「共同所有」という形で存在していた近代以前の「所有」の問題が、近代「ブルジョワ社会」の進展とともに、「私的所有」が出発点として自明視されていることの問題を指摘し、それによって何が見逃されているかを明確にすることと結びついていた。中世的な農民の生産においては、「私的所有」と「共同所有」は相互に有機的につながっていた。具体的に言えば、自営農のみならず、農奴でさえも自分の暮らしに不可欠に必要な最低限の自分固有の耕地や家屋などの「私的所有」は保障されていたのであり、その上、彼らは、牛や羊などの家畜のための共用の牧草地、薪や泥炭などの「共同所有」地を共有して生活が営まれていたのであった。その枠内では、いわば「私的所有」と「共同所有」は、自然的に結びついて存在していた。

それらの「共同所有」として認められていたものも、ある日、突然これまで名目上の所有に過ぎなかった領主たちの「私有地」にかえられて、農民がそこから排除されるだけでなく、自分の「私的所有」までもが一気に奪われていく過程が資本主義社会の成立であった。

そうした理由によって、マルクスにおいて私的所有への関心は、農民が所有していた「本源的な」「私的所有」と「共同所有」がともに、資本家による「私的所有」に吸収されてしまうことを批判することなのであった。そのようなマルクスの問題意識からすれば、「私的所有」は積極的な位置づけはしようがなく、あえて言えば、「共同所有」との有機的つながりを回復した「個人的所有」のみが積極的なものとなるわけであろう。

しかしながら、問題は、この「私的所有」と「個人的所有」との関係である。『資本論』第一巻の（植民地理論についての記述を除く）事実上の終わりの個所で、マルクスは、この関係を「否定の否定」というヘーゲルの論理的な概念を導入して、次のように予言的に書いている。

「資本主義生産様式から生じる資本主義的領有方式、したがって資本主義的私的所有は、個人的な、自分自身の労働に基づいた私的所有の第一の否定である。しかし、資本主義的生産は、自然の過程の必然性によって自分自身の否定を生み出す。これは否定の否定である。この否定は私的所有を再建するわけではないが、資本主義時代の達成の成果をもとにして個人的所有を生み出す。すなわち、協同と、土地および労働そのものによって生産された生産手段を共有することを生み出すのである」（マルクス 1964: 597）。

ここで個人的所有の再建とは、バラバラにされた諸個人の孤立した労働による所有ではなく、人々の積極的協同と土地や生産手段の共有として展望されている。つまり、第一巻の最後にマルクスが述べたように、マルクスの『資本論』における「関心」は、「資本主義的な私的所有は、労働者の自己労働に基づく私的所有の破壊、すなわち、労働者自身のものの剥奪 Expropriation」（マルクス 1964: 605）がどのように、また、どうして生じているのかを解明することに集中されていたということである。

マルクスが、自分の頭の中で描いていたプランがどのようなものであったかについては、『経済学批判』「序説」として残されたものに一連のプランが描かれているが、そこで議論されるのはほとんどもっぱら、社会的制度にかかわるもので、諸個人の自由な決定が人間にとって持つ意味や内的問題については研究の対象とされていない。有名なフォイエルバッハ第六テーゼにおいても、宗教的存在を人間性一般に還元し、さらにそれが「諸個人に内在する抽象物」から把握できるような幻想に対して批判をして、宗教的心情をそれだけで分離して孤立させて扱い、「抽象的で孤立させられた人間個人」（マルクス 1963:4）を前提として考えるあり方を批判する。個人を社会的関連から分離して考えることは言うまでもなく抽象であるが、社会の中で一人ひとりの個人がどのように思考し、その中でどのような社会的関係の中に入り込んでいくかといった問題は、一貫してマルクスの思考外の関心であったといってよい。たしかに『経済学批判要綱』においては、個人という考えが大きな関心として論じられるが、それももっぱら　これまでの国民経済学者、スミスやリカードが「ロビンソン物語」に帰着するような、孤立した社会的連関を抜きにした個人を考察の出発点としたのであり、そのような諸個人は実は「社会の中でのみ自らを個別化できる動物」であることを忘れているのだという批判のためである。たしかに、こうした個人と社会の有機的結合の下での個人の考察というものの有効性については言うまでもない。個人の状況を考えるためには「社会的個人」として考察することが重要なのである。

しかし、現代の私たちのもう一つの根本的問題は、もう一つ突っ込んだ形での社会と個人の関係である。たとえば、封建時代の農民の娘の境遇を考えてみるとわかる。その時代に生きた女性にとって、結婚とは家父をはじめとする上の決定事項であるから、自分で誰かを好きになって、その人と結婚したいと心の内で希望を持つこと自体が、当人にとっては不幸を招きかねない。というのも、結婚は親や親族が決めるものという掟が固い場合、それに反した希望を持てば、どれだけ抑圧や暴力を加えられるかもしれない。座敷牢に入れられるかもしれないし、家から追い出されるかもしれない。考えることが苦しみを増やすだけのものについては考えても無駄であるから思考しない方がよい。その意味で言えば、近代的個人の登場、つまり、基本的人権の確立によって、移動や旅行の自由、職業選択の自由、結婚の自由などが諸個人に保証されない間は、思考することは自分の苦痛を増やしたり、葛藤を増大させてストレスを増したりするばかりということになりかねない。こういう条件では、人々は「思考」しない。

あるいは、現代の高度に複雑化した社会のなかでの、政治参加の問題を考えてみれば明らかだろう。たとえば、国家財政の複雑化した問題について、正確で批判的な見解を形成するのは大半の市民にとって、困惑させられてしまうほどの難問であろう。社会的にもっとも情報を集めやすい条件にある集団の一つといってよい大学教員の例を見れば、一目瞭然かもしれない。国立大学が、独立行政法人化されれば、より各大学の自主性と創意を生かす運営ができるなどという説明を教員たちは教授会などで聞いて法人化に期待を抱いた。ところが、実際に起きたのは、各大学がいかに自主的に改革案を工夫しようとも、交付金の配分をめぐる権限を持つ文科省には、文科省が望ましいとみなす改革案以外はことごとく財政的バックアップを拒否されてしまう。結果的に、文科省の期待するものを「忖度」して申請しない限り、大学改革どころか、大学そのものの存立が脅かされるのが実態であった。原発安全神話なども、事故が起きるまでは、大半の人にとっては、安全神話を大量に聞かされて、とても正確な情報を得ての判断は不可能だという経験が積み重なる。そうするといくら真剣に考えても、この巨大化したシステムの主体的参加は困難だという経験が繰り返されるうちに、そもそも積極的な知識獲得による参加という道を選ぶよりは、自分には、そうした複雑化した状況への判断は不可能だし、たとえ、参加したとしても影響を与えられるはずがないということで、政治参加に積極的にかかわることを止めてしまう。

米国の政治学者フィシュキンは、代議制民主主義の根底にあるこのような危険を「合理的無知」と特徴づけている。つまり、不十分な情報や態度で政治にかかわっても割に合わないという態度が生まれているという。これは、複雑で、積極的に関心を持てない政策について明確な意見を持っていないにもかかわらず、持っているかのような態度を示す「非態度」という現象と並んで、大衆化された代議制が持っている特徴だという(フィッシュキン 2011)。忘れてはならないことは、圧倒的多数の庶民にとって、政治的課題の熟慮や討論に基づいて、政治的・公的な課題について思考をする主体として登場するということが可能になったのは、ほとんどのケースにおいて、二〇世紀以降の出来事であったと言っても過言でないことだ。その点で言えば、まさしく、第一次世界大戦の敗北後に、普通選挙権が与えられたワイマール期の混乱は象徴的であった。近代の労働者・民衆にとっては、普通選挙権を付与されたとしても、それは、近代の議会制民主主義が階級政党による代議制を自明の前提としていたように、国民国家の政府の代表者を選ぶとしても、まずは、自分たちの階級的利害の代理者としての政党や議員に投票するのが、選挙での行為ということになろう。それ以上の詳しい国家財政上の問題や国際関係の複雑な決定過程に国民の一人ひとりがいちいち吟味して検討し、熟慮して投票する主体として登場するなどというのは、元来、無理で困難なことだと思ったとしても不思議でもなかろう。そして、その結果、選ばれた諸政党が、ワイマール体制の中で、戦勝国からの莫大な賠償金の請求にどうにも解決法を見出せない中、戦後の経済復興という困難な課題のみならず、世界恐慌に象徴される経済的混乱の中で、どのような政党の組み合わせによる議会制度内の話し合いに期待しても、どこにも解決の見込みが見えないときに、ナチの強引で独裁的な解決の提示が救世主のように見えたとしても当然だったかもしれない。というのも、自分たちが投票して決めたはずの議会制度そのものによる政権が問題の解決能力を持っていないように見えたからである。

その限りで言えば、一九世紀までの政治闘争は文字通り、民衆が自らの階級を代表して政党や利害集団に委託して考える「階級闘争」であって、個々人がみずから独立の判断と決定をして政治を作る問題として考えていたとはいいがたい。つまり、労働者は、労働者という「階級」の利害を代表してくれる可能性のある集団や政党にみずからを委託しようとする政治行為をするか、さもなければ、議会の枠を超えた運動をするしか成り立ちようがないのである。一般庶民を含めた個々人が自立して政治的決定に関して個人として政治にかかわるという行為のあり方そのものが、二〇世紀以降の政治の中で初めて本格的に生まれて、試み始められた新しい企てと言えるかもしれない。そう考えると、マルクスが、個人の自立と、その内部での主体的思考に基づいた政治主体の積極的政治参加の可能性を、議会を通してまじめに検討する状況がなかったのは、一九世紀という時代の反映であったと言って過言ではないだろう。

そうした意味で、現代の政治過程はマルクスの時代とは根本的に異なった状況の中にあるという事実から出発するしかない。マルクスやレーニンの時代には、自らを階級の中に同一化して考える時代の個人の政治への係わり方（フランス革命の時代の言葉で言えば、「人間」＝オムhomme）が自明の前提であった。

しかし、今日、一人の「公民」（シトワィヤンcitoyen）として、自らの個人としての判断に基づいた政治的行為が基礎になって「政治」の民主的な在り方が可能になるという構造が普遍化しつつある。その中で、政治の在り方と前提が大きく変わりつつあるという事実から、マルクスの理論を考え直さなければならないのである。

そこにおいては、個人が孤立した独立の個人として生まれる近代の人間の内面が、どのように変容していくのか、あるいは、その個々人が他者と自覚的にどのような人間関係を作り、人生を選択していくのかという問題が大きなテーマにならずにはいられない。なぜなら、今日の政治とは、一方で間違いなく個々人の思考の末に自分で判断した活動による集団的営みを「政治」と名付けているからである。

このように見るならば、マルクスが、フォイエルバッハの影響の中から練り上げていった「社会的人類」とか「類的存在」という把握そのものが、人間が一人ひとりを自分の中で考え検討する主体としてではなく、自らの所属する階級である「労働者階級」との関連から把えたときに生まれる認識だといってもよい。労働者の一人ひとりの利害は「労働者階級」に委託されうるものであり、その「労働者階級」が階級対立を乗り越える主体となりえたときには「社会的人類」という普遍的な存在となりうると考えたのであろう。マルクスによれば、個人と「社会」とを抽象的に対立して捉えることは間違いであり、「個人は社会的存在者」であって、個人の生活表現は「社会的生活の一つの表現である証」であるから「人間の個人的生活と類生活は別ものでない」(マルクス 1975: 459) というのである。

マルクスにとっては、近代の人間像に典型的な孤立した個人を想定することを批判して、人間が社会の中での連関において考えられるべきだという主張こそがもっとも重要なことであった。しかし、個人が社会的に制約され社会的連関の中で存在するということと、個人が社会の中に存在するにもかかわらず、個人として自らの所属を越えて自ら決断する主体でもあることとは、二つの別のことがらである。

このように、個人と類の同一視こそがマルクスの特徴であるとともに、アーレントとのもっとも大きな対立点をなす点である。アーレントによれば、マルクスが「社会的人類」とか「社会化された人間」という言葉を肯定的に用いるときに、「人間の個人生活と社会生活の間にあるギャップを除去」してしまっているという (HC p.204, 89)。つまり、マルクスはすでに述べたように、個人を社会的諸関係のアンサンブルとして捉えているので、個人と社会との間に緊張関係は想定されていない。粗野な共産主義を批判したマルクスが「才能等々を度外視する」ことが問題を引き起こすことを認めているにもかかわらず、マルクスは個々人が無限に異なることによって生まれる事態には目をつぶって、もっぱら社会的諸関係の中での対立や疎外状況に対してのみ分析を進めたのは、当時の諸個人が一人ひとりの独立した存在としてではなく、政治的には何よりも、「労働者階級」という存在の中に自らを同一化することが重要だったのであり、それは、アーレント流に言えば、互いの絶対的な複数性を認めることこそ「政治」という観念からすれば、「政治」とは言えない、階級をめぐる支配と被支配の戦いなのであった。

このような違いはどこに生まれたのだろうか。人は、自分の頭を使って考える時、各人の経験のかけがえのない多様性のゆえに、おのずとかけがえのない存在となる。なぜなら自分の経験を軸に考えることのできるのは自分しかいないからだ。そして「話し合い」とは、そのような多様で多面的な思考の結果や経過を聴き取りあい、照らし合わせることによって、複数の人間が共存する経験である。

このような自分の頭を使っての思考にもっとも要求されるものは、安心して、自分の経験を大切にでき、他者に表明することができる「私的所有」の保障である。

たとえば、かつて、大学における教授会や小中高などの学校での職員会議は、その構成員である教員が自らの授業や講義、研究において形成された経験を基礎に互いの意見を交流することが原理的には可能な空間であった。ところが、今日の官僚制の支配した段階では、これらの会議は、もはや構成員の意見交換の場ではなくなり、文科省などの上級組織の決定を周知徹底するための伝達機関にさせられてしまった。教育や研究、学校運営をめぐって、構成員が互いの経験に基づいて「話し合い」をすることは、行政上の決定を遂行するためにのみ必要とされるようになったのである。このように官僚制が貫かれるところでは、個々人が自分の頭で考えることは必要でなくなる。すでにやることが決まっていて、それを遂行することだけが必要なものには思考は不要である。

近代社会とは、その意味で「豊かな」「富」の増大だけが、すべての人にとって共通の絶対的目標であるとして、人びとが違いを認めあって共存する、共通の基盤として「思考」の不要な社会を作る企てだといえるのかもしれない。

第五章　「政治的自由」と統治

科学技術革命と結びついた資本主義の驚異的な発展は近代世界に大きな「進歩」への希望を与えた。しかしながら、他方で、過酷な労働者の労働条件や貧困の問題が、繰り返される戦争と結びついて、一九世紀の労働者運動を急速に発展させることになり、その中で生まれたマルクスやレーニンの社会主義的あるいは共産主義的な運動が大きな主導権を握り、一九一七年には歴史上はじめて、労働者や農民などの民衆のための政権がロシアにおいて成立した。しかし、その革命はボルシェヴィキという革命政党の指導によってなされたものであって、革命運動の過程の中で自然発生的に生まれた労働者や兵士、農民たちの評議会（＝ソヴィエト）運動は、革命政党であるボリシェヴィキによって事実上、とってかわられた。

今日では、名前だけでしか知られないようなこの評議会運動を、アーレントは現代における政治的協同「活動」の象徴として高く評価し、現代政治の一般的形態である政党による代議制民主主義と大きく異なる運動として称揚した。

そこには、国民国家の統治機構のための「政治」と、市民が自らこの世界のあり方について議論し参加し、そこで共同で決定していくという古代ギリシア以来の「政治」とのあり方の二つの根本的な対立が表明されているのである。この対立関係を理解することなくてして、自由と政治と統治との根本的な関係を理解することはできない。

パリ・コミューンに端を発し、ロシア革命やハンガリー革命などを通じて、アーレントは「評議会」活動のなかに何を見とっていたのであろうか。

Ⅰ　評議会をめぐるアーレント・マルクス・レーニン

アーレントという思想家の卓越した独創性と特異性は、近代人が「政治」という名前の下に思い浮かべるものを、西欧政治思想の原点にまで立ち返って検討し直し、政治に関心を持つほとんどの人々が持つ前提を覆し、人間が人間であることのもっとも根源的な営みとして「活動」という問題を提起したことにある。その問題提起があまりに根源的であるために、彼女が「政治」の名前の下に議論する大半の内容が、現代の読者からすれば奇異に響く。

近代の政治思想家たち、より具体的には一七、一八世紀以降の理論家たちは政治の最高目的を人びとに生命の安全を与えることと考えてきたのであった。政治的自由は安全の保障と同じものとみなされ、「政治の最高目的、「統治の目的」は安全にある」（BPF p.202, 149）と考えたし、今日でも、個々の人間の生命と生活、利害を誰がどのように守るかという問題であるかのように考えられてきている。したがって、個々人の私的利害の確保が政治の中心的な関心であり、それを離れたところでの政治の議論など空論であるというのが一般的理解であろう。

それに対して、アーレントがすべての理論的展開の出発点としたことは、「政治の存在理由 raison

d'être は自由であり、自由が経験される領域は活動 action だ」(BPF p.197, 146) というものである。アーレントは、その理由を古代ギリシアのポリスという経験に求めた。政治という言葉の起源は、ポリスという言葉から直接由来するものだからである。しかし、その古代ギリシアにおいては、生命の安全、生活の確保は、むしろ政治の前提条件をなすものであり、ポリスでの人間の営みが可能であるためには「生命の必要から解放されている」(BP p.200, 148) ことが求められた。「政治」活動のためには、具体的には「自由に移動し、家からも出ていくことができ、世界に出ていって行いと言葉とを通じて他の人と出会うこと」ができるように、「共通の公的空間」としての「政治的に組織された世界」(BPF p.200, 148) を持たなければならないのである。

したがって、アーレントが議論している「政治」にかかわる問題は、いわば、この「共通の公的空間」としての「政治的に組織された世界」についての議論であって、生命と生活の安全と確保、それと深く結びついた経済の運営や生活保障にかかわるものではない。現代の大半の人々なら、このようなアーレントの問題設定を聞いて、そのような政治の公的空間とは何かと直ちには理解できない方が自然なのかもしれない。したがって、アーレントのことを古代ギリシアのポリスを美化した復古主義的な理論家であるかのような誤解がしばしば行われてきた。そうでなくても、そもそも現代世界の中でのそうした「政治」的経験が可能でなければ、彼女の議論はリアリティを持たないだろう。

ところが、アーレントは、古代ギリシアのポリス以外にかなり明確に、そうした「共通の公的空間」としての「政治的に組織された世界」について議論したものがある。それは、『革命について』のなかで詳しく展開されたアメリカ独立革命の経験であり、もう一つは、彼女が繰り返し論じる「評議会」という歴史的経験である。評議会をめぐる運動は、一八七一年のパリ・コミューン、ロシア革命におけるソヴィエト、そして、一九五六年のハンガリー革命、などのものが基本的な考察の対象にされており、これらの事件は現実の厳しい戦争状態や貧困、侵略による国家の崩壊の危機などの状況の中で生まれた経験であった。なかでも、一九五六年、ハンガリーで起きた学生や労働者、市民などによるソ連に隷属した政権に反対する「革命」運動は、ソ連の衛星国として秘密警察をはじめとする管理主義的な「社会主義」支配体制に反対して自由な政治の可能性を作ろうとして行われた民衆の下からの自主的な運動として現われた最初の大きな試みであった。東欧社会主義諸国の秘密警察による強い管理と言論弾圧、社会主義という名前の下におこなわれる党からの指令主義的な計画経済の非生産性などに対する不満は、一九五三年の東ドイツでの暴動、あるいは、ほぼハンガリーと時期を同じくするころのポーランドのポズナンでの暴動などで、すでにあちこちで湧き上がっていた。しかし、スターリンの死後、五六年にフルチショフによってスターリン支配下の驚くべき大量虐殺や全体主義的管理独裁の実態が暴かれて以降、公然とハンガリーで民衆が立ち上がったこの運動が一体、何であったかは、それに対するソ連側からの軍事弾圧によって、全貌が見えにくい運動であった。[52]その運動の実態がどのようであったにせよ、東西冷戦下の鉄のカーテンのかなたの事件は、世界の人々に大きな衝撃を与えた。

　このハンガリー革命にもっとも深く感動し、そこに現代における「政治」の可能性を見ようとしたのが、アーレントであった。この事件が起きた頃、アーレントはちょうどヨーロッパを旅行中で、生涯にわたる師であり親友でもあったヤスパース宅を訪れた際に、かたずをのんでその進行を眺めながら、議論をした。そのヤスパースにあてた手紙の中で、この運動の最も重要な点は、それが「自由の勝利」であり、ロシア革命やドイツの第一次大戦後といった過去百年間に発生した自発的革命と同様に、「評議会制度」という「新しい国家形態[53]」が自然発生的に生まれたことだと絶賛しながら指摘している（AJ2 p.90, 343）。

ところが、この時、ヤスパース宅でのヤスパース夫妻とアーレントの反応について、ヤスパースは、次のように書いている。「あれが始まったとき、あなたは我が家にいました。私たち三人がどう反応したかは特徴的でした。あなたは、歓声を上げげた。ゲルトルートは、こんなことがうまくいくはずがないし、ハンガリーの苦しみだけを見たので、気が重くなっていた。（彼女が一九四四年六月二十日の時に「成功しないのならそんなことはやってはだめだわ」と聞いてすぐに反応したのと同じようでした。彼女はその帰結、すなわち、迫害や殺害のことを考えたからです）。私はといえば困惑したのでした。なぜといって不可能だと思われていたことが実際に起こってしまったからですし、でもことによればうまくいくかもしれないという希望を持ったのですから」（AJ2 p.121, 370）。

ヤスパースの妻でユダヤ人でナチス支配下での地獄を経験してきたゲルトルートからすれば、一九四四年六月にシュタウフェンベルクらによるヒトラー暗殺計画が失敗した事件と同じく、どれほど素晴らしい正義の運動であったとしても、失敗することが確実に見えたものに歓声を上げることはできなかった。ヤスパースは、そもそもこのようなことが起きるとは考えていなくて驚いたが、成功したらいいがと一縷の望みを持ったというのである。

アーレントは、この運動が成功に終わると思っていたのだろうか。それほど楽天的な考えの持ち主でなかったことはほぼ間違いないだろう。彼女が、このハンガリーの革命に先行した運動、具体的には、ロシア革命におけるソヴィエトの運動、あるいはさらにパリ・コミューンにおける評議会の経過について、知らないはずはないからである。

もし、独裁体制や全体主義体制に代わる新しい支配秩序を作るというのなら、そういう試みはことごとく失敗したという総括が行われてしかるべきであるが、アーレントは現実のハンガリーの革命の時期にこの運動に歓声を上げ、それが瞬く間にソ連軍によって弾圧されてしまったという事実によって、無力感や幻滅を感じなかったとすれば、じつは、そこにこそ、アーレントの評議会運動に対する評価、さらには政治に対する考え方が表明されているとみるべきだろう。

『革命について』において、アーレントはかなり詳細に「評議会制度」について、主として、近代国民国家の前提とする政党政治に基づく代議制政治のあり方との対比において、この問題を扱っている。このアーレントの意向を理解するためには、政治というものを統治制度の問題として捉えるのか、それとも、人間が人間であることの証の営為として「政治」を考えるかという鋭い対立を理解する必要があるだろう。彼女は『人間の条件』の中で、アリストテレスの「ポリス的動物」という表現を「社会的動物」と等置することがいかに問題をあいまいにするかを指摘している。今日通常理解されている「社会的動物」という言葉は、人間が生物として生きていくために仲間と一緒に生活していることと考えられるが、それだけでは動物と変わらない人間の姿を描いているだけである。そうではなく、人間らしさが現れるあり方、人間固有の世界（「人間事象の世界」）における人間のあり方を論じたのが「ポリス的」という意味だと、アーレントは強調する。その際、この「ポリス」という言葉も、一般に理解されている古代ギリシアの都市国家という歴史的存在を特定するものではない。ここでポリスというのは、すでに述べたように、古代ギリシアのたとえば、アテナイに存在した行政管理組織ではない。「ポリスというのは、ある一定の物理的場所を占める都市＝国家ではない。むしろそれは、ともに活動し、ともに語ることから生まれる人々の組織である。そして、このポリスの真の空間は、ともに行動し、ともに語るというこの目的のために共生する人々の間に生まれるのであって、それらの人々がたまたまどこにいるかということとは無関係である。『汝らの行くところ、汝らがポリスなり』という有名な言葉はギリシア植民の合言葉になっただけでない。活動と話し合いは、それに参加する人々の間に空間を作るのでありその空間はほとんどいかなる時いかなる場所にもそれにふさわしい場所を見つけることができる」（HC p.320, 198）。

要するに、アーレントの関心は、さまざまに異なる個性や生活を持つ異なった人々が、ポリスという共同の場で、互いの違いにもかかわらず平等を絶対的に認め合って交流することの、人間にとっての意味に集中していたのである。人々が公的な場で対等平等に共同の「活動」、それが演劇であれ、祭りや共同体の運営のあり方であれ、互いに作り上げた営みを語り合い、それを全体の共同の記憶にしていこうとする企てそのものの持つ人間にとっての意味が重要なのである。

このことがこの世に生きる人間にとってどれほど大事なことであるかは、『革命について』の結論において、人生を生ききることの厳しさをソフォクレスの悲劇にことよせて語らせたのちに述べることからもわかる。ソフォクレスの『コロノスのオイディプス』において、伝説上のアテナイの創設者といわれるテセウスの人生の悲劇をこう語らせる。

「生まれてこないのが、言葉でどう意味づけることよりも、いいことだ、しかし、一旦生まれて登場した以上、人生にとって次善のことは、できる限り、速やかに生まれたところに戻ることだ」。

この生きることの重荷を総括するような言葉によって、アーレントは、人生に絶望して終えるということを語りたいのではなく、その重みのゆえにこそ、逆に、このアテナイにおいて、ポリス、すなわち、人々が協同でこの世界を作ろうとする営みが果たした意味を明らかにしようというのである。アーレントは政治についての主著『革命について』を締めくくるにあたって、「人々が自由に活動しあい、言葉が生きたものになる空間」たるポリスの営みこそが「生きることに輝きを与える」（OR p.443, 281）のだと述べたかったのである。では、それは人類の歴史のどのようなものだったのか。

それこそ、アーレントがハンガリー革命において「評議会運動」に見たものだった。実は、この評議会運動という形でアーレントが高く評価している運動の、文字通り革命的な意味を見出した有名な人物には二人の革命家がいる。それは、マルクスとレーニンであった。

とりわけ、マルクスは、パリ・コミューンの発生に感激し、今後の革命論の展開に具体的な見取り図が描けるようにさえ考えた。パリ・コミューンは、普仏戦争に端を発した混乱と戦闘でのフランス軍の敗北、ナポレオン三世が捕虜とされたことによる第二帝政の崩壊といった一連の出来事を通じて、支配階級の新たな権力支配者となったティエール率いるヴェルサイユ政府に対して、パリ民衆が自ら武装決起して、自分たちで政府を組織しようとした運動であった。何よりも、普仏戦争そのものが直接には、庶民の暮らしには何の関係もないスペイン王位継承をめぐっておきた支配階層の内輪問題が原因で生まれたものであり、国民国家相互の利権をめぐる争いによって戦争に巻き込まれることになったのだし、ナポレオン三世の率いる軍隊による戦争は、結局は、支配階級内部の領土と権力争いのために国民が動員されることであった。この間の経過は、民衆にとっては、支配階層のために戦争に翻弄されること以外の何物でもなかった。しかも、その戦争は、フランス側のみじめな敗北を見ることになり、その結果、皇帝ナポレオン三世の逮捕後に国防政府によって選ばれたティエールのヴェルサイユ政府によって、パリに住む労働者市民は不当な負担を要求されて、もはやその政府は自分たちを代表するものとは考えられなかったことから、それに代わって自分たちの政府を作ろうという試みであった。プロイセン軍のパリ包囲、総選挙によるティエールを大統領とするヴェルサイユ政権の行動に対して、パリの自治を守ろうとした労働者たちが決起して、自分たちの自治政府を作り上げようとして、一八七一年三月にコミューンの宣言をした。パリの民衆、労働者は、政府側軍隊を追い出し常備軍を排して武装市民に取り換え、ただちに市内各区に直接普通選挙を行い、警察も、公務員もそのコミューンの直接の管理下に置かれた。その意味で「コミューンは代議制の市委員会ではなくて、執行権であって同時に立法権を兼ねた行動体」（マルクス 1952: 95）となって、文字通りの直接民主主義の実現であった。参加した民衆は、その階層や所属を越えて、直接に互いに議論し、パリを守ろうとして、自分たちの政府を作ろうとしたのであった。

それが、マルクスを熱狂させたのは、コミューンが「本質的に労働者階級の政府であり、横領階級に対する生産階級の闘争の所産であり、そのもとで労働者階級の経済的解放を達成するための、ついに発見された政治形態」（マルクス 1952: 101）であったからであった。それ以前の政府形態が結局のところ、生産する階級である労働者に対して搾取と横領を行う、上からの命令による支配であるのに対して、コミューンが決定的な意味を持つのは、生産の主体である労働者そのものが政治の主人公になれば、それによって支配階級による横領が消えるのであって、「多数者の労働を少数者の富とする、あの階級的所有権を廃止しよう」（マルクス 1952: 102）とする歴史上前例のない企てであったからであった。その時、生産手段である資本と土地が生産者たち自身のもとに「端的に自由で協力的な労働の用具に転化する」ことになり、ここで資本と生産が分離しない本来の有機的「個体的所有権」（マルクス 1952: 103）の確立が生まれる可能性が登場したと、マルクスは考えたのである。

と同時に重要な点は、この革命が「拡大発展的な政治形態」であったことも忘れてはならない。この意味するところは、当然のことながら、この自治組織が、本来、狭い意味での「労働者階級」に限定されるものではなくて、商店主や職人、商人、さらには芸術家や行政にかかわる人々や、何よりも農民たちの解放とも結びつく「開放的」性格を持つことが強調されていることが見逃されてはならない。さらに、官僚に対する特権が廃止されて、労働者や農民から選ばれ、一般労働者と変わらない水準の賃金である「有給のコミューン官吏」となる。商人や職人たちの間にたえず持ち上がる債務債券に係わるなどの紛争が解決され、農民がフランス革命によって実現された封建地代や十分の一税の廃止に留まらない自分たちの働く土地に対する政府から一方的な課税をなくしていくようになれば、このコミューンは、単に労働者階級だけの政府ではない。

その意味で、コミューンは「フランス社会のあらゆる健全分子の真実の代表者であり、したがって、真に国民的な政府である」という面と「労働者の政府であり、労働の解放の大胆なチャンピオンとして、はなはだ国際的でもあった」（マルクス 1952: 110）。つまり、特権的支配階級を除くあらゆる人々のための開放的な自治体なのであり、しかも、そのような自治政府が他の都市にも発展していくことによって、下からの連合的な統治の可能性をも生み出すものであった。

こうして、パリ・コミューンは、一方で、生産の中核を担う労働者たち自身が作り上げた政府であり、そのことによって近代資本主義の根本的関係である資本と労働の所有関係の分離を克服して、賃金奴隷としての労働者の関係からの解放を可能にする「ついに発見された政治形態」であるという点で、歴史を新たな方向へむける可能性のある運動としてマルクスによって評価されたものであった。他方で、このコミューンは、労働者運動が中核をなしていたとはいえ、さまざまな階層が同時に参加しうる開かれた発展の可能性を持った組織運動であったことにも注目しなければならない。

このような歴史的事情を見るならば、その四〇年近く後に、ロシアにおいて成立したソヴィエトもほぼ同様な運動によって生まれた組織運動であった。このソヴィエトやドイツにおいて試みられたレーテ運動は、「評議会」運動として総括できるものであるが[54]、アーレントが、「評議会」についての研究で依拠しているO・アンヴァイラーによれば、そこでは、①一定の隷属ないし抑圧された階層と結合していること、②形態としては、ラディカルな民主主義であること、③「個々人が可能な限り、公的生活に直接かつ広範囲に制限なしに参加できる」ことによって象徴されるものである（OR p.454. 327）という。

そういう意味では、アーレントが強調してやまない「自由」の創設に不可欠な、多様性と複数性に基づく政治的協同の可能性を含むものであって、人間が互いの違いを超えて平等にこの世界を作り上げていくことにかかわるという理念にまことにふさわしいものであった。

問題は、このような自由の創設にふさわしい運動がどれも、結局、短期間のうちに破綻に終わってしまったという問題をどうとらえるかという点にある。アーレントは、ハンガリー革命や、パリ・コミューンといった組織運動が短期間しか続かず、ヴェルサイユ軍やソ連軍によって強権的に破壊されてしまったという悲劇についてはほとんど関心を示さない。

しかし、近代国民国家の成立以降、一国内の革命と言えども、周辺諸国をはじめとする国際的関係が、その革命の成否に深く係ることは明らかである。パリ・コミューンで言えば、ヴェルサイユ政府軍（背景にあるプロイセンの動向も含め）によって、強圧的な戦闘が仕掛けられ、コミューン内部での運営も行政運営上のさまざまな困難に基づく対立や矛盾が頻出していった。つまり、現実の政治変革においては、たとえ一時的な移行期に限られるとしたとしても、政治支配権力の確立、維持、持続が絶対的な課題になるので、現実の戦闘や利害の対立闘争も避けられない。

この点を最も明確に意識して、パリ・コミューンを論じたのが、レーニンであった。レーニンの『国家と革命』における一貫したライトモチーフは、現実の困難な政治状況の中で、どのように革命を通じて新たに生まれた政治権力をロシアの中で確立して、発展させていくかという点であった。だから、レーニンは、パリ・コミューンを総括するにあたっても、繰り返し、古い国家制度との容赦のない戦い、具体的には、その従来の国家機構の徹底的な破壊と新たな形態の確立のための「プロレタリア独裁」を強調した。議会制度は「意見と討議との自由が欺瞞に堕すことのない」（レーニン1957:70）ものとなるためには立法と執行とが分離されない「行動的」組織でなければならないという。と同時に、「管理制度を一挙に、いたるところで、徹底的に廃止することは、問題になりえない。それはユートピアである」とのべ、「われわれは、一挙に、あらゆる行政府、あらゆる服従なしにやっていけるなどと考えるような「夢想家」ではない」(レーニン 1957: 72) といった発言をくりかえしている。

その意味で最も明確な主張は、「中央集権主義」の断固たる必要性を説くことであり、これこそが、レーニンの特質をなしている。マルクスにはプルードンの「連邦主義の痕跡さえもない」(レーニン 1957: 77) と述べて、「国民の統一を組織する」というマルクスの「中央集権主義」の視点を断固として肯定するのである。これは、一方で、ロシアにおいて社会主義を成功させるためには、ドイツをはじめとするヨーロッパの先進諸国での革命の成立が絶対に必要であるという立場とともに、他方では、一旦そうした希望が無くなった後で、ロシアが新たな国を作って社会主義を実現していく道を確保することが実際に必要であるとレーニンが判断していたことを示している。

このようなレーニンの立場はどのように理解すべきであろうか。しかし、そもそも、この「評議会制度」というものほど、現代日本で暮らす私たちにとって、具体像を描きにくいものはない。したがって、まずは、これについてアーレントや彼女が依拠しているO・アンヴァイラーによりながらその性格を描いてみよう。まずは、ロシアの当時の状況と、それに対するボリシェヴィキの基本方針を理解しなければならない。ロシアは長きにわたる帝政の支配下で、農民が圧倒的な社会であって、資本主義的な工業発展はモスクワやサンクトペテルブルクなどの一部の地域にかぎられていた。そこで、一九〇五年だけでなく一九一七年の時でさえも労働者には、政党にしても労働組合にしても、自分たちが表明できるほかに強力な組織は存在しなかった。その意味で言えば、「労働者評議会は労働組合と政党の不在ないしは弱体な状態を補う代わりのものだった」（Anweiler 1958: 70）。つまり、あらゆる政治的権力や意見表明の可能性すら排除されていた労働者が、自分たちで自由に国や自分たちのあり方について、直接に自由に議論できる場所が評議会だった。問題に関心ある誰もが自由に参加でき意見を表明できるし、そこでの決定は参加者自身の決定によるものであった。それは、これまでの議会のように、身分によって排除されることもなく、発言も決定も自ら可能なものであった。そうした事情は兵士たちにとっても同様であり「ソヴィエトは、彼らにとって、これでやっと初めて自由な政治活動の世界に参入することだったし、市民として実際に新たな政治的権利を行使するということだった」。当時、地方では議会制度というものもきわめて弱体なものだったし、さまざまな政治党派をすべて包括するような国民議会というものもなかった。そういう中で言うなら、ソヴィエトこそが、労働者や兵士の意見の表明の場となったのであって、このソヴィエトは民主的な機関であり、「革命的民主主義」を表明していたけれど、逆に見れば、国民的レヴェルで全体の利害を代表していたとはいえなった。その意味でいえば、プロレタリアと兵士、および一部農民層の階級的組織としてのソヴィエトが、すべてを反映する普遍的な国家機関であったかどうかは一九一七年革命の段階では問題含みであった（Anweiler 1958: 138）。

いいかえれば、これまで自分たちの意見を公的に表明する場を持たなかった労働者、兵士たちが、ソヴィエトを通じて自由に自分の意見を表明する場を保証されたという点ではきわめて民主的で自由な場であったが、途方もなく広大なロシアの国家の担い手としてのソヴィエトが制度的に可能なものかといえば大いに問題を持ったものであった。ソヴィエトは、その意味で言えば、「その精神としても機構としても、革命的な時期という非常に特別な条件に対応して生まれた闘争機関」だったのであり「革命的プロパガンダの機関」だったのである（Anweiler 1958: 138）。これまで公的領域に声を持たなかった兵士や労働者が積極的に参加するかぎり、自由な参加権と決定権、意見表明を自由にすることができるというソヴィエトのあり方は、確かに公的自由の名前にふさわしい経験ではある。

その意味で言えば、これまで声の届かなかった労働者や兵士の「メガホン」としての評議会は、その都度の人々の声を敏感に反映するものだったからこそ、逆に政治的変動に応じて大いに変動を余儀なくさせられ、もっとしっかりした権限を与えられた任期などが確定した代議制機関に比べれば不安定極まりないものであった。というのも、直接民主主義である限り、それは一人ひとりの参加権は保障されるものの、人々の運動に対する情熱の変化や、状況の急速な変化が参加者に予想もさせないような困難を引き起こしたり、一時的な困難が参加者を急速に憔悴させたりすることも当然考えられるからである。

とりわけ困難をもたらすのは、現実の行政管理の問題についてである。アーレントは、一貫して、評議会の中における経済過程の運営や行政上の諸問題の管理の問題を、評議会から可能な限り分離することを主張している。なぜなら、「管理と経営の仕事は、あらゆる経済過程の基礎をなしている必要な物事によって指図されているのであるから、本質的に非政治的なものである」（OR p.431, 264）から、ロシア革命やハンガリー革命のように、現実に国家がさまざまな困難を抱えているときには、評議会だけでは運営できないからである。

このことは、アーレント自身が認めているのであって、経営や管理の問題は「豊かさが支配している社会では、対立している集団の利害は、一方の側の損失をしなくても決着をつけられる」(OR p.431, 264) のだから、単純な管理の問題になってしまったところでは、政党制や代表制そのものが無益で無力なものになるといって、政党制が不要であるかのごとく論じている。[55] まさしく、この点で、アーレントは豊かになった社会における状態を「政治」における絶対的前提として論じ、当時のロシアが陥っていたような圧倒的貧困と戦争による国土の荒廃と民衆の疲弊から生まれる問題については、意識的にと言ってよいほど、本格的な考察の対象から外している。ロシア革命においても、ハンガリー革命においても、まだ豊かになっていないどころか、生存の危機さえも生まれかねない状況にあった当時、ロシアにおいてもハンガリーにおいても、外国勢力の軍事干渉や戦争という問題を抱えており、労働者たちとは利益を一致させているとは単純に言えない莫大な数の農民たちとの交渉や、それ以外のさまざまな階層とのやり取りを、評議会的な運営の問題として取り扱うのは不可能である。これはまさに生存のための必要(必然性)と結びついた条件下での生き残りの問題をはらんでいたのである。[56]

それこそが、「豊かさが支配している社会」においては次第に不要になるかもしれない政党制の存在理由である。その意味で、「革命政党」といえども、「ほかのすべての政党と共有している」基本的確信があって、それは「統治の目的は人民の福祉であり、政治の実体をなすのは活動 action ではなくて行政管理である」(OR p.432, 265) であるという。まったく正当な指摘と言わざるを得ない。

そうだとすれば評議会運動が現実に持つことのできる意味は極めて明確である。それは、断じて現実の利害調整や企業体をはじめとする経済的運営、経営への参加のための組織ではない。実際、ロシア革命においても「労働者評議会という形で、くりかえし工場の経営を引き継ごうとしたのだが、これらの企てはすべて惨めな失敗に終わった」（OR p.432, 266）のである。その点をアーレントはこう記述している。「経営的能力は労働者階級出身の人々の間にも欠けているとは言えない。とはいえ、問題は、労働者協議会がそういう才能発見には最も適していない機関だった」ということである。「評議会によって信任され選ばれた人々は、信頼できる人物か、人格的に高潔か、判断能力が秀でているかといった政治的基準と、またしばしば、命を懸けてでもやる勇気があるかということで選ばれたのである。政治的能力で活動能力にまったくたけた同じ人間が工場経営やその他の管理的業務に回された場合には失敗せざるを得なかった」（OR p.433, 274）と指摘したのはある意味で当然のことであったろう。「政治的人間の能力と、経営者や管理者の能力は、同じものでないどころか、同じ人間の中にともに備わっていることはめったにない」からである（OR p.433, 274）。

このような点から見れば、アーレントがどうしてこれほど激しく、近代国民国家の政治制度としての議会制民主主義に支えられた経済と政治の一体化に反対し続けたかが、理解されるかもしれない。政党を基礎にした代議制民主主義に基本的に欠けているのは「公的問題への参加と公的利益に係るものの管理行政あるいは経営の問題とを明確に区別していなかった」（OR p.432, 265-266）ことにある。評議会制は、自らが生きる国や地域、あるいは、生活空間の中で自分が不可欠な構成者であり、決定参加者であることを最後まで保障しようとするアーレントの言う意味での「政治」的経験の場であった。ところが、近代国家においては、統治そのものがすでに国家規模の経済体の運営、経営と深く結びついてしまっており、そこには、官僚制とも絡み合う膨大な組織機構の運営をめぐる専門的知識や経験を必要とされる。となれば、人々は国家の運営について、自分が全体を見通す情報も教育をも受けていないという条件の中では、自分が局外者におかれることをやむを得ず、受け入れることになる。代議制とは、自分自身がその地域や国の不可欠な参加者であり、構成員であるとされながらも実際には、いやいやながらの自発的なあきらめをいわば自覚する機会なのだ。これがゆえに、ボリシェヴィキが、ソヴィエト内部で影響力を増して、指導的な立場に立ち、より過激な主張をしていくと、今度はソヴィエト自体の民主的性格が消滅していく危険を持ったのである（Anweiler 1958: 139）。

以上のような基本的視点から、ロシアにおけるソヴィエト評議会の歴史的過程を見ていくならば、レーニンとソヴィエトの関係が明らかになってくる。レーニンは、職業的革命家として最初から、大衆運動と革命闘争を遂行する際の前衛党の指導の必要性を見抜いていた人物であった。したがって、一方で労働者民衆の自発的盛り上がりを期待しながら、その中で、党が指導的役割を果たしうる条件を常に探っていた。これは、ロシアの遅れた資本主義の発展と政治的・文化的後進性を考えるならば、ある意味で当然のことであった。ナロードニキ運動やロシアの多くのテロリストたちは、そうしたロシアの状況のなかで絶望的な闘争をしていた。そのなかで、ロシアの現実を冷静に分析したレーニンが、前衛党の指導による革命を目指したのは当然といえるかもしれない。となれば、当時のロシアにおいて、形式的な代議制度としての「ブルジョワ的な」議会制度その他に根本的な不信を持っていたことは容易に想像がつく。

少なくとも、レーニンは、予想に反して労働者や兵士の評議会運動が自然発生的に進展していった時に、これら「労働者および兵士代表評議会を利用して大衆を啓蒙しながら組織する」（Anweiler 1958: 203）運動を積極的に展開した。そういう視点から、レーニンは「ボリシェヴィキ党は、革命をめざす政策において、評議会を支持することを決断した」。というのも、当時、「ソヴィエトはブルジョワ的な臨時政府に対する唯一の本格的な対抗組織であって、これだけが大衆の革命的エネルギーを動員することができるから」（Anweiler 1958: 203）であった。

ボリシェヴィキは、そこで、「すべての権力をソヴィエトへ」というスローガンを提起し、それによって民衆のエネルギーを最大限活かすとともに、それを通じて、これまでの中央政府機関のみならず地方でも存在していた臨時政府の統治機構に対抗して、それを崩壊させる可能性を探ったのである。たしかに、これまでの支配権力を倒し、新たな革命を継続していくためには、労働者や兵士のソヴィエトという民衆の自発的運動はどうしても不可欠のものであったが、彼らの自然発生性にゆだねていては、従来の支配者の暴力的抑圧にも海外からの侵略や戦争に対しても対応できるものではなく、さらに当時のロシアの圧倒的多数を占めていた農民層との利害の調停をするのは、きわめて困難な課題であり、そのためにはボリシェヴィキという一枚岩的な党組織が必要だとレーニンは考えたのである。

その意味では、レーニンをはじめとして「ボリシェヴィキは、決して、自主統治を信奉するものではなかった」のであり、「ボリシェヴィキは党の綱領および戦術からして中央集権的であることを確信している」組織であった。だから、「すべての権力をソヴィエトへ」というスローガンはこれまでの民主主義的組織原理を美化して、それを守ればいいという立場を取らなかった。それどころか「評議会が革命の何らかの自己目的であるといった盲目的信仰」を一切持たず、問題は「どの階級がソヴィエトを代表するのかが肝心なのだ」という方向に進行したのであった（Anweiler 1958: 206）。その意味では、「評議会を民主主義のラディカルな形態だというレーニンの理論は、ボリシェヴィキ党の道具的機関としてのソヴィエトの実践的役割と結びついていたのである」（Anweiler 1958: 206）。

以上のようなロシア革命の歴史的過程からすれば、アーレントの立場が見えてくる。アーレントによれば、パリ・コミューンに熱狂したマルクスとロシア革命におけるソヴィエトの成立という事態に興奮したレーニンは、ともに、その後、この運動が内包していた意味を汲み尽くさぬままに、革命による新たな権力支配の構図を求めたのだという。

アーレントによれば、マルクスは「フランス革命が自由の創設に失敗したのは、それが社会問題の解決に失敗した」（OR p.93. 52）と考えたために、これ以降、「自由と貧困は両立しない」と結論付け、大衆の貧困をてこに革命を進めていくことが自由を求める放棄につながると考えたという。これは、彼が政治経済学という近代的観点から政治と経済の融合的な関係を見て取ったので、「貧困そのものは自然的現象ではなく政治的現象であり、稀少性の結果ではなくて暴力と暴虐の結果そのものである」（OR p.95. 53）と考えて経済的貧困からの解放が自由への道とつながると考えたという。こうして貧困という生命の必要性・必然性のくびきから解放すれば「自由が必然から生まれる」という哲学的認識とつながったという。

この主張は複雑な問題をはらんでいる。一方で、他者との対等な協力と活動による政治的経験という意味での自由が可能になるためには、アーレント自身が述べているように、生活が安定し、自分らしくいられるためのプライヴァシーが確保される（「私的所有」の確保）ことは、他者との積極的共存のための絶対的前提といってよい。近代の労働者は、封建的な身分による農奴的状態からは解放されたかもしれないが、この私的所有を奪われ、貧困と隷従との二重の苦しみにあった。マルクスの言うとおり、身分的解放は生産手段を奪われることと結びついていたから、身分からの解放は生産手段からの解放、すなわち、その剥奪であり、賃金奴隷という新しい隷属状態に結びついていた。そのうえ、マルクスが『資本論』で怒りを込めて書いたように、労働者たちの過酷な労働条件、低賃金は悲惨の極みであったために、生存のための必要性に迫られて労働者たちが立ち上がる力の強さは疑いのないものであった。そのような労働者の惨状や窮状が資本主義的生産関係に起因することは明らかであるならば、そのような経済的諸関係の変革を目指すのはむしろ当然であろう。その意味で言うならば、貧困の問題の解決の方法については、技術的革新による進歩以外にはほとんどまったく問題にしないアーレント自身の問題が問われるべきかもしれない[57]。

しかし他方で、自由の問題を物質的豊かさの上昇によって自動的に実現されるかのように考える資本主義および社会主義の両方の形態は、結果的に、アーレントの言う意味での「政治」という人間の根本的経験の必要性をないがしろにしていることは疑いもない。アーレントは、『人間の条件』のなかで、単なる豊かさの達成、あるいは政治の「安定性、安全性、生産性」のためには、僭主政治のように、「市民を公的領域から追放し、市民は私的な仕事に専念し」、「支配者のみが公的問題に従事すべきである」（HC p.350, 221）とした方が物事の達成には有効であることがあるとさえも公言している。古代ギリシアにおいては、ペイシストラトスに代表されるように、彼は「何事につけて情け深く穏健である」政治的態度を取り、一人のリーダーの下に民衆が「一体となった多数」many in one となって安定していたというのである。

戦後民主主義への定着が確実と見えた西欧社会はもちろん、「民主主義」を国是として豪語してきた米国においても、トランプの登場に象徴されるように、民衆が政治の主人公ではなく、自分こそが民衆の意向を汲んでいるとして強権的で独裁的な指導者が選挙で堂々と選ばれる時代が一挙に世界中で見られるようになった。今日、民衆が安定して物質的利益の確保を勝ち取るには、独裁者、僭主でも構わないという風潮がまたたく間に急速な影響力を増やす状況下で、「政治的自由」とは何か、他者を認め合うことを通じての協同の話し合いや活動の意味は何であるのかという政治の根本的な存立意義が、今日ほど先鋭に問われている時はないといってよい。とりわけて、現代中国が、天安門事件にかかわり「私には敵はいない、憎しみもない」と言いきった劉暁波[58]を徹底的に弾圧したように、言論の自由を求める存在への容赦なき抑え込みによって、絶対的貧困は克服したという「小康社会」の実現を豪語する時代に至って、中国社会主義の理念が政治的意味での自由にあるのではないとしたことは象徴的である。トランプにおいても、習近平においても、国家内部の生産力の増大、国富の増大こそが政治の目的であるという点に区別がなくなっている。二一世紀に現れた顕著な特徴は、豊かさが達成されれば、自由はおのずと獲得されるとするオプティミズムを持ちうる時代が消えさったという事態である。

その意味で言うなら、経済的な発展、生産関係の変更の従属関数のように自由の問題を自動的な過程として捉えることはできない以上、政治的自由の追求の独自の確保がなされなければならないのである。マルクスがパリ・コミューンにおいて、生産の担い手である労働者が政治権力を自ら獲得すれば、自由がおのずと達成されるという考えを持っていたかどうかは分からない。なるほど、国家の支配権力をプロレタリアートが確立することは国民国家の権力を新たに確立するためには重要だったかもしれないが、それがアーレントの言う意味での「政治的自由」に直結するかどうかは大いに疑わしいことであることも事実であろう。

他面からいえば、アーレントのいうように評議会制度を維持し続けさえすれば、支配権力関係や統治上の他の諸問題もうまくいくという風に楽天視できないことは間違いないだろう。国民国家が現実の世界の政治機構の原理となっている現代では、まずさしあたってのあらゆる政治権力の新たな形成は、外国からの干渉や侵入を防ぎ、国内の敵対する政治勢力の暴力的な行動に対して、国民国家内の政治的安定を勝ち取っていくことがどうしても必要である。さまざまな政治的利害対立の中での政党制の登場は近代国民国家の成立と深く結びついている。そのことは、アーレント自身も認めているといってよい。ロシア革命の考察をしながら、アーレントは「政党制のみごとな成功と評議会制度のそれに劣らぬ失敗はともに、国民国家の勃興のゆえなのである」(OR p.396, 239)と、国民国家という近代のあり方そのものが問題の根底にあることを承認している。

国民国家が政党制を前提にして、国民の経済的生活の安全と安定、国際関係の中での強国的地位の確保によって、国民の支持を得ようとする構造が存在する限り、また、そのような要求が現実性をもって存続するかぎり、人々の政治的自由を目的とし、人々の主権者としての誇りを回復し、作り上げていくという課題は、背景に退かされがちになってしまう。こうした現実は、マルクスやレーニンの権力奪取欲によるものというよりも、国民国家間の経済的競争と主導権争いに国民が翻弄されざるを得なかった歴史的事情抜きには理解できないであろう。

だからこそ、アーレントが評議会運動にかけた希望と期待を逆に吟味していく必要がある。旧来の権力支配が人々の信頼を失っている今日、民衆がその中に入り込んで、自らが「統治参加者」であるという経験は、どのように可能であるのだろうか。そもそも、マルクスやレーニンが共感しながらも、結局、わきに置いてしまったものとは何か。それは既成の権力が政治的権威や支配力を失った時に、民衆が示した驚くべき程の自発性と積極性であった。

これまでの支配権力が民衆を裏切ったり、抑圧したりした場合、民衆の自発的な動きが急速に組織され、根強く、徹底した下からの民主的な運動が組織されることがある。

パリ・コミューンから約七〇年後、統治支配者たちから市民、民衆が見捨てられた事件が再び、フランスにおいて起きた。ナチス・ドイツのフランス進出に伴って、政府軍のド・ゴール将軍は海外に逃げ、ナチスに融和的政策をとったヴィシー政権が成立し、独ソ不可侵条約という想像を絶する事態によって混乱に陥って、フランス共産党までもがナチスへの抵抗運動を当初躊躇したように、フランスの独立と自由を願う人々が、依拠すべき政治的あるいは軍事的基盤をどこにも持てなくなった中で、下から自発的にレジスタンスを組織せざるを得なくなった時にも、状況は同じであった。市民は、粘り強い、組織的な連携を取りながら戦い続けたのである。そこでは、既成の統一的指導部はなく、やむをえず、下から自発的に組織されたレジスタンス運動は、こうやればうまく組織できるとか、自治のあり方の先例を見ながら組織されたのではなく、人々の創意がコミューンを生み出し、評議会を形成したのである。

問題はこれからである。アーレントは、「政党制と評議会制はほとんど時を同じくしている」のであって「いずれも、一定の領土の住民はすべて公的・政治的領域に参加する資格を持つという、近代の革命的協議の結果だからである。しかし評議会は、政党とちがって、必ず革命そのものを通じて出現しており、活動と秩序の自発的機関として人民から出発したものである」（OR p.429, 263）としている。いいかえれば、評議会とは、近代国家のなかで生まれる中央集権的秩序が民衆の支持を失い、その中で新たな人間の共同のあり方を作りあげようという企てと結びついて下から生まれる運動の産物であった。「評議会の出現は国の政治的・経済的生活の再組織、新しい秩序の樹立と結びついている」（OR p.429, 263）

だからこそ、評議会が、職業的革命家の集団と決定的に異なることは、後者が「評議会を革命的活動のたんなる執行機関にとどめておきたかった」のに対し、評議会は「国の公的問題に全市民が直接参加することを望んでいた」（OR p.418, 255）ことにある。

評議会が存続するかぎり、疑いもなく、「各人は自分自身の活動領域を見出し、いわば、その日の出来事に対する自分の貢献を自分の眼でながめることができた」（OR p.418, 255）のである。

Ⅱ　評議会と民主主義――ローザ・ルクセンブルク

この点で、もっとも注目すべき議論にローザ・ルクセンブルクのロシア革命についての評価がある。アーレントのローザ・ルクセンブルクへの深い信頼は、『暗い時代の人々』に収められたローザ論に鮮明に表われている。ローザは、世紀転換期の頃に社会民主党ＳＰＤが社会主義政党として革新的な政党であると期待していたが、帝国主義諸国間の互いの勢力拡大をめざす戦争への道に協力に向かっていったこの政党に失望するとともに、ベルンシュタインの理論、つまり、資本主義の発展により、労働者階級の生活が大きく改善されて、中産階層が増大しており、だから革命は不要であり、不可能であるとする考えにも強い批判を持った。そして、ベルンシュタインが、このような中産階級を「経済的に健康でまっとうであるだけでなく、道義的・精神的にもまっとうだ」（MDT p.83, 50）とする考え方にも断固として批判的であった。そもそも、賃労働者である限り、企業に雇用される（＝資本家に雇用される）ということはその企業の利潤増大への道具として使われるのが労働者であるということであり、その命令の下に動かなければ解雇されて、明日の生活の可能性もなくなるという意味では、その根源的奴隷状態は何もその本質を変えることはない。その労働者が自らの自発性と創造性を絶対的に制限される限り、そこに「道義的・精神的に」まっとうで健康だということがどうして言いうるのか。

ローザは、当時のマルクス主義的な革命論において貧困と経済的危機に革命の発生の可能性を求めようとする理論にも批判的な態度を取ったことをも示したという。[59] つまり、一方では、当時、ドイツの社会民主党はその支援する労働組合を通じて、ドイツ国内の政治的・経済的影響を増大して、「国家内的国家」を形成しうるに至り、もはやそれで足れりとするベルンシュタイン流の「豊か」な国になったとする理論を、彼女は批判した。ローザが『資本蓄積論』において指摘したように、資本主義国はたえず、その外部に搾取の対象を広げ、植民地や非資本主義的な生活空間を資本蓄積の過程に引き込むことによって、結果的には、普通選挙権を与えられた労働者はこの体制の内部に組み入れられていく。その結果、「国家内国家」としての位置を確立するに至ったドイツの労働組合と社会民主党は、事実上、「革命」をもはや必要としない存在になった。

しかし、そのことはこの社会が、人間的で住みやすい世界になったということでは断じてない。ブルジョワジーの文化的・知的退廃はG・グロスの風刺画に典型的に知られるものであり、「黄金の20年代」を謳歌したベルリンに象徴される都市文化は、消費享楽的文化、売春、麻薬、汚職の横行にとどまらず、左右の政治勢力の暴力的な敵対や反ユダヤ主義の横行など、騒然たる雰囲気を生み出していた。そこから生まれる文化の不安感は、表現主義芸術やハイデガーの『存在と時間』に象徴的に表現されていた。この世は何かただならぬ退廃のにおいと不安、享楽に満ちたものといった雰囲気は、「カリガリ博士」などの映画において、その時代を今でも感じ取ることができる。

他方、結果的にナチスの支持拡大につながるこのような世界を根本的に問題ありとしてその変革と強く求める人々は、もちろん、労働者階級に限定されるものではない。知識人や芸術家のみならず、少数民族、女性、性的マイノリティなど、この社会を構成する人々にこの世界のあり方を根本的に変革すべきだと考える人々は少なからずいた。

アーレントによれば、ローザは、そもそも、「ブルジョワ社会から「疎外」されているというだけでなく実際にこの世界を変革したいと望んでいる人々の視点を持った」(MD p.82, 50)という。このような人々は、革命を「理論的必然」として信じていたという人だけでなく、「社会を道徳的な根拠から、すなわち、正義に基づいて耐え難いと考えた」(MD p.83, 50)人々であったという。とりわけ、一九一〇年以降のローザは「社会とのたえざる軋轢」こそが革命的精神の源泉となっていたのであり、「彼女が公的生活と公民的課題、すなわち、世界の運命に対して情熱的に関わった」のは、このような「精神的・道徳的問題」に対してであった。そのような関心からすれば、国民国家内の労働者階級の利益という限定された課題としての革命にではなく、それを乗り越えて、「共和制の問題」こそがローザの中心にあったのだという。

では、この「共和制の問題」とは何か。これこそ、「国の公的問題に全市民が直接参加すること」としての評議会において表現されたものなのである。ローザは、ロシア革命の現実の進行につれて、信頼するレーニンやトロツキーが、民衆の生き生きとした自発的運動の展開の過程に対して批判的となって、ボリシェヴィキによる事実上の独裁へと突き進んでいったことに対して強い批判と危惧を表明した。とりわけて、具体的な対立を示したのは一九一七年一一月の立法議会の解散についてであった。一〇月革命までは立法議会の招集に強い要求を出していたのだが、実際の革命が発生すると、革命のはるか前に選ばれていた立法議会を解散して新しい立法議会をという要求をするのが当然と見えた。ところが、トロツキーは、それまでの立法議会の欠陥から直ちに「一切の立法議会が不必要であるという結論を下し、さらに、この欠陥を一般化して、普通選挙によって生まれた国民代表一般が革命期には無能力である」と結論付けた。これは、「民主主義制度一般のメカニズム」に対して硬直的な考えを持っていることを示している。ローザによれば、「歴史的経験が我々に示しているのは、国民の気分の生きた流れが絶えず議会を洗い、それへ流れ込み、それを左右する」のである。そうでなかったら、どんなブルジョワ議会でも、ときとして、突如、「国民の声」が「新しい精神に活気づいて」(ルクセンブルク 1970: 250) いくというようなことがどうして可能だろうかと問う。「革命こそ、その熱によって、あの微妙な、律動する、敏感な政治的空気を作り出すものであり、この空気の中で国民の気分の波や国民生活の脈拍が、一瞬、議会に不思議な影響力をふるう」のであり、これは歴史的に見ても経験されてきたことである。旧制度の「温和な議会が、突然、革命の、突撃隊の、群衆の英雄的スポークスマンになる」（ルクセンブルク 1970: 251）という過程は、一六四二年のイギリスの議会でも、フランスの三部会でも、ロシアの帝政議会でも見られたものである。だから、トロツキーが批判するような「民主主義制度の鈍重なメカニズム」が大衆の生きた運動とその圧力のうちに「強力な修正装置を有していることを示す」ものなのである。ローザは、こうした反論の上に、トロツキーやレーニンが「発見した薬、つまり、民主主義一般の除去というのは、それが癒すという病気よりももっと悪いものである」（ルクセンブルク 1970: 252）と批判した。

この視点は、ローザとレーニン、とりわけて、トロツキーとの鋭い対照をなす肝心な点であった。労働者がたとえ未来を切り開く中核的な存在だとしても、この労働者、農民、兵士たちは、これまで選挙権さえ与えられてきておらず、自らこの国全体の経済、政治、文化制度などについて十分に学ぶ機会すら与えられてこなかった。民衆が愚民に留まらないためには、民衆自身が互いに学習し、時には利害の異なる人物や集団との論争や対立を通じて、自分の頭で判断し、自分たちで合意を作りうるような経験を積まなければ、当面の支配権力を倒したとしても、再び、次の支配者にその未来を預ける受動的存在であることを乗り越える機会さえない。歴史が教えてきた真実とは、「普通選挙によって生まれた国民代表一般」が、その現実の歴史的ダイナミズムの中で急速に変化しうることもありうるということであった。そうした過程が現実には複雑なジグザグを歩むことがあったとしても、そうした経験こそが民衆に学習を通じて統治の主人公たりうる積極的な主体の可能性を生み出すのである。

そのうえで、ローザは、ソヴィエト政府の反対者にも出版の自由や結社・集会の自由が保障されなければならないという。なぜなら、もし、レーニンが言っているように「ブルジョワ国家は労働者階級弾圧の道具であり、社会主義国家はブルジョワジー弾圧の道具である」とすれば、そうした社会主義国家では、「それでは、逆立ちした資本主義国家のようなものにすぎない」ものになってしまうからである。ブルジョワ的階級支配は全人民の政治的訓練や教育を必要としないが、「プロレタリア独裁にとっては、全人民の政治的訓練や教育が生命の泉であり、空気なのであって、これがなければプロレタリア独裁は存在することができない」（ルクセンブルク 1970: 255）からである。革命そのものの過程が「大衆の最高度の政治的訓練と、政治的自由がなければ断じて不可能な経験の集積を必要とするもの」であり、そのような大衆の政治的経験の蓄積と発展がなければ、社会主義の意味がなくなってしまう。だからこそ「自由はいつも思想を異にするものの自由である」（ルクセンブルク 1970: 256）。「政治的自由が我々を教え、我々を正し、我々を浄める力」を持つのであり、「万一、「自由」が特権にされれば、その働きは失われるのだ」。

これに対して、レーニンやトロツキーが意味したプロレタリア独裁においては、「社会主義革命というのは、その完全な処方箋が革命政党のポケットに入っていて、あとはただエネルギーで実現すればよいという問題」にされてしまっているのだという。[60] しかし、社会主義を経済的、社会的、法的制度として実現するという過程はすでに決まった「処方箋」を適用すればよいといった問題ではなく、「まったく未来の霧に包まれている問題」で無数の問題があるのだから、それらの問題は「経験のみが訂正することができ、新しい道を切り拓くことができる。自由に沸き立つ生命のみが、無数の新しい形式を、即興曲を思いつき、創造的な力を得て自らの一切の失敗を正すことができる」。そのためには、「全民衆がそれに参加しなければならない。そうでなかったら、社会主義は一ダースのインテリによって上から命令され、強制されることになるであろう」（ルクセンブルク 1970: 257）、と述べる。[61]

こうして、「民主主義」とは、民衆自身が歴史の主人公として積極的・自発的に経験し、学んで、決定していく過程として位置づけられる。従来、民衆に過酷な労働を課し、ブルジョワ階級が民衆に民主主義を経験する機会や学習や討論の機会を与えなかったことこそが問題なのであって、それに対してブルジョワ民主主義という言葉を与えられるかもしれない。民衆自身が一歩一歩自分の経験と訓練の中から成長していって、自分たちで自分たちの共同のあり方を学び決定していくことが民主主義なのであって、階級という名前の下で少数の指導者による上からの指令や指導によって実現されるものが社会主義的民主主義と言えるわけがない。

アーレントは、このようなローザ・ルクセンブルクの主張を「共和制」の問題として集約している。その主張は当時のマルクス主義的な潮流の中では理解されず、この「共和制の綱領」の主張はレーニンによって批判されることになった。しかし、まさにこの共和制への執着によって、ローザとアーレントは完全にマルクス主義とは異なる点を持っていたのである。それはあらゆる階層的な違いを認めて、人々が共同で新たな政治の企てに参加すべきこと、それこそ「どんな環境の下でも個人が自由であるだけでなく公的にも自由であることが必要」（MDT p.85, 52）であるということであり、上からの政党の指導によるのではなく、人々の協同から生まれる「自然発生的」運動による相互の経験と討論の中から革命が生まれるものだとする考え、いいかえれば、「国の公的問題に全市民が直接参加すること」（OR p418, 263）と結びついていたのである。

まさにこの点こそが、評議会をめぐるアーレントの評価と深くかかわることである。ローザは、歴史の経験からしても、民衆自身がその闘争の中から、急速に学び創意を生かして新たな変革に向かいうるという固い信念を持っていた。もしそれがないとしたら一体何が社会主義なのかとさえ考えていたかもしれない。ところが、レーニンをはじめとするボリシェヴィキの運動は、このような評議会について、「近代的条件のもとでは人民が公的事柄を直接扱うのは明らかに不可能である以上、このような再生はすべて、悲しいかな、初めから失敗の運命にあったという点で一致している」という考えを持ったという。多くの政党人や共産主義者たちは、「評議会がロマンチックな夢であるかのように眺め、ある種の幻想的なユートピアがほんの一瞬真実となって、いわば、明らかにまだ生活の本当の事実を知らない人々の望みのないロマンチックな渇望を示した」(OR p418, 263)のだと評価してきた。[62]

このようなアーレントの議論には、評議会が持っていた現実的可能性について、それを単なるロマンチックな夢として切り打てて来た政党制の支持者に対しての強い反発が現れている。それでは、ここで現実的可能性とは何か。

アーレントは政治が支配関係に還元されるものだとする思考に強く反発する。「政治の本質は支配関係であり、主たる政治的情念は支配し統治する情念である」という従来の「政治思想の伝統」の「結論が深く誤っているということを言いたいのである」(OR p.436)という。

Ⅲ 「政治」の経験と支配

政治を考える時、私たちはあまりに政党政治あるいは代議制民主主義の考えに慣れ過ぎているので、政党制か評議会制かという「この二つの制度の闘争が、実際にはいつも、政党制の権力の源泉でありその所在地である議会と、自分自身の権力をその代表者に引き渡した人民の闘争であることを忘れがちになる」(OR p.396-7, 239)。

こうして「政治」にかかわる根本的に対立する二つの観念が存在する。一つは、代議制によって政党の支配者たちが民衆を支配する「政治」の観念、上からの中央集権的な「政治」、議会選挙の時にだけ議員に頭を下げられ、選挙結果がでるとともに、民衆自らは政治の具体的な過程から排除されてしまうありかたが一方にある。そこでは、「すべての権力は人民に存する」という古い金言は選挙の日にだけあてはまることになる。もう一つは、権力はできるだけ分散されて存在すべきであり、民衆自身が可能な限り統治の主人公であるべきだという考え方である。その場合、前者、すなわち、政党が考えている「政治」観の中核は、「統治の目的は人民の福祉であり、政治の実態は活動ではなく管理である」(OR p.432)ということにある。

これはどういうことかといえば、評議会がその活動の中心に持っていることは工場や企業を労働者あるいは一般民衆が計画し管理していくことでは決してないということである。経営の専門家でもないものが、企業体の運営管理のすべてを握ることなど非現実的であるし、実際に歴史の事実としてみても、工場の労働者による自主管理はうまくいかなくなるし、ユーゴスラヴィアで試みられたような「労働者自主管理」という企ては、それがまさに労働にかかわるがゆえにさまざまな困難を抱えることになった。[63] アーレントはその点を、たとえば、「労働者階級の願望は実現された。工場は労働者評議会によって経営されるであろう」といった「労働者評議会の形で工場の経営を引き継ごうと」とする試みはすべて「陰鬱な失敗に終わった」と指摘し、このような企ては、「むしろ評議会の政治的願いを打ちくだく」（OR p.433, 266）ことになると、指摘している。これは、「ものの経営の中に活動の要素を持ち込んだことになり、これは実際、混乱をつくりださずにはすまなかった。評議会制に悪名を与えられたのは、まさにこのような失敗するに決まっている企てであった。」（OR p.434, 266）この点に係わっては、政党制にきわめて批判的なアーレントが、むしろ、「政党がもともと寡頭制的構造を持ち専制的構造さえそなえていたから」、国の経済的制度を扱う場合にはかえって、評議会より党機構の方がうまくいく場合があるとさえ述べているのである。むしろ政党は、「政治的目的」のためにはそぐわないものであって、「人民の福祉」を有効に実行するための「管理」にふさわしいものだということ。

そのように考えると、評議会という運動の名前のもとに、アーレントが強く支持してきた「政治」的内容とは何かが改めて明らかになる。その際、アーレントは改めて、自由の根本的性格を論じている。それによれば、「自由は、具体的にわかる現実として存在した時には、いつでも必ず、空間的に限界づけられている」（OR p.434, 267）といって、自由の根本的条件はその空間に「平等」が確立されることだが、平等とは「画一化」でないとすれば、各人の財産を含むさまざまな違いを互いに認めたうえで、ある限られた「空間的限界の内部において」互いが対等で互いの個性と違いを生かした関係にあることを意味する。そしてこのような自由の空間の登場は、「大洋のなかの島か、砂漠の中のオアシス」（OR p.434）のようにかぎられたものかもしれないという。この一見抽象的な議論が何を意味するかは大いに興味を惹くことである。というのも、アーレントは、ここで「エリート」と呼ばれる人々の政治学的な意味を問うからである。現実のさまざまな市民による「評議会」が空間的に形成されたときに、そこで当然運動のイニシアティヴをとる人々も生まれるであろうし、このような人々がある種のエリートと呼ばれるような人々かもしれないが、この人々は、社会的な地位や管理上の役職や業績、賛辞を求めて動く存在ではなく、エリートという人々が多数派の人々とは区別されて存在するのではないものである。むしろそこに参加した人々の全体にかかわるものに「勇気」を持って飛び込む気概を持ち、そうした人々が自ずと、その運動の中に生まれるというだけのものである。近代の政党制には「国民の大部分が政治的問題そのものにおいて明らかに無力で、政治的問題に対する興味も欠けている」（OR p.438, 277）とする考えが含まれかねないという。エリートによる多数派民衆の指導という構図そのものが近代の政党制を基礎にする代議制民主主義の誤りだというのが、アーレントの声を大にして叫びたいことなのである。

この考えは賛成できるし、現代の複雑化し、高度化した社会の仕組みの中での「政治」のあり方を問う根本的問題を提起しているように見える。以上のように「自由」の実現という空間は、決して現実の政治的空間として、制度的に保障されたものではない。とりわけ、近代国家の枠のなかでは、家計のやりくりの延長として国家規模化での国富の拡大、およびそれと深く結びついた国家による「人民の福祉」と生活の安定が大きな共通課題にならざるをえない。そうしたなかで、政府権力がそうした福祉政策やGDPの増大によって国民の支持を得るために行う財政政策が、「政治」政策の中に深く入り込んでしまっている。そのような国家像が定着している中で、アーレントが強調してやまない「自由」の実現というものがどのように存在しうるのかが、具体的に検討されなければならない。

たとえば、アーレントが高くその意義を評価してその経過を注意深く観察していたハンガリー革命の進展を見るならば、その運動の進展におけるほとんどの困難は、「自由の実現」としての評議会そのものに問題があったわけではなく、第二次大戦時にハンガリーがナチス・ドイツ側についたために、戦後処理は事実上のソ連軍占領下ともいっても過言ではないほどの強いソ連の影響のもとで行わなければならなかったことと深く結びついていた[64]。具体的に言えば、ハンガリーの共産党は、絶えず、ソ連共産党の意向と、ハンガリー国民の意向の実現との間で揺れうごいていたのである。現実の歴史的過程としては、ソ連の意向の下でその傀儡的役割を果たしたラコーシ・マチャーシュに対して、民衆に支持されたナジ・イムレが揺れ動きはありつつも、国民の意向を可能な限り実現しようとしたという側面を見逃すわけにはいかないし、ハンガリー革命の過程においても多くの共産党員がその変革に加わったという事実は否定しようがない[65]。国内で、共産党が自主的な変革をしようとしても、ソ連の了解を得なければ、軍事的に制圧されてしまうという極めて現実的な選択が迫られていたのである。したがって、ハンガリーが近代国民国家として存在していた限り、その国家の主権性は、「評議会」という空間的に限定されたハンガリー国内の問題ではありえなかった。

この問題は、一九六八年のチェコスロヴァキアにおける「プラハの春」の改革においても同じであった。ソ連の衛星国としての位置は疑いもないほど強かったが、その管理下にあったあり方を変革しようとしたドプチェクに代表される改革運動はチェコの共産党内部からのものであった。スターリン主義体制の管理の強さを熟知していた市民は、当初、その大胆な改革案の提起にたいして猜疑心を持って眺めていたが、まもなく、その改革の姿勢が本格的なものだと知って、オリンピック金メダリストのチャスラフスカを含む市民による「二千語宣言」に代表されるように、圧倒的な支持の運動を広げた。ここでは、問題は、「政党」かそれとも「自由」の形成かという二者択一ではなく、むしろ、ソ連という外国の軍事的支配との戦いであった。国民国家の中で、「政党」は「自由」の運動に対して敵対的に働くと断言するのは誤りであって、ハンガリーでも、チェコでも、政党と市民の運動は相互に刺激し合う関係としても成り立ちうるのであった。それを不可能にしたのは、国民国家の枠を侵犯するソ連の「帝国」的覇権であった。

したがって、政党対評議会という対置での「管理行政」対「自由の創設」という対立は絶対的なものではなく、米ソ冷戦下という国際関係の圧倒的支配の中で、「自由の創設」がどのような条件において成立し得るかという問いが必要であろう。別の表現で言えば、「管理行政」が政治の圧倒的位置を占めてしまっている今日、「自由の経験」そのものがどのような形で出現しうるのかが問われなければなるまい。アーレントが「評議会」という形で願った「自由」の経験は、どのような次元で成立しうるのかを問うことこそ肝心なことだろう。

第六章　二一世紀の「政治」の可能性と「自分らしくいられる」文化の形成

過去二〇〇年以上にわたって人類がほぼ一貫して求めてきたのは、資本主義経済の持つ巨大な生産力に依拠して、経済的に豊かな社会を作ることだった。しかし、資本主義の圧倒的な生産力は、人間の営み全体をその発展のために手段化するものであった。その最も大きな犠牲とされたものは、人間たちが共同で生きる営みである「政治」の空間を経済発展のために手段へと変容させることであった。フランス革命以降の世界は、それまで「政治」の圏外に見捨てられてきた労働者や農民という民衆に初めて「政治」的空間への門戸を開いたが、それは同時に、民衆を身分的拘束から解放するだけでなく、市場経済に依存させることになった。民衆は、国民国家という経済と統治支配の合体物に自らの経済的な豊かさの基盤の可能性を託することになった。代議制民主主義とは、民衆がそのような国民国家の支配者を選挙で選ぶ形によって、権力を委託する制度であった。世界経済の根本的転換期に入りつつある現在、そのようなシステムは機能不全を起こしつつあり、次の時代へと向かうべき原点を探らねばならなくなっている。

この転換の時代に求められるのは、近代全体を貫いてきた政治と経済の合体としての統治システムをめぐる争いや葛藤から脱却して、もう一度、「政治」の原点に立ち返ることである。それは、民衆が「公的問題にかかわる一切の問題を討論し、意見を交わすこと」(OR p.390, 235)によって、民衆自身が政治の直接の参加者であり当事者であるという経験を新たに作り上げることによってしか可能ではない。政治が民衆のものとなるもっとも重要な条件とは、民衆自身が互いに関心を持ち、議論し、自らがその決定の一員であるという経験が可能な文化を創ることである。

I 戦後世界経済体制の崩壊と「政治」の危機

マルクスが『共産党宣言』によって予言したもののうち、最も問題含みの発言はすでに述べたように、資本主義の発展につれて、あらゆる人々が社会の基本的な二大階級、すなわち、ブルジョワジーとプロレタリアートに収斂していくというものである。そして、その基本をなす二大階級以外の社会のさまざまな階級は、最終的に、消滅していく派生的存在として位置づけられたのであった。たしかに、この議論には一定の妥当性を持つ部分がある。現代に生きる私たちの大半の都市生活者にとっては、生活が商品市場経済に圧倒的に依存してしまっている。自給自足で暮らす可能性が奪われた都市生活者においては、カネがなければ、一気に生存の危機になる。その意味では、中世農民よりもはるかに「私有財産」(私的所有)を奪われた無産階級になっており、この現代資本主義社会への依存は決定的に大きくなっている。

けれども、ここで注意しなければならないのは、市場経済への依存従属という構造そのものが大きな変容を遂げていることだ。とりわけ興味深いのは、グローバル経済化と結びついた金融資本主義の大規模な発展の結果、GAFAやトヨタ、ソニーのようなグローバル資本を除けば、大半の企業の経営は、金融資本家たちの金儲け競争の激化に翻弄され、そうした金融支配の中で、むしろそれに隷属化させられる位置に落ちつつあることだ。天文学的な投資マネーの移動によって、個々の企業の自立的な発展すら不可能になりつつある現代では、かつてなら、資本家＝支配階級として企業を自由に運営しえた経営陣は、今日では、グローバル化した金融資本の巨額の株式買い付けなどによって、経営方針全体にわたって強くコントロールされ、いわば雇われ経営者に近い状況を余儀なくされている。いいかえれば、巨大グローバル企業と天文学的投資金融マネーによって、ほとんどの経営者が市場経済の動向によって翻弄される事態がますます深刻化している。

と同時に、古典的資本主義の時代なら、工業生産品の製造は賃労働者の労働の中核をなしていたが、今では、そうした労働の多くがより安い賃金水準の発展途上国における生産にとって代わられるか、オートメーション化、ＡＩ技術の急速な発展によって不要化されつつあり、生産過程における現場労働者が先進工業国においては不必要化されつつある。たとえば、今日、日本の統計によれば、二〇二一年の労働者総数は六六六七万人のうち、生産工程従事者は、八五八万人しかいない。他方、農林漁業従事者は二〇三万人、事務従事者は一三七八万人、販売従事者が八四二万人、サービス職業従事者八〇五万人、専門的・技術的従事者が一二五五万人、管理的職業従事者は一二九万人だという。[66] つまり、かつて生産手段が資本家に奪われて雇用されることによってしか生存できない人々としてマルクスによって位置づけられた労働者の内容は劇的に変容している。

それだけではない、弁護士のように高度な自立性が保証された職業といえども、世界経済の動向や都市化の進展度合いなどによって収入の安定性はいつでも危機に陥るし、大学教員や研究者のような専門性の高い職業人も、大半が有期雇用契約化が進行しているだけでなく、理科系のように莫大な研究費が必要な職種においては、企業や国家戦略の開発研究費用の交付金額の多寡に、事実上、その研究内容を従属されられている。つまり、グローバル化した世界経済の動向、その中核に存在する投資金融マネーの動向に、大半の人々は、不安定な生活基盤を持つことになっているだけでなく、かつてのブルジョワジーといわれた人々でさえ、もはや安定した基盤を持つ時代ではなくなった。

とはいえ、いつの時代でもそうであるように、世界経済および雇用全体の不安定化＝プレカリ化によって一番打撃を受けるのは、社会の底辺におかれている人々であろう。今回のコロナ・パンデミックによる飲食業従事者やエッセンシャル・ワーカーといわれた人々は、経済活動が全体として収縮していくに従って、極めて深刻な生活基盤の喪失をこうむっている。技能研修生という名目で東南アジアをはじめとする国々から出稼ぎに来ている外国人労働者に至っては、突然の雇い止めによって、まったく生活の基盤を奪われる。彼らの多くは、技能研修先から追い出された瞬間から、働く場所どころか生活の場所さえ奪われ、帰国の道もない。このような身分保障のない外国人労働者の過酷な生活は、米国におけるトランプ政権によるヒスパニック系労働者の排除と差別に象徴されるように、たどり着いた国の政治経済的事情の変化によって一挙に生活の基盤の保障を奪われる。

言うまでもなく、チェルノブイリや福島原発事故で、ある日、突然自分の生活の場所を奪われた人々の生活破壊もやるせない。福島原発および津波による避難民は、最高時一六万人を超え、事故から一〇年たった今でも、約三万六〇〇〇名に上るという。彼らは、たとえ故郷の地へ戻ったとしても、もはや以前のような住民としてのつながりを取り戻すこともできなければ、心を落ち着かせる自然の美しさも取り戻せない。自分が生まれ育って、長い時間を費やして作り上げた生活の基盤を奪われてしまい、もはや、以前の生活に戻ることなどを夢見ることさえかえって悲惨さを増すばかりの人々が圧倒的多数だ。

このように自分が安心して暮らせる生活や労働の場所を奪われてしまった人々、住民相互の自発的なつながり、絆を奪われてしまった人々は「自分らしくいられるためのプライヴァシー」＝「私的所有」private propertyを奪われてしまった。このような「私的所有」の剥奪こそ、非常に奇妙な表現だが、近代の最大の特徴なのかもしれない。

現代が、そのような「私的所有」を奪われた時代だとすれば、それは実に危険な時代に入っているといわざるを得ない。というのも、ある意味で、近代以前の「すべての文明は私的所有の神聖さを基礎にしていた」（HC p.91, 60）からである。この場合、「所有＝財産」とは「世界のなかに自分の居場所が確保されていること」であり、それは、共同体において共に「政治」の営みを持ちうるという保証でもあった。それに対して、カネ＝「富」の蓄積や増大は、その経済的基礎が安定して発展している間だけ、人々に安心感と安定感を与えるのであって、一旦、経済システムが危機に陥ったり崩壊へと進み始めるや否や、その輝きや豊饒さを一気に失う。戦争や恐慌によって貨幣が一瞬にしてその価値を失うことはよく知られているだろう。それは生存と消費をめぐる動物的欲望に対応した価値でしかない。逆に、その生存が危うくなると感じられ始めるや否や、他者との共存という意味での「政治」はまるでなかったように打ち捨てられる。資本主義の繁栄によるカネとしての「富」の蓄積は、こうした意味での「政治」をいつでも見捨て去る危険を持つものである。今日の私たちが陥っている危機とは、このように「私的所有」＝「自分らしくいられるためのプライヴァシー」が奪われつつあることの新たな形での滲出なのである。その意味で言えば、今日の「政治」の危機に対応するために絶対的に求められるのは、新たな形の「私的所有」の確保であり、その基礎の上で新たな「政治」を作り始めることであろう。

Ⅱ　代議制民主主義の危機と自分らしくいられるためのプライヴァシーの破壊

今日の代議制民主主義の危機とは、第二次大戦後の経済体制が全体として機能不全に陥っており、健全な経済成長を保障するシステムが壊れたことに対応して、その上での「合理的」な配分システムがもはや話し合いによっては、容易には解決できないことの表れにほかならない。アーレントは、代議制民主主義が社会の中で機能するための条件として二つの点を挙げている。「一つは、「一国の住民はすべて公的問題に積極的な関心を持つ市民であり」、支持している政党があって、「その政党に代表されている」という幻想」を持つことである。しかも、現実には「たとえ民主主義的であったとしても、政治的に中立で無関心を示す大衆が大半を占める」ことは珍しくない。それは、代議制民主主義への幻想の第二の条件と結びつく。

そこでは、こうした無関心のように見える大衆は「政治的には重要性を持たない存在として、国民の政治生活の背景をなすにとどまる」という幻想が必要だという。つまり「民主主義体制は、住民の中で政治的に非積極的な分子が黙って従ってくれることを当てにしているという意味で、明確に組織された公的な諸機関を頼りにしているだけでなくて、曖昧模糊として統制不可能な大衆を頼りにしている」（OT3 p.13, OTG 504）。

もし、このような幻想が壊れ、政党がそのような住民によって代表されているという意識が消えてしまえば、代議制民主主義よりは、自分たちの願いをかなえてくれると称する特定の独裁的な人物やグループの方に支持が移ってしまい、一気に代議制民主主義の崩壊の危機に向かう。この時、「これまでの各政党の背景にいた無関心な潜在的多数派が、絶望し憎悪を燃やす個人からなる組織されない無構造な大衆へと変容」（OT3 p.18-19, OTG p.509）してしまう。

今日の世界は、代議制民主主義による健全な政権交代などという夢が、瞬く間に消し飛ばされるような状況にあり、プーチン、エルドアン、トランプなど有無を言わさぬ強権的な暴力的支配者が代議制民主主義の中から選ばれ、代議制民主主義を無意味化しつつある。

その上、今日の国民国家相互の世界覇権をめぐる大規模化した戦いが深刻化している中、グローバル化した世界経済の高度に組織化された仕組みとも相まって、中央集権的国家権力の支配力がますます強化されている。再び、帝国主義的な競争と戦争の危機が復活するのではないかという恐怖の中で、私たちは、政治のあり方を根っこから再考しなければならない。

その際に、一番議論の中心に置かれなければならないのは、民衆が政治の主人公としてあるということが、現代世界においてどのように可能なのかという問題である。二〇世紀は、それまで政治的決定の枠外においてきた多くの人々に、政治的参加権を与えた。ヨーロッパや日本のような国々では、多くが二〇世紀の初頭に男性が財産制限のない秘密投票による普通選挙権を獲得し、次いで第二次世界大戦後、女性への参政権の獲得に至って、世界の基本的前提となった。しかし、この普通選挙権の確立は、ある意味で、これまでの政治概念をひっくり返すような問題をはらんでいた。それは、生きるために子育てや家事・労働などで大半の時間を費やさなければならない民衆にとっての政治参加とはどういうことかという問題である。

アーレントが『人間の条件』で繰り返し論じているように、生きていくための生活の必要性に迫られている人々は、その故に「自由」の空間での活動を困難にする要素を抱えている。生きることに迫られている人は自分の生活上の利害を優先させざるを得ず、それ故に、そうした利害を離れて、他者との共存を経験する行為としての「政治」に参加することは極めて困難であることが多いので、こうした庶民の参加は長い間、「政治」から排除されてきたからである。となれば、その困難を可能な限り除去して、さまざまな労働や生活に追われている民衆の参加が実質化され、民衆が政治の主人公でありうるための工夫が行われることが必要である。

代議制民主主義というのは、そうした困難に対応する一つの工夫だとされてきたが、実際には、この代議制民主主義は根本的な限界をはらんでいる。その現実を見ればだれにもわかるように、選挙による代表者の選出ということが政治参加の中心だとするあり方は根本的に限界に達している。その点で、アーレントの民主主義に対する態度は、問題の本質をとらえたきわめて重要なものということができる。というのも、近代に至るまで、民主主義が圧倒的に危険なものとして見られてきた理由を明確にするとともに、それを乗り越える共和政の可能性を明確に提起しているからである。アーレントによれば、伝統的に「民主主義が嫌われたのは公的精神が支配すべきところで、世論（公的意見）が支配するもの考えられる」（OR p.365, 217）からであるという。世論によって民衆が一時的な熱狂の情熱に駆られて動く時には、中国文化大革命における紅衛兵やヒトラーへのドイツ国民の陶酔に見られたように、全員一致が望ましいかのように位置付けられてしまう危険がある。そのような時期には、多様な異なる意見の尊重というあり方そのものが消し去られてしまう。

このような世論による少数意見の圧殺というのが民主主義の宿命ならば、民主主義は暴政に等しいものにもなりかねない。それを防ぐものはないか。それが可能だとすれば、人々が具体的に、顔を合わせながら互いの意見の違いを認め合いつつ、しかも誰かが支配者あるいは支配的意見の立場に立つということなく話し合うという「公的精神」を保持し続ける空間の形成される時である。強大なマス・メディアの影響力、インターネットを通じての新たな形での言論支配の浸透に対抗するためには、大衆がではなく、一人ひとりの市民が、「政治」の主人公として登場して行く可能性を探るしかない。そのような市民の自発的な活動によって新たな「公的精神」の確立を目指すしかない。

とりわけて重要なのは、このような「活動」が下からの自発的運動によって生まれてくることである。およそあらゆる「政治」的運動は、それが古代ギリシア的意味を持つとすれば、この種の運動が自発性に基づくことである。今日ほど高度に組織化された社会においては、政治権力や市場の支配者による上からの強制なくして、組織化が提起されているかのような錯覚を持つが、それらはことごとく、権力支配をめぐる闘争に有効かどうか、利潤の増大に貢献するかによって、根深くコントロールされている。

現代社会においては、都市住民の生活においては、あらゆる社会的活動行為の選択肢は、結局、このような利害関係によって深く結びついており、利潤の増大や政治権力者に有利なことについてはあらゆる仕方で援助が行われる。その極限は、マス・メディアだといっても過言ではない。インターネットの急速な普及は私たちの生活をすっかり変えてしまったが、それがあらゆる形での私たちの日常生活でのプライヴァシーの喪失・剥奪と結びついている。インターネットを媒介にして営まれるあらゆる営みは、権力者によってコントロール可能なものとなっており、本の検索、ビデオの視聴などによって、私たちの内面の営みさえも監視されている。

そのようなインターネットがどれほど便利で有益であったとしても、子どもたちが自然と親しんで、五感を使っての自然との関わりあいである農漁業、林業などに親しむことによって、市場に頼らない生活を人生設計として計画して実現することは、ほとんどまったく不可能であろう。[67] ましてや、コンピューター・ゲームやＳＮＳへの病的な魔力が人間の他者と生きる力と意欲を奪っており、互いの協力によって、苦労しながら新たな生活空間を自力で作り上げることの重要性は、子どもたちには伝わらない。

その意味で、「仮想現実」が多面的で人々の心をつかむものであればあるほど、現実生活においては、どのように人間関係を組織するのか、どのように対立や意見の違いを乗り越えながら人々が協力することが重要なのかといった問題は、まったく背景に退く。現実の生活においては、さまざまな利害関係や上下関係が複雑に絡まって、話し合いやコミュニケーションには、いろいろな点を考慮した配慮ややり取りも求められる。人が顔と顔を合わせての対面で相互に理解し合い、折り合う点を見つけることは、経験と相互のやり取りの文化的蓄積が必要なことが多い。ボタン一つで、一瞬のうちに世界中との関係が作れるという便利さとはまるで違う原理が生身の対面的人間関係においては働くのだが、そうした生きるうえで欠くことのできない生きる技とでもいうべき経験の蓄積は、インターネットによる簡便さと反比例するかのように、ますます減少していく。その結果、都市生活に必要な消費のための商品の購入やそれに伴う生活は、ますます、他者との対面的接触やコミュニケーションを必要とせずに、仮想空間において処理可能になるが、人々はますますその分、孤立していく。一人でも生きられる生活の形成ではなく、一人でしか生きられない生活にどんどん向かう。

こうして市場経済とインターネットを介してのマス・メディアの生活に依存し、さらに財政政策による福祉政策をはじめとする政府自治体権力による決定に大きく依存する現代生活は、かつてのように独裁的な暴力による支配とは違うが、人々が自分の頭で考え、自立した生活をしていくという近代的個人の理念の可能性を確実に奪っていく。

ここにこそ、アーレントが最も強い意味で、「私的所有」の危機の問題を論じた理由の一つがある。マルクス自身が認めていた言葉を使っていうならば、「私的所有」の確保こそ、「自由な個性の必要条件」(マルクス 1964: 596) であるのだが、この「私的所有」が、もっともいびつな形で奪われているのが現代なのである。たしかに、米国、日本、西ヨーロッパ諸国などの諸国が大量の消費物に囲まれた「豊か」な国といわれる条件を持つことは確かだが、これらの豊かさの中核は巨額のカネ、マネー・システムに支えられた消費生活による豊かさである。

今日の都市労働者は、現代流の「豊かさ」のためには、この利潤を生み出す経済システムに依存しながら、その市場において、生き残るための市場価値を持つ労働力として存在しなければならない。突然、交通事故や病気などで働く可能性を奪われれば、その瞬間から直ちに、生存の不安、危機が迫る。あるいは、そうした経済システム自体が、かつての世界恐慌のような危機に陥った瞬間に、生存は誰も保障してくれない。つまり、「板子一枚下は地獄」という、不安定（precarious）で、いつ自分が「不要」な存在として、「社会」から追放されるかもしれないという「不安」にさいなまれながら生きる存在である。このように表面上の豊かさを可能にしてくれる、この経済システムの中に私たちが全面的に取り込まれているという事実自体が、現代の根源的不安の原因である。

そのなかで、雇われなければ生きていけない、あるいは、この市場経済の仕組みの中で何とか暮らしていけるほどの収入を確保しなければ生きていけないという現状こそがまず出発点として認めなければならない現実である。ハーバーマスが「生活世界の植民地化」と名付けたもののなかで描いたのはこのような事態であった。このような現代の生活のなかでは、日々の暮らしそのものが、政治・経済・マスメディアなどの仕組みの中に翻弄される結果となってしまい、近代的な自立した個人などというのは、前近代的な空間においては保証されていた「私的所有」を保持できないがゆえに「絵に描いた餅」のような内容を欠いたものになる。

Ⅲ　住民の「草の根」からの「政治」の形成

マルクスが『共産党宣言』で描いたような意味で、あらゆるものを奪われた労働者というものを想定しての「政治」の形成というのは、歴史的にも論理的にも問題が多い。この点で極めて興味深い方法を提起したものとして、マニュエル・カステルをあげるのが適切だろう。カステルは、主として六八年のフランスをはじめとする学生運動、市民運動の展開を基礎に、現代を考察していく中での「新しい社会運動」としての都市の市民運動の意味を位置づけようとした。スペイン、カスティリア地方における一五二〇年から二二年にかけての都市自治運動を一つの分析の基準にしながら、ルネッサンス期の共同体（コムニダード）で行われた都市市民の反乱運動はカルロス五世の王権に対する自由都市の都市中産階級（事務員、職人、商人など）の反乱として取り組まれたものであった。その運動の主体はブルジョワジーではなく、さまざまな階級によって構成された教養ある都市中間層による市民運動であったことを強調している（カステル 1997: 28）。

この場合、特に注意しなければならないのは、都市とは、単に人々がたくさん集住していることによってそれだけで成り立つものではないことである。そこに集住したものが、そこでの共同の統治や管理などを主体的に担おうとするところから生まれるものであることだ。都市とは、そこに住む市民が、そこでの協同によって自治体を作ろうとする企ての中に生まれてくるものなのである。自らの暮らす都市生活をその市民たちが可能な限り自治したいという願いを基礎に市民運動も生まれるものだが、そこでは、階級が主導的な役割を果たすというよりは、さまざまな階層の市民が、上からの権力支配をしようとする国家の支配者に抵抗する過程で都市市民としての自覚が生まれてくるものである。今日の日本では、各地方自治体は単なる国家の行政上の分割単位にすぎない状況が進行し、自治体も単なる経営体としての財政的自主性を示す組織に過ぎないかのような状況が一般的だが、日本においても戦国時代の堺や平野、富田林のような自治都市は、織田信長をはじめとする戦国武士権力に対抗して自治を守ろうとする確たるまとまりをなす地域であった。商人、僧侶、職人技術者たちが自分たちの自治的生活を守ろうとして、上からの権力支配に抵抗し続けた都市であった。

カステルは、都市に自治を作り上げ、守ろうとするこのような都市住民の市民運動に注目し、これらの都市が自らの自治を発揮しようとして、「都市内部の諸社会階級と諸社会集団との間の内部分裂を乗り越えようとした」（カステル 1997: 41）運動であったことに注目する。そうした記述の中で、特に興味をひくのは、マルクスによってプロレタリアートとブルジョワジーの階級闘争という観点から位置づけられてきたパリ・コミューンそのものに新たな分析の光を当てようとした点にある。

カステルは、アンリ・ルフェーブルの問題意識を基礎に、パリ・コミューンがマルクスの照射したものとはいささか異なる側面を持つ運動であったことを指摘する。ルジェリに従えば、たしかにコミューン参加者は大半が肉体労働に従事する賃労働者であったが、もっとも重要な集団は建設業従事者と冶金業従事者であり、近代の工業プロレタリアートではなかった。したがってコミューンを構成している階層は「職人的作業従事者と都市作業労働者の混合であって、新しい工業プロレタリアートはほんの微々たる構成要素にしかなっていない」（カステル 1997: 46）のだから、この革命を「近代的労働者階級の暴動」として結論付けるよりは、共和政を求める「民衆の革命」として位置づけた方がいいと考える。もう一つの重要な事実は、ルイーズ・ミッシェルに代表される多数の女性たちの参加があったという点である。女性たちは長い歴史の中でその政治的役割を無視されてきたが、パリ・コミューンにおける女性の果たした役割を考えることは重要である。そのような「市民」（シトワイヤン）としての性格は、パリ・コミューンの要求そのものに見られる。彼らが要求したものは、都市に自治の自由を求めることであり、「都市の自由を局地的な市民社会の自治の確立のために用いることができる」

ように「自治都市の革命」（カステル 1997: 52）を求めたのである。

そのように考えてみると、パリ・コミューンにおいて求められたのは、「自治都市の自由」であって「反資本主義的意見の表明」ではなかった。むしろ具体的に要求されていたのは、悪徳高利貸や投機屋などへの抗議に表明された家賃、借家契約、金融貸付に関しての公正な立法措置への要求であったし、なによりもヴェルサイユ政府のパリへの軍隊派遣に対する非難が中心であった。だから「パリ・コミューンは、自らの歴史的意義に気づいていないプロレタリア革命でも社会主義革命でもなく、市政の自由と社会的正義を求め、さらに「旧体制」から共和制を擁護するために闘いを挑んだ一般市民の革命」（カステル 1997: 57）だというのである。

さらに、もう一つ重要なことは、パリ・コミューンこそは「コミューンというモデルを基礎にした国家の再構築」が問題として提起されたという指摘である。「パリ・コミューンにとって都市は、本質的にある特殊な政治文化、すなわち、グラスルーツの民主主義と代議制民主主義とを接合しつつ、諸レベル間の代表者を結びつけることによって国家を再編成する」という市民主義的民主主義の形態であった（カステル 1997: 60）。すなわち、草の根の下からの住民運動、市民運動によって可能な限り民衆による自治を可能にするような政治支配体制を作る必要があるとして企てた運動であって、それが可能になるためには、これまでの国家の支配機構そのものが変更されなければならないという要求であった。

以上のようなカステルの指摘は、ある意味でごく正当なパリ・コミューンに対する評価だということができよう。パリ・コミューンは、たしかに、資本主義的な生産関係の廃絶の要求をする社会主義革命ではなく（そのような要求は、労働者の間には存在したであろうが、当時のパリ市民全体の要求ではありえなかった）、パリの市民を中心とする都市の自治と民主化を要求する運動であった。そのことが意味するのは、パリ・コミューンが、労働者の参加がなかったなどということなどでは決してなく、むしろ、パリ市民のさまざまな階層、とりわけて労働者のみならず、事務職や医師、教師、法律家などが一緒に連帯して変革に向かった運動であって、都市におけるさまざまに異なる諸階層、諸階級の共同の企てであったことだ。

このようなカステルの主張は、じつは、六八年の学生運動が大きく盛り上がった時期に、日本においてもほとんど同じ形で、羽仁五郎によって主張されていた。羽仁は『都市の論理』という著作の中で、戦後自治体運動の進展の中で、革新自治体が東京、大阪、京都などにおいて次々に成立した時期に対応して、「都市」の運動が「家族および地方権力からの解放」を目指して自由の共同の空間を作ろうとする人類の企ての中からできたことを論じる。家族における家父長的支配、あるいは部族支配といったものから自由に共同の広場（古代ギリシアならアゴラといわれた）に集まって、その参加者はまったく対等平等な資格をもって共同体のあり方を考え、話し合い、決定に向かうことができたことの意義を都市の論理としたのである。羽仁は、そもそもフランス革命そのものが「ルネサンスの自由都市共和制において行われたことを全国的に行なった」（羽生 1968: 354）ものだとする説を肯定的に引用して、この視点からパリ・コミューンについて、「従来の国家支配の政治機構が新しい国家政治機構によっておきかえられなければならない」ことを示したものとして位置づけている。つまり、都市の自治を政治の基本として、それを積極的に可能にするような国家のあり方が必要だとする論理を展開したわけである。

このような視点から見るとき、アーレントおよびマルクスの「私的所有」をめぐる根本問題が明らかになってくる。そもそもの出発点に帰って論じるなら、人間にとって「ポリス的動物」、いいかえれば、政治的存在であるということは何を意味するのだろうか。

現在の中国共産党およびその政府の統治に対する動向を見れば見るほど、ある言葉が思い浮かべられる。十八史略に収められている「鼓腹撃壌」（こふくげきじょう）という言葉だ。古代中国の堯帝の時に、民衆が天子はいてもいなくても変わらないと思うほど安心し、人民が政治を行う者の力を意識せずに政治のことを忘れて、たらふく食えて生活に満足し、腹鼓をたたきながら人生を謳歌している状態を統治の最高の形態だとするものである。

中国共産党による中華人民共和国の成立以降、毛沢東の大躍進政策、文化大革命運動などにより、中国は激しい内部闘争と国家的混乱を繰り返してきた。その結果、一九八九年の天安門事件以降、政権に批判的な言論の自由は事実上不可能になり、今日、習近平政権下では、香港の学生をはじめとする若い世代の政治的自由を目指しての活動には厳しい言論弾圧が無慈悲に課せられており、国内の民主化運動への徹底的な弾圧によって、ノーベル平和賞を受賞し、「私には敵はいない」と公言していた劉暁波が事実上、死に追いやられたことと並んで、現代においてはもはや市民の側からの自立的な言論の自由を主張することは不可能になっている。

このような徹底した草の根からの言論の自由の容赦のない弾圧には、先ほど、引用した鼓腹撃壌の思想が流れていると考えるのも当然であろう。すなわち、中国を経済的に豊かな社会に作り上げていくには毛沢東や鄧小平、習近平のような絶対的権力を持つ指導者によって率いられる共産党の下で経済発展に邁進することが必要なのであって、下からの言論批判の自由などは無用だとする思想である。つまり、庶民は毎日の生活に専念して、誰が支配者、指導者であるかなどということを忘れるような状態が一番良い政治だということになる。

実際、かつて、毛沢東の秘書もやり、中国共産党の中央委員も務めた李鋭によれば、天安門事件の後、趙紫陽に代わって総書記の座に就いた江沢民に向かって、鄧小平はこう述べたという。「毛が生きていた時は毛が言えばそれで決まった。私の時は私が言えばそれで決まった。君がいつそうなるか。そうなれば私は安心だ」(李 2013: 249) と。つまり、政治は毛沢東、鄧小平のような「一人が言えばそれで決まる」という「権威主義」によって行われるべきだと考えていたのである。あるいは、歴代王朝の皇帝の新しい形として、毛沢東以降の中国共産党支配が考えられていて、民衆や知識人の下からの批判や抗議はすべて不要で危険であり、反逆とみなされ、統治にとって邪魔なものでしかない。こうして、現代中国においては、事実上、言論の自由はない。

しかし、これと日本は大きく異なるように見えるが本当だろうか。むしろ、これこそ、急速に現代において進展している傾向ではないだろうか。コロナの猛威が振るう中、人々は顔を合わせて話し合うことも自粛を要請され、それに対して国会では、政権政党の統治政策について、野党の質問や反対を受けつけながら、それをテレビや新聞、インターネットの情報を通じて国民は見物して、それについて、マス・メディアのアンケート結果によって動向を探られるだけというような構造が常態化した。これでは市民にとって、「政治」とは、どのような行政が最も適切であるかを傍観者として知らされるという状態として存在することになる。

言い換えれば、今日の日本においては、依然として、国民の多くは事実上、自分たちの支配者を決める儀式として選挙に出かけるのであって、自分たち国民が政治の主権者だという意識はほとんど持ってない。自分たちが政治と統治の主人公であるという意識は、多数とはいえない社会の自覚的市民によって持たれているものにすぎない。

これは、日本の現状を見るならばきわめて当然のことといえる。日本のような長時間労働がまかり通っている社会にあっては、圧倒的な職場では上意下達の仕組みが貫かれており、末端労働者に至れば至るほど、自発的な意見や意志表明をすれば解雇や左遷などの扱いを受ける危険がある。同じく、（教員を含む）公務員も政治的中立の名前の下に、上級組織がいかに不当なことをしても、その強い指示のもとに動かなければならない。そのような企業や公務組織での位階秩序で圧倒的な時間を過ごす国民が、主権者としての自覚をもって街づくりや国・地方自治体の運営に主体的に取り組む条件に乏しいのは当然であろう。その意味では、都市の暮らし方や運営の仕方を民衆が学ぶというのは、資本主義的な支配が貫かれる機構とは異なるきわめて重要な空間であり、機会の場である。

その点で興味深いのは、日本の市民の下からの抗議運動の本格的な盛り上がりの始まりといってよいものであった一九六〇年の安保反対運動だろう。この運動をどう総括するかについては、丸山眞男に対する吉本隆明の論戦をはじめとして実にさまざまな議論が行われたが、いずれにしてもその議論の根底にあるのは、ブルジョワジー対プロレタリアートという形で収斂するとされる階級闘争の問題としてではなく、さまざまな階級や階層、性の違いにもかかわらず、一人ひとりの、国民あるいは市民が安保条約の改定という問題に関して、国会での議論だけには収斂され切らない意思表明を公然とした歴史的経験をどう考えるかという点にある。

実際、それ以降、日本社会には、公害問題をはじめとするさまざまな生活上の問題や公的な問題を通じて、議論する市民というものが公然と姿を現すようになった。その新たな運動の始まりはとりわけて七〇年代以降明確になり、社会学者たちはそれを「新しい社会運動」と名付けた。もっとも重要な点は、そのような運動の高揚が、プロレタリアートの階級闘争という形で総括されることの不可能な運動においてであったということである。その特徴は、フェミニズム運動において現れており、そこでは「個人的なことは政治的なこと」というスローガンが中心に据えられたように、セクシュアルな問題から家族、地域、働き方、性差別や「Black Lives Matter」に象徴される人種差別、さらには地球温暖化への反対運動など、あらゆる生活上の問題が「政治」的問題として取り上げられ、運動として高められている。アーレントがブレヒトへの批判において強調したように、女性や性的マイノリティへの差別、人種あるいは少数民族への差別というものは、法律の制定や経済的改革によって一挙に解決されるものではなく、市民運動や権利獲得運動として絶えず、問題提起し、抗議の声をあげることによってのみ主題化され、それをつうじて市民の道徳意識形成につながる。丸山眞男なら「永久革命としての民主主義」といったであろうような絶えざる企てとしてのみ運動は可能になるのである。

このような多様な政治的運動のほとんどは、マルクスの想定したものとは大きく異なって、資本主義の生産関係、生産手段の所有のあり方をめぐる階級闘争に直接起因する問題として提起されたものではない。しかし、そのような「政治」的問題はその問題の解決に向かおうとすれば、資本主義のシステムそのもの、具体的には、際限のない富の増大を追求しつづける仕組みに対する批判や、基本的改革に向かわざるを得ないであろう。そのような意味で、現代資本主義が抱える多くの問題にも反対や批判の運動が必要であろう。

何よりも重要なことは、雇用され、収入を受け取ることで生活が成り立つ圧倒的多数の市民が、その雇用されているがゆえに声を出すことのできないこの社会で、さまざまな要求を市民として声を上げる運動が、少なくとも資本主義の発達した諸国において始まっているという事実である。

そのうえ、世界の金融資本の横暴なマネー操作が、世界経済を翻弄し、二〇〇八年のリーマンショックをはじめとして、世界の人々の生活をじかに脅かすことになった。こうした金融権力の横暴に対しては、ニューヨークでのウォールストリート「占拠」運動が有名だが、その直前の二〇一一年五月一五日にスペインのマドリードのプエルタ・デル・ソル広場の占拠運動がこのような運動の先駆的意義を持っている。この占拠の日を記念して、一五M運動と呼ばれる市民運動の特徴は、スペインの悪辣な銀行経営破綻やそれに結びついた政治家の構造的な汚職に対して「私たちは政治屋や銀行屋に牛耳られる商品ではないのだ！」というスローガンを叫んだことに象徴されるように、都市における住民や市民生活の破壊に対する抗議運動であったことである。このような市民の下からの運動でとりわけて有名なものにバルセロナを中心に行なわれたPAH（Plataforma de Afectados por la Hipoteca 住宅ローン被害者フォーラム）の運動がある。この運動は、米国のサブプライムローンと同じく、安易に住宅ローンを組ませたスペインの銀行が借金の取り立てを行って、ローンを払えない住民から借金を抱えたままに住宅退去を迫って路頭に迷わせるという事件が頻発して、そのような人々を励ましながら連帯運動をして自治体や銀行と戦いながら生活権を確保するという運動であった。日頃、都市生活のなかで必ずしも日常的なつながりのなかった市民が、互いの生活権を守るために支え合うという「自分らしさのためのプライヴァシー」(=私的所有)を守るための協同の形態は、古代ギリシアには存在しなかったかもしれないが、現代における「活動」(=人間が互いの人間としての存在を支え合うための助け合いと交流)のもっとも重要な営みであろう。つまり、人々が自分の生活空間を自分にふさわしい場所として自ら主人公たりうる可能性を求める運動として、市民として階層や性別、民族などの区別を認め合ったうえで、連帯と協同の活動をするのである。

この運動で最も忘れてはならないことは、この「政治」運動が互いの暮らす場で「顔の見える」人間同士が互いに面と向かっての話し合いをする経験を通じて獲得されるものだということである。人々はアーレントの言葉で言うならば「触知可能な」tangible 関係のなかで生み出される人間同士の交流の経験によって獲得される「協同」性によって、自分がこの世界に責任を感じうるのである。

これこそ、アーレントが「政治」と名付けた「活動」でなくて何であろうか。一人ひとりの人間が、その生きる地点において自らの世界の主人公であり、それを協同の営みを通じて草の根から、つまり、下からの協同を作り上げるところに人間が「ポリス的動物」であることの証があるのではないか。

国家を上からの命令を強制する支配装置としてだけ捉えるなら、それは廃絶するべきだろう。しかし、下からの多様性を可能な限り保証するものとして捉える立場から、国家は上からの支配権を行使するものとしてではなく、逆に、多様性を保証するための「四つの壁」となりうる可能性がある、つまり、自治を保障するかぎりの統一組織において意味がある。複数性とは、そもそも一人ひとりの違いが絶対的に認められている限りでのみ存在するものであるから、統一とは多様性を保証するものでなければならない以上、対立する政治権力を倒して、新たな統一権力を作るという発想がおかしいともいえる。国家とは、その下にある市民社会、市民運動体やさまざまなサークル、クラブ、協会などが多様に平等に存在して共存できる社会となるべきだ。

Ⅳ　異なる人々の共存＝「複数性」としての「政治」——法と市民の自治

このような視点から最も興味深い問題提起をしている思想家に、クロード・ルフォールがいる。ルフォールは、ソ連に象徴される全体主義という問題を、社会主義に好意的で共感的な議論をする人々が真剣に議論できないでいたという問題を正面からとらえて、その問題の根底には、国家権力をこれまでの支配者権力から奪取することによって、そののちには、そうした権力を廃止できるという無根拠な設定があると指摘している。いいかえれば、これまでの抑圧してきた権力が消えたからには、そのもとで抑圧されてきた集団あるいは階級に、その後の人々の間に統一した、あるいは同質的なものが生まれるはずだとする「調和的な社会」が想定されている。現実の人間生活においては、生産、生活、コミュニケーション、思考形態や感覚の仕方の中に無限に多様なあり方があるのに対して、それらが「自発的に調和していく」ような社会のあり方を想定しているのが従来の社会主義運動であったという。このようなユートピア的な社会は、矛盾や葛藤がないかもしれないが、それは人間そのものの姿を裏切るありかたである。人間が他人とさまざまなことで考え方や要求の違いにぶつかり、それが容易には解決されないことは日常的な経験である。そのような違いが、容易に解決されることなど極めて困難だというのは、現実生活で他の人々と交流して行けばごく日常的に経験することである。逆に、自分がそう考えていなくても他の人の説得力のある発言に一時的に考えを変えたり、あるいは熱狂的な激情に駆られてとんでもない意見に賛成してしまうこともありえないことではない。他者との意見の交流は困難を無数に含んでいる。そもそも、自分自身の内部でさえも、状況や人間関係の中で以前とはまるで考え方が違うものに代わることがある。たとえば、ヒトラーに熱中していた時の少なからぬドイツ国民のなかには、個人としてはユダヤ人に差別感を持っていなかったとしても、ヒトラーの魔法にかけるような演説の中で、ユダヤ人排除を受け入れたかもしれない。そうでなくても、ナチスが、一気に失業問題を解決したように見え、第一次世界大戦の敗北によって踏みにじられた人間としての誇りを取り戻してくれたヒトラーを、一部の下品さを感じつつも受け入れてしまったのかもしれない。このような矛盾や不合理は人間の生活のあらゆる次元で現れている。つまり、生きるということは常に、矛盾や不合理と思われるものとの格闘の連続である。

人間は、このような間違いや葛藤、あるいは、軋轢や食い違い、時には憎しみの感情などに翻弄されながらも、他者と共に生きるし、時々の権力者や支配政権との間にも、折り合いのつけにくさを感じ取る。もしそのような葛藤や悩み、市民の側と政権担当者の側に、対立や矛盾がなくなるとしたら、それは自らが考えることを放棄して、権力者か権威に自らをゆだねる時であろう。

このような、自分で表現し、自らの意見を持つという個々人の成立という問題を、近代のもっとも重要な思想的表現として根底に据えることが、ルフォールの前提である。このことを彼はマルクスの『ユダヤ人問題』をめぐる思索の中で何が見逃されたのかを検討する形で論議する。ルフォールの見るところ、マルクスがフランス人権宣言の中に発見できなかったものがある。

第一に、人権宣言が、個人の自由を宣言することによって、人間世界の中に個々の人間が主人公として登場できる可能性を生み出したことである。中世においては、法は王や神に由来するものとして、個々人の上に独立に存在する支配力あるいは規制として存在するものだったが、フランス人権宣言によって「すべての市民は、みずから、またはその代表者によって、その形成に参与する権利をもつ。法律は、保護を与える場合にも、処罰を加える場合にも、すべての者に対して同一でなければならない。すべての市民は、法律の前に平等であるから、その能力にしたがって、かつ、その徳行と才能以外の差別なしに、等しく、すべての位階、地位および公職に就くことができる」とされた。そうであれば、近代法においては、王などの支配者によって上から一方的に法が課せられるものではなくて、個々人が自らの意志の表明によって、その法律の改変の可能性を持つ。たしかにブルジョワジーが支配的位置を占めている場合には、経済的支配を基礎とする土台的力が法律を強く規制して、支配していく危険は常に存在する。しかし、普通選挙権の確立された法治国家である限り、主権者である国民や市民の意志表明をつうじて立法されない限り、法律は、自立的独立的支配力を持ちえない。ブルジョワジーの支配も、いったんは、主権者たる国民の積極的あるいは消極的承認を必要とする。マルクスの場合、そのような法的諸関係は、究極的には、経済的諸関係によって規定されるということになる。しかし、近代社会の理念とは、個々人の自由に基づくそのような法律的関係の支配による社会の形成の可能性を確保しようとするものである。

その意味で、人権宣言の中核には、「自由」と「法」の不可欠な関係に対する記述があることを忘れるわけにはいかない。すなわち、「自由とは、他人を害しないすべてのことをなしうることにある。したがって、各人の自然的諸権利の行使は、社会の他の構成員にこれらと同一の権利の享受を確保すること以外の限界をもたない。これらの限界は、法律によってでなければ定められない」というものである。

いいかえれば、近代の原理である諸個人の自由が、自分とは異なる他の人々との係わりあいの中から作り上げる共同の営みにおいて、暴力による有無をいわせない支配ではない方法こそが法の形成による支配である。そして、それこそ、政治が意味を持つ空間の誕生と深く結びつくものなのである。この法と政治と個人の自由という三つの不可分な関係の確立こそが、近代のもっとも重要な発見であり、成果でもある。アーレントは、『全体主義の起原』から『人間の条件』に至るもっとも重要な思索の時期に「法と権力」と題された草稿の中で、この問題を展開している（KM p.75以下）。この草稿が、彼女のマルクス研究の過程から生まれたという事実を考えると、多くの示唆を与えられる。この断片の最も興味深い点は、権力に関するまったく異なった二つの存在意義についての区別を明らかにして、マルクスが見逃してしまってきた次元に光を当てて、そこから法と権力のより根源的な側面を浮き彫りにしようとしたことにある。

その際に、まず指摘されるのは、法と権力に関するまったく異なった二つの性格を明らかにすることである。その二つとは「一方でわれわれは、権力とは法を守らせるための道具であり、法秩序を実現するための手段であると習う。しかしながら他方で、その法は、権力に対して決して踏み越えてはならない限界、境界線として考えられるのである」（KM p.77）。前者は必要悪であるから、理想的にはなくなった方がよいことにもなろうし、「法を守らせる」という目的のためには、ある種の強制、あるいは、暴力や処罰を手段として認めることになろう。だからこの場合には、「暴力はつねに、法を強制するために必要とされる。」（KM p.80）

ところが、第二の考えによれば、法を「囲い、壁、境界線」として理解し、人間の多様性をその枠の中で認め合い「人々がともに生活して」いることから生まれる権力というものを考える。ここでは、「政治的生活が誕生する領域を囲い込む境界線」（KM p.87）として法が考えられ、そのような人々の共生の中から生まれるものとしての権力が成立してくる。古代ギリシアにおける「都市の存立のための物質的条件は、その周りに防壁があることであった。そして、都市の市民が存立できる政治的条件は、法という防壁であった。」（KM p.87）人間には多様な人々が存在するのだが、その法という「囲い」を整えた時にのみ、人々がその違いにもかかわらず、認め合い共生できるようになるものなのである。というのも、その法の枠内においては、一人ひとりの違いは互いに共同を生み出すための積極的な要素となりうるものであり、互いの違いの相互承認こそが共同体を作る基礎となるからである。

この二つの捉え方が区別されることなく存在しただけでなく、そもそも、「法はあらゆる事柄の王である」とする考え方、法 nomos が「あらゆる出来事にたいして王のごとく支配する秩序」だという考え方が広がるにつれて、人間が法という壁を作ることによって逆に、人間同士が自由の空間を可能にするという考えがなくなってきたとして、近代の自由のための「法」という側面がないがしろにされてきたという。マルクスにおいて支配的な考えはあえて言えば、第一の考えに近いものであり、法というものが他者を支配するための道具として捉えられており、法的秩序が、ブルジョワジーによる経済支配の政治的正当化の手段のように位置付けられ、自由の実現のための法という観念が希薄であったということができよう。

つまり、近代の人権宣言以降成立してきた憲法体制は、その意味で、一方でブルジョワジーの支配の正当化の側面を持っているが、他方では、市民としての個々人が、従来の身分的拘束から解放されて、自発的に他の人々に働きかけながら、権力に抵抗したり、新たな法律を作るべく戦う可能性を作りうるものである。たしかに、近代市民社会は、自らの私的利害にのみ関心を持つエゴイスティックな存在を作り出したが、同時にそこから人々の下からの横のつながりを作り、上からの支配に対抗する意見の交流、コミュニケーションを可能にするようになった。つまり、普通選挙権の確立と民主主義法制度のおかげで、手間と時間がかかるとはいえ、下からの運動によって新たな法を作り、権力そのものを拘束する可能性すら生み出したのである。この法制度は、中世以前の法とは異なって、神に根拠づけられた民衆の運動を超越した支配力ではなく、民衆自身が自ら、不当な支配を正当化する法に抗議し、新たに、共存のためのルールを作り上げる道を拓いたのである。

人権宣言によって確立された個人の自由は、一方ではナチスの全体主義支配をも肯定しかねないが、他方で、横のつながりを通じて権力に対する批判的運動を組織し、新たな法環境を作ることも可能にしている。ＬＧＢＴＱへの社会的偏見に対しての戦いや同性婚合法化の動きは、これまで黙殺されてきたマイノリティの権利の獲得に向けての大きな動きであり、ＢＬＭ（Black Lives Matter）は公民権法による法的権利保証にもかかわらず、容易には克服されない人種差別の実態への告発とそれへ反対する市民運動が恒常的に必要であることを提起した。気候温暖化による地球環境の破壊に反対して、若い世代を中心とする運動の進展は、グローバル化した資本主義のあり方そのものへの変革が必要であることを明らかにして、世界的規模での下からの横のつながりの可能性を作りつつある。こうして中世においては神あるいは超越的存在の支配の表現として存在し、近代においてはマルクスによってブルジョワ的支配の正当化の道具として理解された法によって、現代では、他方で、市民の下からの運動による法支配の正当化をめぐる闘技の場 arena としての「政治」の可能性が開かれているのである。

ルフォールは、このような近代における「政治」の可能性を、「人権」の保障という点からとらえ、このような「人権」の保障は、「権力」と「法の脱身体化」によって可能になったという。近代以前においては、王という支配者の人格の存在が法と権力の正当化と結びついていた。王政においては、身体化された権力が法的正当性と結びついていたのに対し、近代的人権の宣言によって、個々人が自らの意見を表明し、他者に伝える権利を獲得したことによって、人々は自らの権利を要求し、それによって存在する既成秩序に対して、いわば別の権利を主張して、「権利の対立」（ルフォール 2017: 29）を表明することができるようになっている。そのような異議申し立ての権利の可能性の登場こそが「政治に対する新たな関係」を生み出しているという。このようなルフォールの議論の中でとりわけ見逃すわけにはいかないのは、ソ連の全体主義支配に対してだけでなく、西側の民主主義的といわれる制度下においても、この種の人権がそのままで保障されるのではなく、人権ゆえに、人々が異なる意見を表明する「権利意識」を持つことが不可欠になるし、また、その権利意識なしには、支配するものとされるものとの間の緊張関係が生まれないという点である（ルフォール 2017:31）。いわば、絶えざる異議申し立てと、それを可能にするような法的措置への運動こそが、現代の政治には不可欠なのである。

このような意味での「政治」の可能性を、マルクスが軽視していたことは事実であろう。フランス人権宣言以降、言論の自由を確立して保証されることによって、そのような法的な保証が「自分自身から発せられ、発言や書きものや思想によって、他者たちと結びつく」可能性を開き、「原理的に権力の権威から逃れた思想、意見、発言、書きもののコミュニケーション」（ルフォール 2017: 18）が可能になる。近代の個人の解放は、人々を私的利害の中にとどめる可能性を持つとともに、逆に私的世界の可能性が、言論の自由によって他者とのつながりを回復するための不可欠な空間を作り上げる可能性を切り開いたのである。現代民主主義は、経済支配によってバラバラにされた孤立の危険性をたえずはらみつつも、言論の自由による新たな他者とのつながりと「政治」の空間を、いわば、「民主主義の発明」として作り出しつつあるといってよい。

V 「話し合い」と「政治」

以上のような「人権」の「権利意識」に基づく「政治」のためにどうしても不可欠なものは、それがどのような文化のありようのなかで醸成されうるかという問題である。それこそ、「話し合い」speech にかかわることである。アーレントは古代ギリシアのポリスでの市民の経験を通じて、アリストテレスに従いながら、「活動と話し合い」の二つだけが政治的であるものだとして、そこに「人間ならではの空間」ta ton anthropon pragmata が生まれるとしたのだが、この「話し合いと活動は、同時的なもの、同等なもの、同格のもの、同種のもの」（HC p.46, 26）だといい、「正しい瞬間に正しい言葉を見つけること」こそ最も「政治的な活動」だとさえ表現している。この不思議な発言と深く結びつくことだが、見逃してはならないことが一つある。

それは、アーレントは古代ギリシアのポリスにおける「活動と話し合い」を強調するのだが、それはけっして統治制度としての民主主義とは結びついていなかったという点である。たとえば、『人間の条件』においては、古代ギリシアの民主主義を論じる際にほとんど必ずと言ってよいほど紹介される「陶片追放」や抽選による公職の選任といった古代ギリシアにおける民主制といわれる時に引用される制度についての議論が一切ないことだ。それに比べて、「話し合い」が最も「政治的」なことであるとして、ポリスにおいては「全市民の中心的関心が互いに語り合うことにあった」（HC p.48, 27）ことを強調している。なにゆえに、この「話し合い」がとくに強調されるのかということこそ、アーレントの独創的な思想を理解するうえで核となるポイントなのである。[68]

これがなぜ重要かといえば、それは、ルフォールの言う「権利意識」の確立なしには、市民の政治意識による「異議申し立て」が生まれないからである。どのように優れた民主主義的な社会であったとしても、その社会が作り上げた法や法制度は、絶えず変動していく社会システムと諸個人の意識変容の中で、無視されたり、看過されたりする危険から自由ではあり得ない。

人種差別や性差別の歴史を見れば、いかにすぐれた法律や司法判決が出たとしても、そうした運動が衰退していくやいなや、いつの間にか、また新たなマイノリティが生み出されてしまう危険性がある。そのような排除されたり、無視されたりする人々が、自らの市民としての権利意識をもち、自分たちが、この世界そのものを構成し作り上げる存在であるという意識を持つことは、この人権意識、あるいは権利意識抜きには不可能である。というのも、誰の心の中にも自分の中に生み出されてくる要求が、「政治」的な共同性を持つものであるかどうかを確信できないものであるからだ。

この点において、アーレントは一つの興味深い例を挙げている。プラトンが奴隷医師と自由市民を扱う医師との区別していることを紹介しながら、奴隷医師の場合には、患者に話しかけることなく医療措置だけをするのに対し、自由市民の場合には「治療を受けるよう説得されたりどこが悪いかを説明してもらう」必要があるのだという。つまり、現代の「説明と同意」informed consent のように、患者と医師の間に医学的知識や経験において違いがあるにもかかわらず、対等な個人として、医師からなぜこの治療が必要か、どのような治療が行われるかについて十分に納得が行き同意できるまで話し合うことが保証される状態であることをもって古代ギリシアにおける自由のあり方が示されるという。というのも、そのような話し合いの場合には「話し合うことと自由の相互関係・相互依存」(KM p.33) が存在していて、その交流を通じて「話し合うことによって、強制的暴力を使うことなく他者に何かをするように説得」することに「政治的自由」の意味が生まれるというのである。医療の現場に「説明と合意」の原則が導入されるまでの間、医者は、治療行為において命令者のように言葉で説明なしで治療を行うことも頻繁に見られたが、それは「現代社会が無言の暴力というやり方にどれほど浸食されているか」ということを考えさせるのだという。

こうして「すべての活動 action は、話し合うことによって、互いに語り合い説得することによって始められ遂行され、終わらせねばならない」ということが保証されてのみ政治的自由が成立する。

このような話し合いの場合、医者の例にあるように、知識や情報について絶対的上位にあるものも、まさに平等が確保されるためには相手に必要な知識・情報を十分に提供しあって、その上でのみ話し合うことによって自由が成立する。このような話し合いの中身について説明は、政治的自由に不可欠な話し合い、あるいは政治的自由である話し合いというものが何であるかを明るみに出す。

何よりもこの話し合いは、一般的言論、たとえば、演説に象徴されるように、一方向的な多数に向けての言論による説明や弁舌であってはならない。それより、古代ギリシアの第一原則は、「顔と顔を突き合わせて」face to face の話し合いでなければならない[69]。なぜ「顔と顔を突き合わせて」の話し合いが必要かといえば、言葉として言い表されたものが、その言語化されていない人間としての態度との関連で見られるからである。言い表されたものは、それが相手への信頼を基礎に語られたものであるか、それとも、言い表された言葉の背後に何かを隠して表現されたものであるかといったことは、そうした顔を見られる関係においては、表情やからだの緊張状態によって複合的にとらえられるし、顔の見える関係においては発せられた言葉の各々の段階において聞き手との間の交流が行われるために、話すこと聞くことの関係が相互の共同作業において形成されていく。その意味で話し合いは本質的に「政治」的行為であるのに対し、一方的あるいは大量のコミュニケーションにおいては、こうした人称的な関係を形成できない。

ハンナ・アーレントは、『人間の条件』の活動の章の冒頭に二つのエピグラムを掲げている。第一のエピグラムは、イサク・ディーネセンの「どんな悲しみも、それを物語にするか、その悲しみについての物語を語れば耐えられる」というものである。そして第二は、ダンテのもので、「どんな活動においても、活動する行為者がまず最初に意図するのは、自分自身の姿を明らかにすることである。それは、必要に迫られたものであろうと自由意志によるものの場合であろうとも同じである。だから、どんな活動行為者も、活動するかぎりは、活動することに喜びを見出している。存在するものは、そのあるがままでありたいと願うし、政治的活動においては行為する人のあるがままの素の姿はより強められるので、……だから、隠されて現れなかったものがはっきりと姿を現すのでなければ、なにも活動しないだろう」というものである。

二つのエピグラムとも、アーレントの思想の中でどのような意味を持つものであるかはあまりくわしく説明されておらず、展開もされていないのだが、アーレントの「活動」概念を象徴する言葉であることは疑う余地がない。ディーネセンの言葉に関していうならば、『暗い時代の人々』におけるディーネセンについての記述のなかで、この言葉をめぐって議論しながら、彼女の作家としての人生と物語ることについての関係が論じられている。それによれば、けっして幸運とはいえない人生のなかで、「物語ることで、定義するという誤りをすることなしに意味を明らかにする、物事のありのままに同意し、それと和解するようになる」(MD p.168, 105) のだから、ディーネセンは「破局が彼女を襲った時に、物語が彼女の生を救った」のだという。そのことによって、彼女の、社会的に個人として、あるいは、作家としてのアイデンティティーを求めたりするのではなく、起きたことを物語にすることで、いわば「運命」として引き受けることが可能になり、現実の世界で生きることに「和解」が可能になるという。

さらに「真理と政治」という論文の中では、ディーネセンのこの言葉を再度取り上げて、現実と物語ることの関係について本質的な記述をしている。現実そのものを捉えることは不可能だろうし、この現実というのは「事実や出来事の総和以上のもの」である。しかし、「存在するものを語る」（レゲイン・タ・エオンタ）というのは、いつでも「物語を語る」（BPF p.357, 261）ことである。人間は、しばしば、深く自分の存在にかかわるものを語ることができない。たとえば、自分が深く愛する人が、ある時、突然、殺人や交通事故で死んだ時、あるいは、自分が最大の辱めや中傷をされた時に受けたりした際の衝撃は、その衝撃ゆえに、物語として語ることができない。自分の苦しみや屈辱感が起きた事件を事実として存立することを可能にしないのだ。しかし、物語るとは、そのような感情の圧倒による事実の拒否から一歩進んで、事実がどのようなものであったかを他者に伝えるようにしていく作業である。それは、「自己の利害から自由になって思考し判断する」（BPF p.358, 262）ことによって、自分とは異なる立場から世界を見て考えてみようとする企てである。言い換えれば、自分にとっての利害関心だけで世界を見ないで、それ以外の者の立場や経験から、同じ世界を描いてみようとする試みでもある。それは自分以外の人間にとって、出来事がどのように見え、判断されるだろうかという政治的企てと同じである。

アーレントは、このような思考のあり方をカントに従って「拡大された思考態度」と名付けているが、そのような「自分が実際には存在しないところに自分の身を置き、自分のアイデンティティを保持したままで考える」（BPF p.327, 241）という企ては、「けっして、誰か他の人であろうとしたり、他の人のように感じようとするかのような感情移入の問題ではない」のだという。一人ひとりは、その人にしか分からない感情に惑溺するのではなく、この世界の出来事で起きたことを語ろうとするのであり、その語りの表現によって、世界の一部を形成したことになる。世界は間違いなく、さまざまな人々のさまざまな出来事とそれによる経験によって作られる。アイヒマンのように、ユダヤ人問題の最終的処理をしようとジェノサイドを推進した人間も、アーレントのように、なぜこのような事態が起きたかを探ろうと思索して生涯を過ごした人物もいる。本来、人間の数だけ、その人の物語があるのだから、それが物語として語られさえするならば、この世界に一つの現実が積み上げられることになる。その時、人々は、この世界と「和解」することができるようになるのだという。

さて、エピグラフの第二のダンテの言葉については、典拠であるダンテの『帝政論』De Monarchia そのものに立ち返ると、見えてくるものがある。この著作では、最初に、「人類全体を統治する世界君主国」が一つのものに秩序付けられていることが必要であると述べられる。この場合の「君主」とは当時、イタリアを混乱させていた教皇派と皇帝派の対立による分裂、反目の状態を乗り越えて、政体が統一的なまとまりをもつ必要があることの表現として想定されているのであろう。特に重要なのは、ダンテにとって、このような君主とは万人に当てはまる共通の事項についてのみ人類を統治するものとして位置づけられており、個々の王国や都市とは区別される普遍的な存在としてあることである。それらの個々の都市国家などはそれ固有の法を作るが、それらの個々のものが、共通の基盤をこの「君主」によって保証される。そのような状態で「人類が最良の状態にあるのは、人類が最も自由な時である」（アリギエーリ 2018: 44）として、そのような人間のもっとも根源的な原理である自由が尊重されているときには、政治的共同体が、各人の多様な存立のありかたのなかで、互いの自由を最大限実現し合えるものとなりうると主張する。そのような中では、アリストテレスの言うように「他のもののためでなく自己自身のために存在する」（アリギエーリ 2018: 46）ものが自由である。その意味で言えば、存在する人々が、そのあるがままの存在を肯定し合いながら、互いに共生している時が最も自由な状態だと言えるだろう。このような「政体は自由を目的とし、人間たちが自己自身のための存在することを目的としている」のだから、政治権力者が市民のために存在し、王が人民のために存在するものでなければならない。「政体に従って生活する人々が立法者のために存在するのではなく、後者が前者のために存在する」（アリギエーリ 2018: 48）。

このような自治都市の自由の理念に基づく時、初めてダンテのエピグラフの意味が明らかになる。もし政体を作る市民、あるいは人民が、自由であるというのなら、その時、自分が生きることを他者に服従させるのではなくて、自分のあるがままの存在をその共同体において示して生きられる。そして、互いが、その多様性、複数性を認め合う「政治」的な共同行為によって、そのような自分のあるがままを可能な限り自由に示し合う時には、その共同体に生きることは喜びとなる。これがダンテの言おうとしたことである。しかし、自治の自由があまりに乏しい私たち現代人は、そのことが何を意味するかさえ理解しにくい。

幸い、アーレントは、そのことをレジスタンスの運動に生きた人々や、評議会の運動の中で示そうとしたのである。すでに述べたように、『過去と未来の間』という論文集に、彼女は「過去と未来の間の裂け目」という難解な序を書いている。この序の書かれた時期は、ちょうどヴェトナム戦争に反対する学生たちの世界的な運動の渦中であった。アーレントは当時アメリカの学生たちの強い関心の対象となった。ブルーエルの伝記によれば、アーレントの『革命について』に係わって、ロサンゼルスのバークレー校では、「「フリー・スピーチ・ムーヴメント」の初期には、アーレントの本とアルベール・カミュの『反抗的人間』とが事実上の必読書だった」（YG p.537, 405）と書かれるほどに学生たちの関心を惹きつけていた。[70] アーレント自身もこの運動の高まりに大いに関心を持ち、この「実に久しぶりに自発的な政治運動」が起こり、若い世代が「断固として活動しようとし、活動に喜びを見出して、自分の努力で物事を変えられるのだという確信を持ったことに心を打たれた」と述べ、それが、「人が公的生活に参加すると、他の場合なら閉ざされたままである人間経験のある次元が開かれてくる」（OV p.198, 203）という意味で一八世紀に「公的幸福」と呼んだものだったと述べている。

その意味で、彼女はこのような運動の燃え上がりにも共感しながら、この運動の意味を明らかにするためにも、ルネ・シャールの「我々の遺産は遺言がないままに残される」という言葉の意味を説明しようとしたのではないだろうか。第二次大戦期、フランスがナチスの侵略に屈服して、自分の国の政治舞台に空白が生じてしまったなかで、それまでの統治という意味での政治には批判も含めて係わる気もなかった市民が、ナチスに抵抗するために自主的な運動を組織する羽目となり、「真空の力に吸い込まれるようにして政治に吸い込まれていくことになった。」（BPF p.13）軍隊も政党も、全国組織もないままに、彼ら自身が、官僚制度も役人も頼るべきものなく、フランスの市民は「行いと言葉によって国のすべての案件を処理することになった」。もちろん、そうした自前のレジスタンスの運動とその中での語り合いは、数年もして日常生活に戻れば消え去ってしまう。政党同士や利害集団のイデオロギー闘争、党派闘争に巻き込まれて戻ってしまうのだ。しかし、このレジスタンスの中では、一人ひとりが知恵を絞ってみんなと話し合い、その自発性に基づいて行為する。そこで見出されたものは、レジスタンスに参加した人が自分を発見したということである。これまでのように、利害や時には自己保存に駆られ、あるいは、他の人とのやりとりなどで自分を「不誠実」だなどと考えたり、「口やかましく人生に懐疑的なふりをする」ようなことはもうしないで、「ありのままで」（BPF p.2.4）いられるのだという。というのは、そのような上からの指示系統、命令系統もあいまいな中で、普通なら「社会がそのメンバーに仮面をかぶるように指定し、個人の側も、社会に対抗して心理的に反応する際に自分で仮面を作り上げるのだが、そうしたあらゆる仮面を脱いでしまい、そうしたありのままの中で、人生で初めて自由が出現を出迎えたのである」（BPF p.2.4）。つまり、そこで、自分たちが「公的空間を創造し始めた」からである。

　このような自由、多様な人々がその平等性を認め合いながら、話し合い、これからの世界のあり方を作ろうと考え運営し始めようとする経験は、人間のもっとも重要な経験なのだが、それは後の世界に、どのようなものであるかを語って伝える「遺言」を持ちえないのだという。こうして歴史の中には、人間の経験の中で、時にそうしたものが登場し、そこに居合わせて、ともに語り合い、活動した人間が「政治」のかけがえのなさを一生にわたってかけがえのない記憶として持つものである。[71] ところが、それが今日のように、政治とは、経済的支配をめぐる権力争いと、その上での統治術のように考える思考が頭の隅にまでこびりついている時代には、「遺言」さえ伝わらない。

　さて、このような「活動と話し合い」の経験の持つ意味は、単に古代ギリシアの経験だけでなく、先述のダンテの著述の中にも明確に感知されるものである。ダンテは、ルネッサンス期フィレンツェの都市国家の実践にかかわりながらも、政治体がそのような自由の経験の場でありうることを強く願っていた。

Ⅵ 「顔の見える」民主主義の再興と「活動と話し合い」の可能性

以上のようなアーレントの「政治」的経験の意味付けを見るならば、「政治」とは、人間が他者とともに、違いのゆえにこそ、逆に他者との平等を保証し合いながら、互いの存在を示し合おうとする営みであり、その営みを通じて人間が他者とともに共存する喜びを持つことである。アーレント自身の言葉で言えば、「私たちの仲間と交流すること、一緒に活動して公的に登場し、自分自身を言葉と行いによって世界に組み入れ、そのことによって人格的なアイデンティティを獲得し維持して、まったく新しいことを始める」(BPF p.359-360, 263)ことが「政治的生活の実際の中身」なのである。

このことと、現代の政治の現実とはどのようにして折り合いがつくのであろうか。現代の現実の政治とは、経済的発展を基軸に据えた国民国家の枠での利害調整であり、誰が国家の中で支配権を獲得するのかを決めるための仕組みである。そして、そのような政治の現実を前にしてほとんどの人は、アーレントの論じる「政治」がどこにあるのかと思うように感じる。

しかし、アーレント自身が、「政治」という言葉のギリシアにおける起源に立ち返って考え、今日、政治と呼ばれているものはむしろ政治ではないと問題提起した原点に立ち返るなら、「政治」の新たな可能性が見えるのではないか。今日、政治と考えられているものは、経済的利害を軸とした利害関係の中で、誰を支配的権力者とするかをめぐって、国民国家の国民の代議制による「民主主義」を「政治」とするものである。それが、二〇世紀の目を背けたくなるような大量破壊とジェノサイド、無差別殺害を引き出してきたとすれば、このような政治が「政治」かと問うのは十分に意味がある。少なくとも、古代ギリシアにおいては、互いの財産所有の違いを越えた次元で人間の平等を保証し合い、その場での人間の平等な交流の意味、語り合い、一緒に「活動」することの喜びをポリスにおける「活動」、すなわち、「政治」と考えたのではないか。同じように、誰を統治支配者とするかをめぐる利害に基づく選挙制度も、民主主義という原理に立ち返って見直す必要があるのではないだろうか。

おそらく、この問題の根底には、王や貴族、あるいは、エリートや巨大な富の所有者が政治を行って、一般庶民はその決定の下に従うべしとする従来の上からの支配を不当とする二〇世紀政治の到達点をどう考えるかという問題がある。と同時に、そこで政治の主体として登場したはずの民衆が、ヒトラーに象徴される独裁的支配を許容し、全体主義支配に自発的に服従したかのような現実の経験をどうとらえ直すのかという問題の考察を求められている。

今日の世界を見るならば、戦後、先進国として経済的繁栄を経験したヨーロッパ諸国や米国、日本などの国民が、自分の国の経済的繁栄の成果を何とか確保し続けたいとばかりに自国利害第一主義に向かい、国民の生命生活の安心と安全を守ると称して、排外主義的ナショナリズムが再び、大手を振って衝突と対立をそそのかし、世界的規模の戦争への道が着々と準備されているといってよい。

この背景には、国家自体が、国家という企業体となって、国富の増大こそが国民の皆さんの豊かさの源泉ですよと言わんばかりに、IT企業やグローバル企業と結びつく形での巨大金融資本に国家が従属させられてしまっていて、「政治」体が「経済政体」Economic Polityとなってしまっているという事態がある。すでに紹介したシュルドン・ウォリンの『株式会社　民主主義』という著作は、この事態を的確に描いている（Wolin 2008）。このウォリンの主張は、アーレントの現代「社会」への批判と「政治」的空間の形成の可能性を問うた貴重な著作である。

巨大企業体がグローバル金融資本と結びつつ「アメリカ株式会社」による「管理経営民主主義」になってしまっているという指摘は米国のみならず、日本や西欧諸国にまで深く巣食っている構造にも当てはまるが、このような指摘は、アーレントの「社会」による「公的領域」の浸食に関する指摘の究極的帰結といいえる。ウォリンはデモクラシーの可能性を、現代統治形態としての現代国家の実情からむしろ切り離して考えるべきだという明確な主張を持っている。デモクラシーを「民衆の自治と参加」という点に限って、現存の統治形態と区別する方が、現代の政治の可能性を探るときには意味があると思われる。

そのような追及とは別に、現代の巨大化した国民国家において、グローバル経済の支配の中で現実の統治制度である代議制民主主義を前提として、すこしでも、民主主義の原理的な形態である直接民主主義を生かす方法はないかをめぐって試みられている企てを検討してみたい。

① ハーバーマスの「協議的民主主義」

その意味では、問題の深刻さを考えさせるのは、ハーバーマスの現代政治に対する捉え方である。ハーバーマスが、後期資本主義において市場の支配が進むにつれて「市民的公共圏」が縮減していくという指摘をしていることはまったくもっともであるが、ハーバーマスの一番の限界は、現代の国民国家の現実の決定過程を重視して、アーレントの「社会」批判を否定し、「政治」的なものに経済的つながりを組み込むことは避けられないという考えに執着していたことであり、その帰結は、最終的には、一九九九年におけるコソボ紛争において、NATO軍によるユーゴ爆撃を肯定する論理を生み出すことになった。

たしかに、ドイツ統一に至る運動やジェンダー平等の運動を見ながら、ハーバーマスは九〇年代以降Zivilgesellschaft〈市民協会〉[72]を強調することによって、結果的に独立的な市民運動、「デモクラシー」の要素を自覚するようになってきた。しかし、やはり、初期ハーバーマスがアーレントをこのように批判した仕組みそのものが問題であり、「公的」な「政治」の空間を、国民国家の利益と結びつく「統治システム」からむしろ相対的に独立させて考えないと、今日の危機には応じることができない。

危機のもっとも深刻な点は、国民国家の統治に有効なものが政治の中核をなすということであり、そこへの有効性に応じて政治が評価されるという近代的思考そのものにある。市民が自ら主権者であることへの自覚を持ちにくい今日において、一番求められるのは、自らの主権性を経験できる運動であり、活動である。その意味で、市民運動に代表される下からの自治と参加の運動こそが「政治」の真髄であって、「統治システム」としての「民主主義政体」の押し付けから相対的に自立した運動として位置づけられるべきであろう。

その意味でアーレントが強調するような「政治」と、統治の正当化のシステムとしての政治の乖離は、現代政治が代議制民主主義を政治原理にして、そこでの利害調整や決定を政治の中身にしていることから生まれる問題である。この問題点を改善できないかと試みられてきた現代政治学の一分野に、

「討議民主主義」、「協議民主主義」deliberative democracy あるいは「熟議民主主義」discursive democracy といわれる分野が存在している。この考え方は、近代を支配している資本主義という経済システムが生み出す自由主義や、国家が積極的に国民を民主主義的に法治国家へと組織していく社会国家的なあり方とは区別されるものだという。

このような試みに多くの示唆が含まれていることは疑いがないが、それが、現代の「政治」の危機に有効かどうかは大いに検討されるべきである。この考え方の代表的提唱者の一人、ハーバーマスによれば、巨大化した市場と政治権力の下で「生活世界の植民地化」が起きてしまうことに対抗して、市民の連帯による新たな社会統合の力が形成されねばならないという。となれば、これは、近代のブルジョワジーによって形成される経済的利害を背景にした「市民社会」bürgerliche Gesellschaft ではなくて、新たな〈市民協会〉Zivilgesellschft とでも名付けるべきものでなければならない。これは「労働市場・資本市場・財貨市場を通じて制御される経済の領域という意味はもはや含まれていない」[73] ものであって「自由な意志に基づく非国家的・非経済的な結合関係」[74] であって、「教会、文化的なサークル、学術団体をはじめとして、独立したメディア、スポーツ団体、レクレーション団体、弁論クラブ、市民フォーラム、市民運動があり、さらには同業組合、政党、労働組合、オールタナティブな施設にまで及ぶ」という。こうした協会あるいは結社 association にあっては、人々はその内部の平等性を基礎にして一緒に話し合い、みんなが協議 deliberation することによって意思を形成していく場なのだという。

いずれにしても、このような「市民協会」あるいは「結社」において、市民が平等な関係のコミュニケーションをつうじて「支配するのではない」が、「行政権力に影響を与えることができる」（ハーバーマス 1994: xxxvi）ものとなりうるというのである。

とはいえ、ハーバーマスの思考の根本的特徴は、討議や協議という政治過程が最終的に国家の「合意」に寄与するという思考から自由になれないことである。「理性」の可能性を信じ、その話し合いを通じて、法治国家の発展に寄与するということが一貫してハーバーマスの問題関心の中核にある。そこには二つの重大な現代的課題が見逃されているといわざるを得ない。

第一には、ハーバーマスは、自由に発言し、自分の意見を表明し、それが公共性を形成しうると考えられる人々を、このようなコミュニケーション組織のメンバーとして自明のものとして想定しているると言わざるを得ない。ところが、今日に巨大化した政治機構、グローバル化した情報と経済の拡大のなかで、自らの発言が政治の決定場面に生かされたとか聴き取られたと思うことのできる人々は圧倒的に少ない。自分たちの声を初めて聴いてくれたと、あらゆる虚偽発言にもかかわらずトランプへの絶対的支持を表明する米国共和党の「岩盤」支持者層のことを「政治」は真剣に考えなければならないのではないか。

第二には、それと深く結びつくものであるが、どれほど自由な話し合いがあったとしても、それが何らかの合意を生み出すものと結びつけられる限り、いつもある種の知の権力構造ともいうべきものに支配されざるを得ないという問題がある。いわば、弁の立つ人がその場にいて、その人が全体の中で適切な、あるいは重大な発言を重ねるうちに、自分の思いの適切な表明を見出しにくい人々の多くは、その影響力の強い人々の意見に、当面は追従していかざるを得ない。とりわけて、話し合いが合意を求められるものであればあるだけ、自分の思いの適切な表現を見出せなければ、支配的な発言に同意せざるを得ない。しかし、利害にかかわるものについて「合意」とはいかなる意味で可能なのか。それは一方の側の他方に対するいやいやながらの妥協以外のものではありえない。妥協を合意というのは、結局、力関係の中での弱者の屈伏の正当化に過ぎない。

ハーバーマスは、「協議的政治の手続きが民主的過程の核心部分をなす」（ハーバーマス 2003: 19）と位置づけ、従来の中央集権的な国家理論とは異なるものを生み出すという。「討議理論」は「経済社会の保護者としての国家という自由主義的概念」と、「国家により制度化された倫理的共同体という共和主義的概念」という二つの要素を取り入れて「審議と議決のための理想的手続きという概念に統合する」（ハーバーマス 2003: 20）という形で、最終的に「合意」に達する契機として「討議的政治」が組み込まれる。

このような視点からすると、「私事第一主義」の市民的態度と政党制による「正当性の取得」という現実政治の構造に対して、「政治的公共圏ができるだけ再活性化されて」「再生された市民層が脱中心化された自己統治の形式によって、官僚制として独立化した国家権力を（ふたたび）手中に収めることができる」（ハーバーマス 2003: 21, 360）という「政治的全体性」の形成が可能であるとされて、現状の統治政治構造が逆に肯定されてしまう。つまり、「政治」は統治のための手段あるいは補助の営みとなってしまう。その場合、討議を重視する理論も「了解過程のより高次の間主観性」を重視するので「議会および議決のために組織された諸機関の内外での議論の場アリーナが形成され」（ハーバーマス 2003: 23, 362）るものとして位置づけられ、それが「合理的な意見形成・意思形成」を促進するといった理論になる。それは、討論を結局のところ、よりよき統治のための手段とする理論だと言わざるを得ない。

こうして「自律的公共圏の社会的基礎としての〈市民協会〉Zivilgesellschaftは、経済的行為システムとも公的行政とも区別されるものとして存在することによって「連帯の持つ社会的統合力」」(ハーバーマス 2003: 23, 363)ものとして自己を維持することができる」(ハーバーマス 2003: 23, 363)が「法媒体を通じて自己を維持することができる」とされて、安定した政治過程の確立に有益なものとして位置づけられるに過ぎない。

せいぜいのところ、「民主的意見形成・意思形成の手続きとコミュニケーション的前提は、法と制定法に拘束された政府と行政の、決定の討議による合理化にとって、最も重要な関門として機能する」(ハーバーマス 2003: 24, 364)と位置づけられてしまう。こうして「民主主義の討議概念」は「全体社会の問題の認識・確定・解決のためのアリーナを政治的公共圏において作り出す、脱中心化された社会」に対応するものとなる。つまりは、政府や国家の統合に「脱中心的」な仕方で貢献するのが「討議」概念ということになる。

② 「討議デモクラシー」の試み

政治というものを、現代の統治システムを最も望ましく機能させるための道具として捉え、現代の代議制議会主義システムの問題点を可能な限り、市民、国民が積極的に参加できるようにしていこうとする試みとして考えるならば「討議デモクラシー」という運動の試みは興味深い。世界で現実の政治過程でのそのような民主主義の内実化の試みとして篠原一の紹介する多くは、民主主義の実体化のためにはどういう企てが行われているかを紹介するものとして、注目に値する（篠原 2012: 235以下）。現状の代議制度は、数年に一度だけ、投票という行動によって代表された専門的政治家を選ぶだけで、残りの時期はいわば、その専門家による議会での決定にゆだねるしかないような仕組みになっており、それが民主主義としては不十分であるというのは当然のことであろう。そこから「討議デモクラシー」という議論が提起された。

篠原一は、人々の話し合いや討議を法と統治国家の枠の中で位置づけようとするハーバーマスの「協議民主主義」の考え方に対するドライゼクらの批判を紹介しながら、現代の代議制の統治システムに市民が「参加」することに民主主義が位置づけられるだけではない政治のあり方を提起する。そのなかで、市民が自分たち自身で話し合い、討論しあうことの意味を強調して、「討議デモクラシー」を紹介する。つまり、「参加デモクラシー」とは区別される意味での「討議デモクラシー」を位置づけ、「参加デモクラシー＋討議デモクラシー」（篠原 2001: 156）の二回路制のデモクラシーが現代の民主主義には必要だという議論を主張している。

篠原は、この二つの回路がどういう関係であるべきかをめぐって、討議や話し合いの結果と政策決定との結びつきがどうであるべきかを問うており、「市民社会での討議により多くの独自性を認めて、直接的効果に比重を置かない」（篠原 2001: 157）流れが九〇年代においては強まっていると指摘している。そう述べたうえで、篠原は、欧米や日本で試みられているさまざまな「討議デモクラシー」を興味深い仕方で紹介している。『市民の政治学』という新書の中で紹介されているのは、「討議性意見調査」DP（Deliberative Poll）、「コンセンサス会議」CC（Consensus Conference）、「計画細胞」Planungszelle、ている運動である。「市民陪審制」citizens' jury と名付けられたもので、ドイツや、米国、日本などでも現実に試みられている運動である。

その代表的なものである「討議性意見調査」DPについて篠原らが紹介したものを簡単に紹介したい。[75] 米国の政治学者J・フィシュキンによって考案されたこの試みは、無作為に抽出された市民（ミニ・パブリクス）を、たとえば、五〇〇名程度選び、その人々は三日とか四日間程度集まって、集中的に討議を行う。さらに顔を突き合わせて十分な検討と話し合いができるように、一〇人程度のグループに分けて話し合いを行う。そして、専門家や政治家などとも討論する機会を設ける。そのうえ、その進行が、閉じられたものにならないように、ローカル・テレビや新聞などで、他の市民、視聴者にもその討議が可能な限り公開され、拡大される。そのような工夫が積み重ねられれば、街頭インタビューによくみられるような態度、すなわち、自分でよく検討した上での意見でなく、マス・メディアの影響などを受けた意見をまるで自分の考えのように受け売りする態度（「非態度」と呼ばれる（篠原 2004:5））によって世論が誘導されるような危険が避けられる。たとえば、死刑制度や青少年犯罪者の収監といった問題に対しては、被害者の悲惨な経験や殺害といったニュースなどの報道が繰り返されると、厳罰化や死刑存続が支配的な見解になりがちだが、犯罪者の人権や教育による更生の実例などを見ることによって、考え方がこの集中的な議論によって変えられていく傾向がさまざまな調査から明らかになったという。

篠原は、このような討議デモクラシーが成り立つ原理として、三つの「討議倫理」がなければならないと紹介している。第一に、「十分な討議ができるように、まず、正確な情報が与えられるだけでなく、異なる立場に立つ人の意見と情報も公平に提供されるよう配慮されなければならない。第二に、政治を効果的に行うようにするためには小規模なグループでなければならず、できれば、グループの構成も固定せず、流動的であることが望ましい。第三に、討議することによって自分の意見を変えることは望ましいことであり、頭数を数えるためだけの議論になってはならない」（篠原 2001: 158）ことだという。これらの指摘は、まったく正当な指摘であると思われるが、このような条件が満たされれば、「討議デモクラシー」は有効に機能するのだろうか。

少なくとも、代議制民主主義がもつ本質的限界はかなりの程度矯正される可能性を持つといえるであろう。今日、複雑化して、高度化した政治課題に対して、市民はこうした工夫によって、必要な情報や他者の見解を得て検討するにふさわしい条件が満たされる。たとえば、原発が現代の技術水準でどれほど危険性があるものなのかを、時には対立する見解を持つ専門家をまねいて説明を受け、その上で生まれてきた疑念や質問に、十分必要な説明や解説、問題点の指摘などを与えられれば、自分のように十分に知識も判断力もない人間は意見など表明しない方がよいという「合理的無知」の態度を取り、民主主義に消極的になる人びとを減らすことは十分に可能だろう。そのうえ、こうした議論に参加した人々が、そこに参加したことが生活上のマイナスにならない程度の必要な日当なども与えられたり、自分たちの議論した内容がマス・メディアを通じて大きく報道される機会を持ったり、そこでの意見が議会で尊重される可能性を持てば、代議制であることの少なからぬ問題点は、解決されたり、縮小されたりするだろう。とりわけて重要なことは、十分な学識経験者や専門家のみが民主主義にふさわしい能力を持つことができるといったエリート主義を突破するきわめて重要な試みだということができる。

しかし、このように積極的に見える試みにもさまざまな問題が内包されている。なかでも興味深い困難は「集団的分極化」という態度の形成にある。自分と価値観が近い人や親しい人の集まりになると、次第に、その周囲の人々と関心や注意を払う点が共通になってしまって、自由にやっているつもりでも、その場の雰囲気が相互に信頼関係が形成されているような場合には、結果的に逆に一定の偏りを持ってしまうという心理的傾向の問題点が生まれる。それは、熟議によって十分に議論しよう、可能な限り主観的な流れにならないようにしようとすれば、そのような注意への関心が共通するがゆえに、逆に集団的分極化が強まる可能性が生まれるのだという。

このような集団心理的傾向は日常的には容易に経験されることであるし、その故に、十分な話し合いのための条件を整え、適切な情報提供をするならば、熟議あるいは討議はもっとも望ましい合意あるいは答えにたどり着くという想定ゆえの「討議デモクラシー」の正当化はいささか疑わしいところがある。あるいは、このような話し合いの方法が結果的に、集団的に決定する際のさまざまな困難を避けるための最良の方法の一つだという意見も、「集団的分極化」という傾向が常に付きまとっている以上は、いささか疑問とせざるを得ない。

とはいえ、サンスティーンが指摘するように、集団的分極化をめぐる実験とフィシュキンの提案するDPの場合には、いくつかの違いがあって、議論の公開性や多面性を保証するための工夫が行われており、とりわけ、討議参加者の合意を求めないという特徴は重要な点である（サンスティーン 2012: 70）。いわば、同調の圧力やほかの社会的圧力を回避するためには合意を避けるというわけである（篠原 2012: 13）。

ただし、このような視点は、しばしば本末転倒した考え方を生む可能性がある。それは、そもそも、このような「討議デモクラシー」という第二の回路の助けを得て、代議制によって、可能な限り民主主義的に統治が行われれば、それでよいのかという根本的な問題である。言い換えれば、「討議デモクラシー」は「代議制」という第一の回路のための補完物としての「第二の回路」でとどまってよいのだろうかという問題である。篠原は、その点に目を配って、「市民社会の側からいえば、あまり直接的な影響力を考えるのではなく、市民社会内部での討議を活発化にし、またそれを制度化することによって、間接的に大きな影響力を及ぼすことの方が大切である」（篠原 2004: 187）と強調している。つまり、第二の回路である「討議デモクラシー」はそれ自体が、価値があるはずである。代議制民主主義のもとで、民主主義はエリート支配を糊塗する言い訳としてのみ「討議デモクラシー」を必要とするのであってはなるまい。代議制民主主義が持つ本質的限界、すなわち、政治を決定するのは国会議員や巨大な統治制度を運営する官僚やそこに動員される知識人やエリートであって、その外側にある民衆市民は「政治」の主人公ではないという問題を乗り越えるには、たんに「討議デモクラシー」では無力ではないのか。

その意味で、同じくＤＰを高く評価するダールの議論には、このような、実験が成り立つ前提への注目があって、このことは見逃すわけにはいかない（ダール 2006: 104 以下）。それは、形式的な民主主義のための制度化をどのように工夫していっても、代議制民主主義を肯定的にとらえていくためには、その実現の前提となる、いわば、前政治的な見えない障害や壁があるということである。

そのことを深く考えさせられるのが、米国におけるトランプ政権の登場であったろう。トランプは、大統領就任以降、自分の政権内部の閣僚たちを自らの政治的見解に追従しないというだけで次々と解任し、司法や上院へも露骨な介入をし、自分のスキャンダルをめぐる問題はすべてフェイク・ニュースだと言い切って、嘘をつくことが何の政治的問題ではないかのような風潮が顕著な政治現象となっていった。それ以降、対立する見解を表明しあって、議論を尽くし、そこから政治的合意を形成するという民主主義の建て前は急速に形骸化していった。そして、二〇二〇年の連邦議会襲撃事件の参加者に象徴されるように、トランプを熱狂的に支持して大統領選での敗北を伝える選挙結果さえも嘘だと信じて、代議制民主主義を破壊するのみならず、事実の尊重すら意味をなくして、民主党対共和党の論戦さえも、問題を明らかにするコミュニケーションとはなりえなくなっている。トランプの大統領選での勝利を信じる支持者が、共和党支持者の多数派を占めているという現状の危機は、近代民主主義の根本的危機を露呈しているといってよい。

もはや、政治の問題は、たんに代議制システムが議会や地域での公正な政治システムとして構築されるかどうかといった次元の事柄ではなくなりつつある。むしろ、言論の自由を保障することなど関心のないような政治権力者が国民の強い支持を得るようになりつつあるのが現実だとすれば、民主主義はどこに立脚すべきかという根本問題を問われている。それではなぜ、現代において顔と顔を突き合わせて、じっくり話し合うというのは必要なのか。この根本問題を解くカギがアーレントの問題の出発点ではなかったのではないか。

Ⅶ　「無用感」を乗り越える「話し合いと活動」

アーレントは、『全体主義の起原』についての長い考察の結論として、ナチスやスターリン体制の中で、人間そのものが「余分」になるという問題について、身の毛もよだつような議論を展開している。これらの全体主義体制は人間社会を作る基礎そのものをこわして、「すべての人間が総じて無用で余分になる」仕組みとなっており、当時でいえば、急速な人口増加や土地を失って故国を失った人々の大量の発生の中では「至る所で無数の人間がどんどん功利主義的な分類によって無用で余分」な存在とされることになった。そうした時代に対応するように、全体主義体制は「強制収容所とガス室」が「過剰人口と〈余分〉の問題のすべての最良の解決策である」（OTG3 p.267, 702）ということにしたかもしれないという。そして、このような形態が今後とも、この全体主義の「解決」を参考にして「凡例」とするかもしれないと警告している。

現代の世界で進行していることは、別の現象形態も見られるとはいえ、そのような事態の進行ではないのか。たとえば、今日の日本を見ると奇妙な事態が生まれつつある。一方では深刻な労働力不足ということが言われているのだが、それは、けっして、日本に、働く労働者がいないわけではない。文字通り、企業が考える採算性と効率という「功利主義的」な基準に従って求められる人材が存在しないということにほかならない。医療や教育の現場を見ればよい。看護師の資格を持つ人は現実に看護労働に従事している人よりはるかに多いのに、それらの多くの人々は過酷な労働条件や長時間労働によって、家庭生活や個人の希望する生活と両立できないために、看護師の仕事を辞めてしまう。医師たちも一人ひとりの患者をじっくり相手にすることのできない程の多人数を担当し疲弊している。

学校の教員も、児童生徒数がどんどん減少しているのに、それを少人数教育実現のチャンスととらえずに、逆に学校の統廃合が進み、教員は過剰負担に疲弊して、教員採用試験希望者の減少が深刻化しているほどだ。まして、全面的なオートメーション化、IT化の進行によって、機械や自動車などの直接的生産のための労働者はどんどん減らされてしまっている。そのうえ、エッセンシャル・ワークと名付けられる介護やケアにかかわる労働者は低賃金化と非正規雇用、外国人労働者の進出などによって、ますます不安定で、低収入な労働条件の下で働くことを余儀なくされている。

そのような雇用条件の急激な変化の中で、若い世代は、自分が本当には必要でない「余分で無用な」存在ではないかという不安から自由になれない。もはや生産の主体は機械やコンピューターであるかのようになり、労働者はその補助作業援助者のようになりつつある。飲食や商品販売の仕事においてさえも、高度な営業戦略のもとに「合理的」とされた接客や販売方法を、厳格にマニュアル化された枠内で、ロボットのようにこなさなければならない。ドローンやAIを駆使したロボットによって、配達業務でさえも、遠くない将来、人間が駆逐されるかもしれない。今や富の拡大のために必要なのは、アーレントの指摘するように、「消費する動物」だけなのかもしれない

このような労働をめぐる急速な構造変化の中で、グローバル化した資本主義競争に貢献できそうなごく一部の人々を除けば、近代を支配してきた「労働」を軸にした生き方によっては、新しい世代は自らを「無用で余分な」存在ではないだろうかという不安から自由になることは難しい。

さらに深刻な事態は、労働時間以外の生活に現れている。インターネットの急速の普及と、そこでのSNSを通じての人間関係の定着は、もはや、同じ場所に顔と顔を突き合わせてのコミュニケー

ションをすることが不要であるかのような生活形態を生み出しつつある。たとえ、直接に会うことがあったとしても、互いにコンピューター・ゲームをしながら雑談したり、スマホを媒介にしてしか話さないような文化を作りつつある。

つまり、生身の身体を持つ五感を使っての交流は、現実の生活から次第に背景に退きつつあるというのが現代の様相である。では、この五感とは何のために必要なのか。このことについて、アーレントは、世界のリアリティにかかわる見逃すわけにはいかない論を展開している。それはこの「世界」というものが、「万人によって見られ、聞かれ、可能な限り広く周知される」形で「現象する」ことによって「現実」reality が形成されるというものだ（HC p.75, 51）。その意味で言うと「世界のリアリティ」は異なる人々によって多様に見られ、聞かれていくように知覚されることによって確立されるものなのである。私たち人間は（ことによれば、他の存在物もそうかもしれないが）、立場や経験の奥行きの違いにもかかわらず、すべての人が同じものに関わっているという経験を通じて、リアリティが生まれるのである。このように他の人が別様に見たり聞いたりされているのだという経験が消失してしまえば、私たちに共通な世界が消失する。そのために、どうしても重要なのは、自分とは違うように見たり感じたりする人々の存在であって、そのような感じ方、見え方の違いを経験していくことこそがこの世界の現実を作っているといえる。

逆の言い方をすれば、もし自分の見方や感じ方と、他の人の見方や感じ方が同じだとすれば、もはや私たちは、他の人々への関心を持つ必要もなく、そうなれば、この世界に生きているということさえも怪しくなる。仮想現実や、夢や想像の世界、文学の世界などが、もし他の人と同じ経験だとすれば、私たちは、そもそも、自分の経験する仮想現実や夢、妄想などが、現実ではないかもしれないと思う必要さえなくなってしまう。現実とは、自分とは異なる人々の別な世界の感じ方を認めることによって生じるものなのだ。

この点で最近の研究は面白い。コロナ・パンデミックによって、人々の直接対面してのコミュニケーションが強く制約されたために、その代替策としてZoomによる会議や話し合いがごく普通になってきている。勤務形態でさえ、もはや在宅でのオンラインでの仕事で済むかのようになりつつある。それでは、このようなIT技術の発展に支えられた「顔の見える」ヴァーチャルな関係によるコミュニケーションが現実の「顔と顔を突き合わせて」のコミュニケーションにとって代わりうるかといえば、そこに問題の性格が見えてくる。「DXは人を幸せにする？」と題された「朝日新聞デジタル版」の記事によれば（朝日新聞 2022）、ウェブ会議では、「定型的で、連絡事項を伝えるだけの会議ならウェブは役割を果たせ」るが、「現在のウェブ会議システムでは、臨場感や、発言者以外の画面に表示されていない参加者の表情やしぐさを読み取ることはでき」ないので、結果的に反対意見を十分にくみ取ることはできないという。それだけでなく、対面式のコミュニケーションで「顔を見ながら会話している時は、きちっと脳反応の周波数で同期現象が見られる」のだが、オンラインでは、そのような同期現象が起こらないという。いいかえると、「何もしないで、黙ってぼーっとしている時と同じ状態」にあり、Zoomなどのオンラインでのコミュニケーションツールは、「脳にとってはコミュニケーションになっていない。何もしていない時と同じだということが、科学的には分か」ったという。同期しないということは、共感状態になく、相手と心と心がつながっていないということになるという。

これこそ、二五〇〇年前に古代ギリシアで、「話し合いと活動」という営みがポリスの中核にあったことの意味であろう。「奴隷や外国人といったポリスの外側におかれた人間はみな言葉を奪われていた aneu logou であった」のだが、もちろん彼らは「話し合いをする言語能力が奪われていたのではなくて、話し合いだけが意味を持ち、すべての市民の関心の中心にあったのが互いに語り合うことにあった生活様式」（HC p.48, 27）に参加できなかったということなのであった。この生き方を可能にする条件にあるものが十分な意味で「ポリス的」存在としての人間なのである。

もちろん、このように顔と顔を合わせての話し合いは、ポリスという直接民主主義の形態を規定する。「活動と話し合いを強調するポリスは市民の数が制限された場合にのみ生き残ることができる」（HC p.66, 43）のである。フィンレイの推定によれば、古代アテナイの都市に暮らす成人市民の数は三万五〇〇〇人から四万人を超えたことはないだろうという。今日でいえば、都心の巨大私立大学のキャンパスで暮らす大学生の数とあまり変わらない。

そうだとすれば、今日のように、国民国家という巨大な組織体が、集合的政治体の基本となり、グローバル化の急速の進展によって、解決すべきものがあまりに手に負えないほどの巨大になっている今日、いかにして、この古代ギリシアで行ったような「活動と話し合い」が可能であろうか。

国民国家が政治と経済の統治の基本的単位として存在しつづけ、そこに代議制や官僚制が存在し続けることをもはや不必要とさせるような次の時代の国家システムや文化の状況が現在見えていない限りにおいては、たしかに、代議制はやむを得ない必要なものかもしれない。しかし、そのままでは、もはやプラトンが言った「人間ならではの領域」が消されていき、その限りでは「世界」が「疎遠なもの」になり、「世界疎外」がひたすら進行することになりかねない、人々が他の人々とともに作る世界が消失しかねない。それは人間にとっての生きる「意味」の深刻な喪失であり、それを防ぐためには、そのような巨大化した現代世界の中で、もう一度、「活動と話し合い」が現実に可能な空間を作り、実現していくしかない。

アーレントは、このことにかかわって、アメリカ革命におけるジェファーソンの発言を引用して述べる。ジェファーソンはローマの大カトーが自らのあらゆる演説を締めくくるにあたって、かならず、「カルタゴは滅ぼされねばならない」Carthago delenda est と述べたという。それは、ローマ帝国が繁栄できるためには、どうしてもカルタゴを滅ぼさなければ、ローマの存立が保障されないという意味であった。それと同じように、アメリカ革命の精神を実現するためにどうしても必要なものは、「郡 counties を区 ward に分割せよ」（OR p.398, 248）ということだと述べたことを強調している。それは、「小共和国」の必要性を強調するものであり、その理由を、そのような小共和国が可能になる単位である「区制」ward system こそが革命の時に輝いた精神、つまり、「自分で活動し、そうすることによって公的な事業に参加している」（OR p.401, 251）ことを日常的に経験可能にさせるからである。いいかえれば、米国の憲法が統治の原理になったとすれば、そのような憲法は結果的には代議制を前提にしているために、「投票箱以外の公的空間を与えず、選挙の日に自分たちの声を聞いてもらう以上の機会も与えない」で公的に「憲法が、人民に現に共和国を担う人間であり、市民として活動するのだという機会を与えなかった」（OR p.404, 253）ことが問題だからである。それはいわば、「隣人が二年に一回ちょっと姿を現すだけの場合には隣人愛の実体がない」のと同様である。だから、肝心なことは「単に選挙の日だけでなく、日々自分は統治参加者である」(OR p.405, 254)と感じさせる条件をととのえることである。

そのような「小共和国」の例として、アーレントはフランス革命での歴史的経験をあげる。革命当時、国民議会の代表者を選び派遣するための正規の人民の団体がなかった事態に対して、四八のコミューンが作られ、それらのほかに「自発的に作られた多くのクラブや協会 societies ——人民協会 sociétés populaires」(OR p.386, 240)が存在していて、決定的な役割を果たしたことを強調している。このような市民の自発的な活動体が作られることこそが「公的精神」を可能にするものであり、「クラブや協会は、この国で自由が実際に姿を現し、市民によって遂行された唯一の場所だった」(OR p.386, 240)というのである。しかも、このような協会の存在は、代議制の結果成立した政治権力者との戦いという側面を持っており、そのような協会においては、思想と言論の自由を守るものである「公的精神」が形成されるのであるから、国家統治を目指すに至る政治権力との大きな違いは、それが「非党派的」(OR p.395, 246)である点なのだ。それに比するなら、政治権力に至った政党あるいは党派 faction こそは、逆に、他の党派や政党の権力をめぐる争いに組み込まれていき、互いの党派の相互の戦いのために、「討論や意見交換、公的事柄についての相互教育や情報教育ではなく、互いにスパイし合い、会員、非会員を問わず密告する」戦いになってしまっていたという。フランス革命におけるジャコバン・クラブの政治的な動きが結果的に「複数政党システムから一党独裁」をいかに生み出していったかの経験は、すでに政党制の深刻な問題点を示しているのだという。つまり、アーレントは、政治権力をどのようにして獲得するかということが政治の目的になってしまう限り、互いの自由な意見の表明と話し合いの可能になる「公的」な場の形成は崩されてしまうと言っているのである。もっとも重要な点は、革命の中で生まれた民衆の自発的な自治システムであるものと、国民国家の内部で機能する政党システムとは、「まったく異なったもの」であってむしろ「互いに矛盾してさえいる」（OR p.396, 247）ことである。

そもそも、フランス革命のときに生まれたコミューン（一八七一年のパリ・コミューンではない）が、結局は、ロベスピエールによって「党」の中に組み込まれようとしたのであり、それと同様に、ロシア革命において生まれたソヴィエトの評議会をボリシェヴィキの党組織は弱体化し、堕落させていった。とすれば、現実の歴史過程が、国民国家を断固たる基盤として、近代の政治・経済・文化制度を運営して生きたとすれば、この評議会、あるいは、協会、ソヴィエトなどと呼ばれたさまざまな運動体は、近代の統治システムとしての「政治」とは必ずしも相性がよくないということになる。

このようなアーレントの主張は、現代政治においても何が必要であるかを明確に論じている。その中核は、市民がいつでも自発的に自分たちの意見を表明し、当の自分たちの住み、暮らす場所での形成者であることを確認できる運動と組織を作ることである。

それは、現状の代議制の統治機構をより有効に機能させるための道具として用いられる類のものでないことは明らかだろう。むしろそれは何よりも、民衆あるいは市民が、互いの違いを承認し合いながら、そこに共に生きて、この「世界」の形成者であることを確認できるようなものでなければならない。それをいくつかの現存する企ての中から探ってみたい。

一つは、篠原一をはじめとする政治学者の提案する「熟議民主主義」ということになるかもしれない。しかし、すでに述べたように、このような熟議民主主義の根本的問題は、それが自治体や国家制度の決定すべき政治あるいは行政的課題の補完機関として位置づけられることであろう。それは何よりも、市民の自発的な運動として始まっているものではなく、現存の統治機構の中に有効に民意と称するものが反映されるための仕組みに堕しかねない。

それに比べるなら、その時々の世界に動きの中で、下から自発的に組織される住民運動や市民運動は、はるかに評議会に近い。それは、篠原らが「ライブリー・ポリティクス」と名付けたような、住民や市民が日々の生活のなかから感じて生み出してくる課題を、その当事者として、「生き生きと」主体的に取り上げていく政治の形態ということになろう。それは現代の生活において、都市生活、環境問題、ジェンダーの問題に象徴されるように、生活空間の共通性が高まってきて、次々と湧き上がる生活問題を共通に課題解決しなければならない時代であるからだ。この生活過程には、マルクスが関心を集中させた「生産過程」だけでなく、「消費過程」や「廃棄過程」、「自然循環過程」（篠原編 1985: 15）といった多面的な生活の全領域が、政治的課題となっている。今日全国的な意味でも広がっている「まちづくり」における市民住民の主体的な関与によって、市民はその町における当事者であり、参加者であるということが確証される。

今日の地球温暖化をめぐる世界規模の市民運動から各地域の小中学校の統廃合問題やごみ処理問題、子ども食堂の問題に至るまで、個人の私的利害を超えてどのような地域、あるいは、自治体、国家を作っていくかをめぐる生活上の議論と運動は今日、階級問題としての処理だけでは解決できない形で多面的に展開されている。

しかも、このような「新しい社会運動」は、そこに参加する人々が原則として、当事者である限りまったく開かれた運動として展開される。さらに、この当事者自体が、地球的規模の問題の広がりを通じて、時には地域の市民あるいは国民レベルの問題では解決できないような広がりを持つ性格さえ起きつつある。すでに、一九七〇年には、福井県で臨海工業地帯の建設に反対して、「健康で福祉を犯す要因にわざわいされない環境を享受しかつこれを支配しうる権利と、将来の世代にのこすべき遺産であるところの自然美を含めた自然資源にあずかる権利」が奪われることへの侵害として、入浜権、静穏権、景観・眺望権、日照権などの権利の保護を訴えた訴訟が行われた。この場合、このような環境権の主張は、近代法の前提となっている私人の経済的利益侵害とは異なるものであって、具体的に特定できる個人の被害では処理できない問題が提起されたのである（佐藤 1982）。

同じように、一九九五年に鹿児島地裁に提訴された「アマミノクロウサギ訴訟」はその象徴かもしれない。一九九〇年代に奄美で展開していったゴルフ場建設をはじめとする観光開発による森林の減少や動植物の生育環境の破壊に対して、アマミノクロウサギやオオトラツグミ、アマミヤマシギなどが、原告となって裁判訴訟が行われた。これは、建設反対運動の訴訟を起こすことのできるものが、環境保護団体だけでは利害の損益にかかわる当事者になれないために、奄美に生息する動物を原告として訴えた裁判訴訟をおこなうことによって、今日の問題が単に、当事者能力を持つ人間だけに限られないことさえも提起したものだった。

このような住民運動や市民運動こそが、一人ひとりがこの地域の当事者であり、主人公であることを実感できるきわめて重要な運動であることは疑いないないし、今日のまちづくり、このような市民の参加によって大きな可能性を持っていることは疑いない。

とはいえ、ここには根本的なもう一つの問題がある。それは、冒頭に論じた、次の世代を担う若者、新たな主人公となる世代の憂慮すべき程の「世界疎外」だ。この場合、「世界疎外」とは、近代の始まり以降、エンクロージャーや教会領地の没収を通じて、人々がこれまで自明のごとく生活のために保障されていると信じていた「財産」、すなわち、生きていくために最低限必要な「市民の家や庭園」(HC p.102, 72) の「垣根」が突然、失われていったことに始まる。この世界に自明のごとく認められていると信じていた自分のこの「世界」での生存の保障が、突然、奪われていったのが近代の始まりである。

たしかに、その後の資本主義の繁栄が、農民から労働者へと変わらざるを得なくなった人々に生産力の増大による「豊かな」消費生活を可能にしたかもしれないが、それは、根本的には、この消費を可能にする雇用を誰かが保証してくれる限りのことになった。グローバル市場競争の激化によって、急速な終身雇用の廃止が進んだ結果、多くの人々は生活の確かさを保証されることがなくなっていき、不安定な生活条件のなかで誰が雇用を確保してくれるという保証のない根源的な不安の中で生きるプレカリアート化が進んでいる。

このような世界の急速なグローバル化と地域社会の崩壊、雇用の不安定化などによって、孤立させられた若者を中心とするあたらしい世代は、自分がこの世界の不可欠で必要な存在であると感じられる基盤を奪われている。このような自分らしさ、自分固有のものが保障されない世界こそ、現代の徹底的に市場経済化された社会である。これに比べれば、中世の農民は、農奴も含めて自分が暮らしていくための生活基盤である「財産」、自分の家と庭、あるいは共有地を持っており、自分たちはこの世界から追い出されてはいなかった。現代人は、この世界の形成者、不可欠な世界の一部という確信を失っている。世界を支配しているのは富、あるいは富の自己増殖の原理だけであり、その一部たりうる限りでのみ、自分の有用性を感じられ、世界との接点を保ちうるのである。

こうして、現代人はもはや、「マルクスの考えたような自己疎外ではなく、世界疎外」(HC p.411. 254) から逃れられなくなってしまった。つまり、この世界を他者と共に生きて世界を作ることが不可欠なことではなくなり、自分たちが共同で作り上げる世界に対する「配慮や世話」(HC p.411. 255) への関心をなくす。もし自分の存在がこの「世界」において不可欠な一部をなす存在だという意味を失い、富の自己増殖過程の一部にかかわりうる限りでのみ意味のあるものになってしまうとすれば、現代は悲劇的な時代であろう。

その意味で言うなら、今日の「政治」を考えるうえで、決定的な困難は、「政治」の前提をなす人々の「世界」へのつながりが崩壊させられてしまっていることだ。つまり、大半の若者は、自分たちが「政治」にとって「無用な」存在であり、「余計な」存在だと思わされる世界に生きているのである。逆に言えば、若者の多数は、この世界の政治など相手にしないで、自分たちの世界だけを作っていけばよいと、政治を無視する。この深刻な現状こそが、「政治」をめぐるあらゆる議論の第一の出発点であり、前提でなければならない。熟議民主主義も含めて、今日の政治の議論においては、政治を成り立たせるための「世界」への関心を失いつつある若者たちの危機に対する関心が希薄であるといわざるを得ない。近代民主主義の理論家たちであったロックやホッブズ以来、彼らの一貫した前提は、「私的所有」を当然の前提として確立している「家長」たち、あるいは、ブルジョワジーを理論の前提としてきたことである。そういう前提から排除されてきた庶民、労働者たちを含めた「政治」の可能性を論じるためには、彼らにとって「政治」が意味あるものとして現れなければならない。

その点で、日本において特に注目に値するのが、「哲学カフェ」という形で全国的に展開されるようになって来た「話し合い」の文化の形成の試みであろう。三浦隆宏はアーレントの政治理論と哲学カフェの関係を探る試みをしているが、その中で、このような哲学カフェの試みが「「私」のなかに「私たち」という感覚をはぐくんでゆく」ことの可能性を見ている（三浦 2020: 146）。今日の日本では、「公的領域」が、「社会」的なものに侵食されてしまっており、そのために、大半の民衆にとっては、公的領域は、単なる政治支配をめぐる権力の闘争の場に移ってしまっている。そのために、アーレントが強く区別した「公的領域」と「私的領域」の間の大きな「深淵」（HC p.57, 35）を乗り越えて、公的領域によじ登る「勇気」の必要さえも感じられない状況にある。

この点に係わって、バウマンの主張するように、ソクラテスの活動の場がアゴラであることに注目して、統治の決定の場としての民会にでなく、それとは区別される活動の空間である話し合いの場に注目することは重要である。市民が決定の場とは区別される空間であるアゴラあるいはカフェのような空間を持ってこそ、「私たち」が形成される場となりうる。これらの哲学カフェやアゴラにおける話し合いの特徴は何かといえば、近代の代議制民主主義が利害の対立を討論という形式を媒介にして決定することにあるのに対して、参加者が対等に自らの意見を表明し、それがその場の参加者に「受けとめられる」[76]という過程そのものに意義が求められる。つまり、話し合いが、互いの存在の独自性と固有性を確認し合い、そのことを協同の場で確認し合う営みになっている。

現代日本においては「社会」の画一性が異常な拘束力を持ってしまっており、各人が自分固有の意見を表明すること自体が反「社会」的な発言行為になってしまう場合が支配的である。現代日本においては、近代的な「社会」制度の名のもとに、各家族、職場、地域のどれもがある種の画一的忖度構造を要求されており、何か自分の心の中から湧き上がる「あるがまま」の関心に基づく話題の提起そのものが事実上きわめて困難になっている。それ故にこそ、各人はある種の所属や属性から自由な空間での話し合いがほとんど不可能になっている。[77]事実、若者の多数は、異なる意見を持つ人との自由な話し合いの空間が成り立つことなど、まったく期待しないほどに、「話し合い」に絶望している。そういう時代においては、公的な「政治」の空間が成り立つためには、まず、諸個人が自分の「自由」を増大し、保護する」空間を確保し、作り上げていくことが必要である。バウマンはそれに対して「アゴラによってエクレシア（政治の場所）を取り戻す」（バウマン 2002: 157）という表現を使っている。公的な「政治」の場所がますます見えにくくなっている今日においては、哲学カフェ、市民運動、自由教育といった、人々の相互の絶対的尊重に基づく話し合いの形成こそが「全体主義」的文化の急速な拡大に対抗する最も重要な企てであろう。自由な「話し合いと活動」の場所の形成こそは、現代世界が当面、それに代わるものを容易には見つけることができないという中で背負うしかない代議制決定組織を、ヒトラーのような全体主義への牽引者に乗っ取られてしまわないための一つのもっとも重要で有効な対策と言えるかもしれない。というのも、そのような「話し合いと活動」によって「ものの数にも入らない」という「無用感」にさいなまれる屈辱感の泥まみれから、次の時代を作る基盤ができるからである。

現代世界は、大きな転換点に直面している。ロシアのウクライナ侵攻に象徴されるように、第二次世界大戦後に形成された世界経済の仕組みも政治構造も、根本的な限界に達しつつある。他方、地球温暖化による環境破壊の危機は、無関心という思考停止を許さなれない段階に達しつつある。現在、私たちに求められているのは、どのような二一世紀のこれからを創るのかという高度に「政治」的問題である。ものは不必要なほどにあふれているが、人間そのものがどこに向かうべきかを、選ばなければならない。過去二〇〇年以上にわたって、人間たちをやみくもに駆り立ててきた経済的な「豊かさ」という目標のために、一切を犠牲にしてきたこれまでの人間のあり方がどこかほかの方向に進みうるかどうかを、経済成長という原理の絶対的支配の中で決めるわけにいかなくなっているのが現代だ。私たちは根底から人間のあり方を考え直すことを求められる時期になっている。そのためには、私たちには、自分の私的利益のためではない、人類の生き残りをめぐる思考が求められており、私たちが共同で語りあい、考えていかなければならない時代に達している。思考と話し合いは、支配の利益のための手段としてではなく、互いが生き残ることができるように、経済の奴隷にならない自立的なものとして再形成されなければならない。今日、「話し合い」としての「政治」が再び形成されなければならない！

あとがき

私は戦後生まれで、民主主義こそ人類歴史の宝だと思って育った。日本が戦争に走ったのも、天皇を頂点とする軍国主義が原因だと考え、平和で戦争をしない国になるためにも民衆こそが政治の主人公でなければならないと信じてきた。

そして、私の青春の時代であった一九六〇年代は、政治の時代ともいうべきものだった。ヴェトナム戦争の深刻化のなかで、学生運動の大きな波が訪れ、東大闘争、日大闘争をはじめとして全国で学生運動が燃えあがった。そのなかで、私たちがこれからどういう世界に生きるべきかを、さまざまな形で議論し合い、話し合って、その記憶が今日に至るまで、自分の生きる意味を作ってきたと思う。しかし、あの時代に何が議論され、学生たちが何を求めていたのかは、今日の世代にどれだけ伝えられているのだろう。

それから二〇年余りの時間を経て、ふたたび、私は大きな政治の波を経験した。ベルリンの壁の開放とそれに続く東欧社会主義諸国の民主化、東西冷戦体制の崩壊であった。一九八九年の一一月一〇日に、私は、東京でたまたま旧東ドイツ出身の友人たちと過ごしていて、壁開放といういっさいの予想を超える事態の展開に、驚きと喜びの中で一緒に乾杯したのを鮮明に覚えている。私は前年の一九八八年に社会主義国であったユーゴスラヴィアとドイツ民主共和国ＤＤＲに滞在する貴重な経験を持った。当時、すでにユーゴにおける内戦もＤＤＲにおける政治変革も十分に予感できる時だったが、実際に生じたのは、予想以上の深刻な内戦の始まりであり、社会主義諸国の政治体制の崩壊であった。

私がアーレントに出会ったのは、東西冷戦体制の思考形態に先が見えなくなっていた時だった。社会主義は対外侵略や戦争に無縁だというマルクス主義的な説明がソ連のアフガニスタン侵略によって一気に瓦解し、思考は、理論やイデオロギーによってではなく、現実に生じている出来事との対話に依拠しなければならないと考えていた時であった。アイヒマン裁判の傍聴を通じて、思考することがユダヤ人へのホロコースト（絶滅政策）のような巨悪を防ぐ可能性を持つものなのかと、思考そのものの限界を問うて、現実への緊張に満ちた接近を企てるアーレントに深く魅入られた。

とはいえ、読者の接近を容易には許さないような難解さを持つ彼女の思索の中核に、市民が互いの違いを超えて抑圧や戦争の中で「活動」するという彼女自身の人生における「自由」の経験が存在しており、それこそが彼女の「政治」という営みだということが十分に理解できるようになったのは最近のことである。おそらくはパリに亡命中、そして、ニューヨークでの厳しい生活の中での彼女自身の「活動」の実際の経験が、彼女の思想を作り上げたのだろう。その経験とは、「政治」とは、ある政治支配権力を取るための手段であるのではなく、不当な戦争や暴力、あるいは不正に対し、ともに協力し、ともに語り合いながら「活動」するという営みそのもののなかにあるということであった。この「暗い時代」の中で、「自由な活動と生きた言葉」を交わすことが「生きることに輝きを与える」のだというアーレントの思いは、六〇年代以降の世界の「政治」の経験をした私たちの心の奥に沈潜したものと通底していたのだと思う。

今日、「民主主義」の価値低下が著しい。まるで、民衆が選挙によって強い国家を叫ぶ独裁的指導者を選ぶのが、政治であるかのような風潮だ。民衆が独裁者を選ぶとはどういうことだろう。改めて、民衆が政治の主人公であるということはどのように可能かを根本に立ち返って問い直す必要がある。

当初、アーレントの政治と思考の関係を明確にしたいとの思いで書き始めたこの試みが、過去と未来の間に生きる私の時代の経験を意味づけ直し、次の世代に「活動」の新たな可能性を伝えていきたいと思う著作となったのは、不思議なめぐりあわせとしか言いようがない。

民衆、ちまたの市民こそが政治と歴史の主人公でなければならないという思想、今日の言葉で言うならラディカル・デモクラシーの思想を、根づかせようと生涯をかけて努力した先輩たちから私は多くを学んだ。とりわけ、古在由重、小田実、私の恩師である島田和雄の三氏からは、民主主義の原点を学ばせていただき、自分の心の中に根付かせてくれた。しかし、民主主義とは制度ではなく、民衆が主人公でなければならないという運動と闘いの思想だという意味で言うならば、この三氏ともに、歴史が容易には民主主義の方向には向かうものでないという痛切な闘いの経験を持ちながら、次の世代にバトンを渡していった。

さらにまた、DDRの民主化の運動を担い、弾圧の危険をも顧みず、根気よく新たな民主主義の到来を願った友人たち、とりわけて統一ドイツの現実がつきすすむ非情さに無念な思いを胸に秘めたままに逝ったであろうカリン・ヒルディナ夫妻やブッキ・キムさんたちに連帯の言葉を伝えたい。

統治制度としての民主主義がすっかりその信頼と権威を失った今、民衆が「話し合いと活動」の主人公として、「政治」を根づかせていく作業を、再び積み上げていくしかない。幸い、世界では、どんな暗い時にも、その暗さの中から人間としての輝きを示そうとする運動を見出すことができる。

スペインやフランスの友人から聞いて驚くのは、何か不正や抗議すべき事件が起きると、瞬く間に一〇〇万人という信じがたい規模のデモが行われることだ。香港の激しい政治弾圧のドキュメンタリーを見た後、フランスの若い友人は、静かに、しかし、確固たる信念をこう述べた。「結果が問題ではない。こうやって市民が集まって声をあげること自体に意味がある。失敗にみえても、このアクションでぜったい何かは変わっていて、これこそが希望なんだ。フランスで行われた二〇〇年来の革命的な運動はほとんど結果だけを見れば惨めな失敗だったのだから」。

アーレントの読書会を中心に長年にわたって、一緒に考え、ともに世界について話し合ってきた市民や若い世代に心から感謝する。そのような「話し合い」そのものがほかならぬ「政治」の経験なのだから。

この本の原稿についても多くの方の協力で出版できるようになった。とりわけ、原稿について、さまざまな形で意見をくれ、援助してくれた小松蓉さん、柴田章さん、また、出版に積極的に対応してくれた花伝社の平田勝社長、編集の家入祐輔さんのお二人に深く感謝を申し上げます。

二〇二二年八月一九日
佐藤和夫

注

1

植松聖の手紙は以下のようである。

「衆議院議長大島理森様

この手紙を手にとって頂き本当にありがとうございます。

私は障害者総勢四七〇名を抹殺することができます。

常軌を逸する発言であることは重々理解しております。しかし、保護者の疲れきった表情、施設で働いている職員の生気の欠けた瞳、日本国と世界の為（ため）と思い、居ても立っても居られずに本日行動に移した次第であります。

理由は世界経済の活性化、本格的な第三次世界大戦を未然に防ぐことができるかもしれないと考えたからです。

私の目標は重複障害者の方が家庭内での生活、及び社会的活動が極めて困難な場合、保護者の同意を得て安楽死できる世界です。

重複障害者に対する命のあり方は未（いま）だに答えが見つかっていない所だと考えました。障害者は不幸を作ることしかできません。

今こそ革命を行い、全人類の為に必要不可欠である辛（つら）い決断をする時だと考えます。日本国が大きな第一歩を踏み出すのです。

世界を担う大島理森様のお力で世界をより良い方向に進めて頂けないでしょうか。是非、安倍晋三様のお耳に伝えて頂ければと思います。

私が人類の為にできることを真剣に考えた答えでございます。

衆議院議長大島理森様、どうか愛する日本国、全人類の為にお力添え頂けないでしょうか。何卒よろしくお願い致します。

文責　植松　聖

作戦内容

職員の少ない夜勤に決行致します。

重複障害者が多く在籍している二つの園を標的とします。

見守り職員は結束バンドで見動き、外部との連絡をとれなくします。

職員は絶対に傷つけず、速やかに作戦を実行します。

二つの園二六〇名を抹殺した後は自首します。

作戦を実行するに私からはいくつかのご要望がございます。

逮捕後の監禁は最長で二年までとし、その後は自由な人生を送らせて下さい。

心神喪失による無罪。

新しい名前（伊黒崇）本籍、運転免許証等の生活に必要な書類。

美容整形による一般社会への擬態。

金銭的支援五億円。

これらを確約して頂ければと考えております。

ご決断頂ければ、いつでも作戦を実行致します。

日本国と世界平和の為に、何卒（なにとぞ）よろしくお願い致します。

想像を絶する激務の中大変恐縮ではございますが、安倍晋三様にご相談頂けることを切に願っております。

植松聖」

（毎日新聞 二〇一六年七月二六日 一八時〇七分）

2
内閣官房がおこなった二〇二一年「人々のつながりに関する基礎調査」によれば、「孤独感」という極めて客観化が困難な調査、統計にもかかわらず、SNSによるつながりでは圧倒的に多いはずの二〇代三〇代の方が、SNSなどの利用が少ない六〇代、七〇代よりかなり顕著に孤独感を感じる人々が多いと思っているのは興味深い。

3
『世界』二〇二〇年九月号特集「ベーシック・インカム序章」の諸論文は、興味深い。
たとえば、山森亮「連帯経済としてのベーシック・インカム」では、この試みが、連帯経済的社会運動を行い、コモンズを取り戻すためのものとして考察されている。他方、本田浩邦「可視化されたベーシック・インカムの可能性」においては、完全雇用という従来の労働者対策が、経済的に必要でない領域に雇用を生み出す試みをするのは経済的でないという視点から、ベーシック・インカムが論じられるし、一律に現金給付ということだけが行われることの問題点が論じられる。

4
もちろん、このような思想には能力のある人間だけが意味があるという思想と深く結びついているので、対極の極端なエリート主義や天才幻想が付きまとっている。

5 ギリガンは、別の著作において、ジョン・アダムズが「貧困になると、貧しき人々は恥に晒される」という事実を見抜いていたことを強調してアーレントとともに、この問題が暴力の重要な起源となることを指摘している。James Gilligan: *Violence Reflexions on a national epidemic*, Vintage, 1997, p.198.

6 河内謙策『東大闘争の天王山』（花伝社、二〇二〇年）を参照のこと。しかし、後に総括される学園紛争はほとんどが、全共闘運動を軸とした暴力的な運動の展開、とりわけて、大学解体論に向かっていった。結果的に、学生たちが徹底して議論して大学の可能性を探った議論の経過は、ほとんど忘却されてしまった。

7 それが及ぼした影響の中に、米国およびドイツやフランスをはじめとする西欧社会のなかでの家族制度や結婚のあり方、性的自由などへの根本的な問題提起があったことは、特徴的なことであった。近代的な民主主議と称するものが実は家族内での独裁的性支配体制を含んでいたことへの批判は、ここで生まれた運動が、単なる政治経済支配秩序への抗議だけではなくて、生活空間全体を吟味し直す運動となりつつあったことを示していた。

8 ベンヤミンは、一九四〇年九月二六日に、大変な苦痛を感じながらもピレネーを越えて、ポウ・ボウというスペイン側の国境の小さな町にまで逃れたが、スペイン政府が、彼ら一行をフランスに送り返すということを聞き、その晩モルヒネを飲んで自殺した。

9 今日の形にまとめられたものと、アーレントが受け取ってアドルノに渡したものでは、いくつかの個所において異なっている。たとえば、Suhrkamp 版 Gesammelte Schriften でⅩⅣとされたものは、アーレントの運んだものでは、Ⅻにあたり、しかも、このⅫにはふたつのバージョンがあり、書き換えた方は、入っていない。書き換えた文章で強調されるのは、「過去には火薬庫が積まれている」ので、唯物論的な探求においては、「歴史の同質的で空虚な連続体に」導火線を引いて、この同質性を爆破しようとする。こうした歴史把握においては、時間には「高いけれど味も何もしない種」がその中身である時間の「内部に」一人ひとりの人生の営みと時代との絡まりという「肥沃な歴史の経過」が含まれてくるという。D.Schöttker und E.Wizisla(hrsg.) *Arendt und Benjamin*, STW1795, 2006, S.113-114.

10 以下でローマ数字で示されたものは、「歴史の概念について」のなかで示されたテーゼの番号である。ベンヤミン「歴史の概念について」、ベンヤミン・コレクション1『近代の意味』、浅井健二郎編訳、ちくま学芸文庫、一九九五年。Walter Benjamin : *Gesammelte Schriften Band I/II*, Suhrkamptaschenbuch, 1991.

11 丸山眞男の「「現実」主義の陥穽」(『現代政治の思想と行動』、未來社、一九六四年)は現実を、現在が過去と未来のせめぎあいの間の中で生み出されるものとして捉えるための重要な視点を提供してくれる。

12 この詩句は、『精神の生活』の思考をめぐる考察を終える際に、ヘーゲル流の歴史哲学を根底から批判するために再び引用されている(LM p.244, 212)。これはルネ・シャールがくりかえし引用されるのと同じく、彼女の歴史観を端的に表現するものとしていかに適切なものかを示すものである。

13 アーレントは、遺著『精神の生活』の「思考」の巻の結論部分において、再び、この比喩を引用して、「過去と未来の間の溝」である「今」の位置と意味について詳細に論じている。思考の営みが行われる限りにおいて、「今」が存在するのだが、それは「過去と未来の溝」にあるのだけれど、それは思考によって踏み固められてくる「精神の領域」(LM p.242, 210)においてのみ作られ継承されるものである。その意味で、この『精神の生活』の中核を論じているのである。

14 E・H・カー『歴史とは何か』(清水幾多郎訳、岩波新書、一九六二年)において、カーは一方で「歴史とは歴史家と事実との間の相互作用の不断の過程であり、現在と過去との歴史の間の尽きることを知らぬ対話」（四〇頁）だとしている。このカーの「歴史」観は明確に歴史家の視点からするものであって、状況のなかに生きる一人ひとりの個人の人生の決断にとっての歴史という要素は背景に退いている。そのために、未来という要素は、歴史から見えなくなる。たしかに、「未来だけが、過去を解釈する鍵を与えてくれる」（一八二頁）という議論も展開されるのだが、それは歴史の説明としてのみ認められるものとなっている。アーレントとベンヤミンにとっては、「今」という時間を形成する不可欠な要素として、出来事をどちらに進めたいのかという未来への視点が重要なのである。

15 この文章とほとんど同じ文章を『過去と未来の間』（p.14,13）において述べている。

16 これを最も明確に記述しているのが、『人間の条件』のもっとも重要な章である「活動」の章のエピグラフの中で示された二つのものの一つ、ダンテ『帝政論』からの以下の引用である。
「どんな活動［行為］においても、活動する行為者が最初に意図するのは、自分自身の姿を明らかにすることである。それは必要に迫られたものであろうと、自由な意志による場合であろうと同じである。だから、活動行為者はだれも、活動するかぎり、活動することに喜びを見出す。すなわち、存在するものはなんであれ、そのあるがままでありたいと願うし、政治的活動においては、活動する行為者のあるがままの素の姿はより強められるから、そこに喜びが必然的に伴ってくる。……だから自分のまだ現れていないものがはっきりと姿を現すのでなければ、なにごとも活動しないだろう。」これについては、第六章で詳述される。

17 この締結が従来のマルクス主義や共産党の活動に好意的、あるいは協力的であった人々を決定的に困惑させ、少なからぬ人々を共産党から離反させたことはいうまでもない。一方では一切の帝国主義戦争への反対をスローガンとすることが、他方で、結果的にナチスの侵略に対しても断固たる対応をさせないあいまいな態度を引き起こす原因にもなった。結果的に、フランス共産党が本格的にレジスタンスに加わるのは、ナチス・ドイツのソ連攻撃による戦争の進展以降だったという。

18 そのため、英国で組織された「戦うフランス」(自由フランス)と、フランス国内のレジスタンスとの間には違いが存在し続けた。フランス国内レジスタンスは「ロンドンとは何の連絡もないまま独力で幹部を募り、組織を作り、手立てを考え、地下生活のつらい修業をした」(アルベール・シャンボン『仏レジスタンスの真実 神話・伝説・タブーの終わり』、福元啓二郎訳、河出書房新社、一九九七年、一二四頁)。

19 このヴィシー政府は第三共和制を終わらせ「自由・平等・友愛」のスローガンに代わって「労働・家族・祖国」を掲げたという。それはほとんどナチス政権と変わらない原理に基づいていた。

20 一九三九年に締結された独ソ不可侵条約ほど、ヨーロッパの良心的な民主主義者や社会主義者、共産党員らを驚愕させ、動揺させたものはなかった。社会主義ソ連は、資本主義の労働者に対する搾取を終わらせ、戦争を終わらせるものという希望を与えていたのに、資本主義の危機の右翼的突破であり、侵略戦争を公言するナチス・ドイツとの間に不可侵条約という事実上の同盟関係が結ばれることなど、あらゆる想像を超えたものであった。実際、一九三六年、スペインの選挙によって成立した左派人民戦線政府に対するフランコのクーデターによって生まれた内戦においては、ナチス支援の下で行われたゲルニカへの空爆に象徴されるように、ソ連とナチスの敵対は自明のことと考えられていた。他方当時、英国、米国、フランスなどの国々は、何よりもソ連の影響力の増大を恐れていたために、ナチスの政策に対して、断固たる反対をしなかった。これに反対して、当時、西欧の多くの知識人が、社会主義の未来に希望を託して、それに期待を寄せていたが、この条約によって、少なからぬ知識人、文学者、芸術家たちが、ソ連の社会主義に失望し、そこから離れていった。フランス共産党の党員たちも、そのショックで約三分の一が党を去ったという。しかし他方で、党の選択を信じた党員の多くは、ナチスに一時的に親近感さえもち、ドイツに占領された地域においてナチスが共産党の機関紙「ユマニテ」の発行を許可すると期待して、その申請に行ったほどだという。共産党員が全面的にレジスタンス運動に集中したのは、ナチスによるロシア戦線が開かれて以降なのである。

21

アーレントは、五〇年代のころから、政治の問題を砂漠とオアシスの関係として比喩的に語っている。たとえば、『政治とは何か』のなかでは、生活への関心や気がかりをめぐるものと、人間が協力して作り上げる「世界」への気遣いや関心が対比される（WP p.162, 192）。そして、こうした世界への関心を生活、生存の関心に引きずりこみ、拉致してしまうことの危険を「砂漠をオアシスのなかへと持ち込む危険」だとして、それは、「世界の拉致」だと言っている。そして、オアシスのオアシスたる所以は、芸術に典型的に現れているように、人間が共同の企てをできるという性格を保持するのであって、それが壊れた芸術は単なるキッチュにすぎないという。

ウルズラ・ルッツによれば、ことによれば、この「砂漠とオアシス」をめぐる議論は『政治入門』として企画された本の最終章をなすものとして考えられていたかもしれないという。そのうえで、カリフォルニア大学のバークレー校で行った講義の「結論」での遺稿を紹介している（WP p.152, 180）。そこでは、人間と人間の間に形成される「世界」が消失する「砂漠」の拡大の危険性についての興味深い記述がある。

一つは、私たち自身の中に「砂漠」、すなわち、世界消失の拡大の条件が存在していると考えることであり、その場合には自分自身がどこかおかしいのではないかと考え始めて、その結果、人間が砂漠の生活条件に適応しなければならないと考えるようになるという。もう一つは、文字通りの全体主義運動であり、これは砂漠の生活がもっとも適切な政治形態となる。そのような二つのあり方に陥らず、「オアシスは砂漠で我々が砂漠と和解しなくても生きることのできるようにしてくれる生命を与えるもの」(WP p.154, 183) として存在しなければならないのである。

22 李恢成の作品『伽倻子のために』と、その映画化である小栗康平の同名の映画はその一つの典型であろう。また、二〇二二年には、在日コリアンであるヤン・ヨンヒによって、両親の四・三事件の経験を含むドキュメンタリー「スープとイデオロギー」が公開された。

23 これは9・11以降、米政権の「大量破壊兵器」の存在という嘘によって国民を動員して始めたイラク戦争にしても、ウクライナへのロシアの軍事侵略においても同様で、国民が八〇%を超える圧倒的支持を表明したことは重大な事実である。

24 トランプ就任以降の米国にはもはやそのような「われわれ」が消えているという今日的時点から見るなら、加藤のこのような期待は幻想だったと言わざるを得ない。この上、そもそも、このような米国における「われわれ」というナショナルな「基体」の形成は、マッカーシー旋風に代表される徹底した「赤狩り」などによるマイノリティ排除の過程抜きには考えられない。いいかえれば、ナショナルな「基体」の形成は、経済的繁栄をバックにした一定の政治的安定の時代の産物にほかならない。

25 この象徴的なやり取りとして、アーレントと師ヤスパースとの民族意識にかかわる学生時代からの激しい意見の応酬がある。一回目は、一九三〇年に執筆していたラーエル・ファルンハーゲンの根っこを奪われた存在という規定をめぐっての論議であるが(一九三〇年三月二〇日の手紙とそれに対するアーレントの応答としての三月二四日付の返事)、第二回目、ナチスが権力を取り、アーレントも亡命を余儀なくさせられる一九三三年一月の往復書簡は、一層明らかに両者の違いを明確にしている。このやり取りは、ヤスパースがアーレントに贈った『マックス・ウェーバー』論に謝辞を伝えながら、なぜ、その謝辞が遅れたかを通じて、ヤスパースのウェーバー礼賛に対して歯に衣着せぬ批判を表明しているもので、そこには、アーレントの立場が明確に示されている。ヤスパースのウェーバー論の序説に書かれている文章は、「ドイツ的な人間の、情熱の根源から真に理性的であり人間的である」ありようは「ドイツ人の内奥の心の内に働いている」ものだとして、ウェーバーの業績をドイツ人とドイツ的なものに求めるものであった。そのある種の熱狂的な「語り口」は、第一次大戦敗戦後のドイツの人びとの屈辱感はかくも打撃的なものであったかを十分に感じさせるものであった。アーレントは、「ドイツの再起のためには悪魔そのものとでも手を組む」と書くウェーバー自身も含めて、そうした「ドイツ的本質」を強調する態度に強い違和感を表明している。「ドイツ的本質」などという何か絶対的なものは信用できないと明確に述べていて、「私にとってドイツとは、母語であり、哲学と文学なのです」(AJ1 p.18, 52)と、ナショナリズムとつながる「共同」的「本質」を断固としてはねつけている。

ところが、加藤は、わざわざ「アーレントのいっていることではなくわたしの考えだが」と言葉までつけて「彼女が自分の思想の溶鉱炉を自分がそうであるユダヤ人の思想経験の磁場に求めた」(加藤 1997: 226)として、加藤の問題と共通するのだという。「共同体の「内から出る」ことと「外へ出る」ことは違う、それは内側からしか開かない扉をもつ閉鎖空間であり」、「そのうちにいるものにしかそれは解体できない」(加藤 1997: 227)として、「アーレントのぶつかった問題もそれである」と断定している。むしろ、「ドイツ的本質」を離れることができないヤスパースが持った苦悩の方が加藤に近いものだろう。

26 加藤のアーレントへの解釈は牽強付会という言葉しかあてはまらないとおもわせるものである。なかでも、アーレントが「私的領域」の「政治」にとっての重要性を指摘しているプライヴァシーの「非欠如的特徴」non-privative characteristic of privacy（HC p.100, 70）の強調が加藤においては完全に読み飛ばされている。第二に重要なのは、ユダヤ人であることの「共同性」をアーレントがまったく問題にしていないのに、加藤は、アーレントがショーレムのような「濃厚な共同性の思考」に対立する「それと同じものを土壌にするのでなければその動機を持ちようのない、強固に反共同的な、個人的思考」（加藤 1997: 244）をもっているといって、アーレントが「それと同じものを土壌にする」と断言している。そして、アーレントにおいては単純な公共性ではなく、それが「共同性の位相と公共性の位相というように重層的な構造をなし、表と裏になって、コインを構成して」おり、アーレントには「裏面の闇」（加藤 1997: 247）があるかのような議論をしている。

27 次節に述べるように、アーレントは、アイヒマン論争に巻き込まれる前後に、「暗い時代における人間性について」というレッシング賞受賞講演と、『革命について』の第二章において、「心」と「同情」や「哀れみ」などの問題について集中的に議論している。しかも、加藤が引用する文章において、アーレントは、わざわざ特に『革命について』第二章を参照するように指示しているのだが、加藤はこの指示を完全に無視して、参照しない。その第二章で議論する中身の中心にあるのは、「心」を政治的原理としてはならないということである。

28 アーレントは、しばしば引用されるルネ・シャールの世代がドイツのフランス占領に伴って生まれたレジスタンス運動への係わりを通じて生まれた政治的なあり方を示したのとは区別した意味で、「フランス実存主義」というものを伝えている。

29 「教育の危機」（『過去と未来の間』に所収）においては、子どもが教育を受ける際に、「生命あるものはすべて暗い闇から出てくる」のであるから、「そもそも成長できるためには暗さの中にいるという安全」、「私的空間」（BPF p.251, 186）が必要だと強調される。

30 加藤典洋の遺著ともいうべき『オレの東大物語』（集英社、二〇二〇年）は、彼が大学時代にほとんど友情に値する人間関係を作りえなかったことを述べて終えている。

31 ギリガンは、このような黒人の恥を受ける構造と感覚をえがいたものの一つとしてラルフ・エリソン Ralf Ellison の『見えない人間』（The Invisible Man）という小説を紹介している。James Gilligan: *Violence Reflexions on a national epidemic*, Vintage, 1997, p.199.

32 当時、東ドイツでは、下からの改革運動を象徴するスローガンとして、「我々こそ人民だ！」というものがあった。権力支配をする政府側が「人民民主主義」を建前にして民主主義を標榜していたことに抗議して、誰が主権者なのかを改めて提起しようとしたという点で、典型的な政治的民主主義の要求がこの当時の運動の中核にあったことが分かる。

33 二一世紀になって一六年にわたってドイツの首相を勤めて国民の圧倒的支持を得たアンゲラ・メルケルは、旧東ドイツの出身であった。その彼女の父親は、ドイツ民主共和国の成立後、わざわざ、プロテスタントの牧師として東ドイツに移り住んだのである。

34 亡命地スヴェンボルで書かれた「あとから生まれてくるひとびとに」より。

35 アーレントが、『人間の条件』ドイツ語版の冒頭においてブレヒトの以下の『バール』の詩を引用したのは、まさしく、この「世界への愛」のゆえであった。そして、この「世界への愛」こそがアーレントが『人間の条件』という著作に与えたかったもう一つの名称であった。
『バールが母さんの白い胎内で育った時、
空はもうとても大きく静かで青かった
若くてはだかで、途方もなくすごい
バールが生まれてきたときからずっと、この空を愛していた
……
大地の暗い胎内で、バールが朽ちていった時
空は、それでもなお、こんなに大きく静寂で青く、
若くてはだかで、途方もなくすごい
バールが生きていた時にした時のままに』

36 この苦悩は、二〇世紀中後半の世界の知識人や思想家・文学者の共通の苦悩であった。一方で、カミュやジッドのようにスターリン支配下のそれの現実に失望して批判的立場を明確にした作家たちもいるが、他方で、あくまで社会主義の側に肩入れしようとする人々も多数おり、サルトルのように理論としてのマルクス主義の可能性に託して現実の悲惨には沈黙を保った人々も多かった。日本で言えば、古在由重、芝田進午等はその代表であろう。

37 シモーヌ・ヴェイユの師であったアランは、「魂とは肉体を拒否するなにものかである」と定義している。アラン『定義集』、森有正訳、みすず書房、一九八八年、一一頁。

38 この問題は、アーレント最初期の重要な論文である「哲学と社会学」という論文との深い関連を持つ事柄で

ある。マンハイムが『イデオロギーとユートピア』という著作を発表して、マルクス主義的なイデオロギー論に対して、知識人の批判の可能性を展開したのだが、このマンハイムの立場に対して、現実に係わりつつ、「単独的自立」の可能性を探った書評として発表されたものである。佐藤和夫『〈政治〉の危機とアーレント』（大月書店、二〇一七年）一七〇頁以下参照。

39 今日では信じられないかのように見えるが、ソ連は、米国とどちらが科学技術と経済成長において優れたシステムであるかをめぐっての競争をしていた。人工衛星打ち上げ競争に象徴される「追いつき、追い越せ」競争では、東西冷戦体制下の二つの陣営が、生産力の増強と軍拡競争とを結びつけた争いに熱中していた。

40 こうした葛藤には、アフリカ諸国の子どもたちが腹だけが膨らんで骨と皮になっている姿を見た時に、飽食気味の自分を顧みて何か申し訳ないという気持ちを感じたり、牛肉や魚を何の思いも持たず、平気で食べて無邪気に飽食を楽しんでいた時に、それがとてつもなく産業化された自然破壊や環境汚染の中で肉などの食糧生産が行われているのを知った瞬間、思わずビーガンに引き付けられるような感情とも共通しているのかもしれない。

41 この問題意識は、戦中軍国主義思想に染まり切った吉本隆明や、学生運動中に新左翼運動にずるずるとはまり込んでしまった加藤典洋にも共通にみられるものであり、自らの思想の自立的形成がどのように可能なのかという問いとしては興味深いものである。

42 にもかかわらず、西部は、新左翼運動への心情的共感は持ち続けたので、「連合赤軍事件の報道は応えた」（二〇四頁）と書いている。彼の中で、学生運動へと入り込んだ時の夢や希望はどうなってしまうのだろうか。彼は、この夢を「革命と自由」への渇望と考え、戦後の革新派の描いた夢を「平和と民主主義」だと性格づけたうえで、この関係を以下のように総括している。「いまの私は、「平和と民主主義」も「革命と自由」もそれぞれに偏いした価値にすぎないと考えている」。しかし、「それらが一元的に過剰に追及されると、「平和と民主主義」は偽善と欺瞞という不徳に、そして「革命と自由」は破壊と放縦という不徳に転落する」から「両者の矛盾・葛藤の中で平衡を取りながら高い次元の徳へと総合していくこと」（二〇九頁）が必要だったが、それが無理だったという。

43　念のために言えば、古代ギリシアにおいては、ポリス polis での活動である「政治」politics の営みは、「家の統治」あるいは「管理」という語源的意味を持つ「経済」economy とは原理的に別のものであり、「政治」と「経済」が結合的に考えられるようになったのは、近代以降である。

44　一九五一年の「難民の地位に関する条約」では、「人種、宗教、国籍、政治的意見やまたは特定の社会集団に属するなどの理由で、自国にいると迫害を受けるかあるいは迫害を受けるおそれがあるために他国に逃れた」人々と定義されている。

45　一〇条と一一条は以下の通り。

第一〇条（意見の自由）何人も、その意見の表明が法律によって定められた公の秩序を乱さない限り、たとえ宗教上のものであっても、その意見について不安を持たないようにされなければならない。

第一一条（表現の自由）思想および意見の自由な伝達は、人の最も貴重な権利の一つである。したがって、すべての市民は、法律によって定められた場合にその自由の濫用について責任を負うほかは、自由に、話し、書き、印刷することができる。

46　この意味で言えば、マルクスはその思考の出発点において「共同体」の問題に関心を持っていたのであって、それがどうして資本家や土地所有者の「私的所有」によって侵害され、奪われていくのかという問題は、彼の最初からの関心であった。

斎藤幸平はマルクスの「共同体研究のきっかけは、エコロジー研究のためにフラースの著作を一八六八年初頭に読んだことだった」（斎藤幸平『人新生の「資本論」』、集英社新書、二〇二〇年、一八〇頁）と指摘しているが、正確には、彼が現実問題に向かった最初から関心を持っていたテーマであったことを忘れるべきではない。

47 なお、ここで「社会的」gesellschaftlichと言われているものは、「私的所有」によって破壊されない他者との共同性を意味しており、「社会主義的」という意味に近い。

48 これは直訳すれば「人間の自己産出を一つの過程として、すなわち、対象化を対象性の除去として、さらに、外化を、この外化の止揚として捉えた」となるが、ヘーゲルの論理の展開をして表現されていて、一般には理解されないので、理解可能なように訳し直した。

49 大月書店版の翻訳を大幅に変えた。

50 たとえば、大藪龍介「マルクス政治理論の展開」（伊藤誠・大藪龍介・田畑稔編『21世紀のマルクス』、新泉社、二〇一九年、所収）二二八頁以降参照。

51 水俣の公害事件において、たとえば、その報道のために献身した写真家、ユージン・スミスを殴って死に至らしめる一因とならしめたのは、経営者ではなく、会社の利益を守り自らの雇用を守ろうとする労働者のひとりであった。

福島原発事故に象徴されるように、そこで働く労働者の大半は、そこでの生活を守るために、原発の危険性をどれほど知っていたとしても、その会社がなくなれば、一旦は生きていくすべを失う危険を伴うので、会社の存続を望む。

52 どれほど国外からは見えにくいものであったかについては、日本国内の反応の報告として、小島亮『ハンガリー事件と日本』（現代思潮新社、二〇〇三年）が詳しい。現実の進行については、ビル・ローマックス『終わりなき革命　ハンガリー1956』、（南塚信吾訳、彩流社、二〇〇六年）が、労働者評議会の役割を強調したうえで、描いたものとして興味深い。また、東欧変革の後の報告としての当事者の発言を主としたものでは、永井清彦・南塚信吾・NHK取材班『NHKスペシャル社会主義の20世紀　第1巻』（日本放送出版協会、一九九〇年）が分かりやすい。

この事件の展開と同時進行的に考察されたものとしては、なんといっても、アーレント自身による論説が重要である。"Totalitarian Imperialism: Reflections on the Hungarian Revolution" *The Journal of Politics*, February 1958.

また、ルフォールによる報告、「ハンガリーの蜂起」（『民主主義の発明』に収録）も重要である。

53 大切なのは、この国家形態とは、近代の国民国家というものとは全く違うものであることである。あえて、アーレントに即して分かりやすく言えば、古代ギリシアで試みられたポリスに近いものである。したがって、近代国民国家のように、その国家規模での資本主義的経済経営体を軸にして成立する支配統治機構のことではない。

54 念のために言えば、ソヴィエトもレーテも、それぞれ、「評議会」にほぼ対応するロシア語、およびドイツ語にすぎない。アーレントも指摘するように、それらの形態は国と時代の違いにもかかわらず、旧来の政治体

55

がすでにその権威と機能を失った危機の時代に、民衆の下からの運動によって生まれた新たな政治体としてほぼ共通の運動と組織を作ったことは重要な点である。

マルクスの理論の中で、アーレントがあっさりと受け継ぎ、レーニンとも不思議なことに一致する事柄が一つある。それは、行政において決定的な役割を果たしている官僚制度について、コミューンや評議会という新たな組織がこうした管理の問題を可能な限り単純化できるという論を受け入れてしまっていることである。アーレントは、「福祉国家の政治問題は、すべて、専門家によって処理し決定すべき行政上の管理の問題である」という考えを政党制はその前提として持っていると指摘したうえで、管理や経営の問題は豊かさが支配している社会では相争う集団の利害が深刻に対立するものではなくなるという考えを認めている。だから、これらの問題は、本当に行政管理の問題になれば、「政治的領域は死滅し、エンゲルスが無階級社会のものとして予言した「事物の管理」にとって代えられる」のであるから政党制は不要になるという、ほとんどユートピア的な思想を受け入れている。たしかに、経済的に豊かな社会においては、二〇世紀後半の米英に象徴されるように、二大政党制の名前の下に、実際には大した差異のない諸政党による議会政治が行われて、人々の関心が失わされることは事実である。

しかし、福祉政策を含めて現代の国民国家の「政治問題」が単に「事物の管理」にすぎなくなっているかといえば、明らかにそうではない。国家が国民生活の細部にまで政治的経済的に強い影響力を与えるような構造となった現代においては、原発をどうするのかという問題に象徴されるように、行政や管理の問題がますます複雑化しているのが現実である。

56

とりわけ、評議会という組織形態では到底不可能な差し迫った課題が二つ、レーニンが率いるボルシェヴィキには差し迫っていた。第一には、ロシア革命後も続く白軍との内戦と米国、日本、イギリスなどのロシア革命への干渉戦争、さらには、欧州諸国での引き続く革命の失敗などのなかで、革命は国際的に孤立した中で行われざるを得ず、深刻な飢饉の連続ともあいまって、中央集権的な強い指導体制抜きには革命を成功持続させることはできなかった。革命の成功は単に国内での権力闘争では終わることはできず、第一次世界大戦の終了から始まる多面的な国際関係上の問題を抱え続けなければならなかった。

第二には、農業問題がある。農民が80％を超えるロシアという地域において、国家としての権力の獲得と維持において、農民問題をどう扱うかは最難関の問題の一つであった。一八六一年の農奴制廃止以降も、圧倒的多数の農民は買い戻し金の負担の大きさの故に、相変わらず、厳しい貧困と隷属を強いられていたので、農民たちは帝政打倒による自作農の可能性がある限りにおいては、ボリシェヴィキへの協力をする条件があった。しかし、一旦、農民が自分の耕す土地を自分のものとし、身分的自由を獲得すれば、農民たちにとっては、農業の共同化や集団化、国有化などは、必ずしも絶対的に必要なものではなかった、むしろ、国有化は形は変わっても別の支配者による新たな隷属化を強いられるものと捉えられて、農民たちから強い抵抗を受けた。工場労働が、大企業生産様式による巨大化、資本の集中による大規模生産を求めるのは工業生産の様式が求めるある種の必然的な要求であったが、農業生産の大規模化・集団化が不可欠なことかといえば、農業そのものが持つ性格と相容れない要素を持つ。生命体である穀物や野菜の生産は、鉄や自動車の生産のように大量の均質な商品を作る作業とは異なる側面を持っている。栽培される野菜や穀物などの生物的多様性と土壌の大きな差違は本来の量産性に合わない。地域ごとによって異なる土壌と気候に合う農業生産は、気候変動にも大きく影響されて、画一的な量産性に合わない側面を持つ。農業の生み出すものは、教育と同じく、ある意味でのユニークさが求められる。

したがって、トラクターなどを使っての大量の大規模農業は、自然条件などの変化によって、時には、致命的な損害を生み出すこともあるし、そもそも、農業が持っている生産活動の特質である、人間と自然とのコミュニケーションという性格を奪ってしまうことは、農業そのものの喜びの剥奪という側面を持っている。

その意味で言うなら、個々人の小農的経営形態は、工業生産のようにたんに技術的水準の遅れに還元できないものである。それは、教育が、本来、十分に人間的な営みでありうるためには、せいぜい、一〇人から二〇人程度以下でないと機能しないのと同様である。一〇〇〇人の学生を一教室で要請するような教育は、教育というよりは情報伝達という内容の大量生産にすぎないだろう。

したがって、農民のロシア革命に対する態度は、農民の農奴的状態からの解放という民主主義革命を目指す間は、農民と共産党との間には協力関係が存在するが、共産党が権力を取った後、さらに農業の集団化や国有化を目指し始めるや否や、両者の間には深刻な対立や緊張が生じるのは当然のことである。それは、ソ連の歴史的経過はもちろん、中国革命やキューバ革命においても本来は共通の問題であった。

実際、同じく農民が圧倒的な割合を占めたハンガリーの場合、一九四五年の大戦後の最初の選挙においては、ソ連による強い誘導と管理の中にもかかわらず、共産党は一七％の支持しか得られず、五七％にも上る圧倒的支持を得たのは、小農民党であった。そこで、ソ連の強引な誘導によって、共産党政権が作られたこと自体が、共産党政権の独裁的性格を生み出したというのは過言ではない。スターリン支配下の五ヶ年計画に基づく国有農場化や集団化、毛沢東の指導下における大躍進政策などの致命的な問題点は、工業化の論理を農業に適用しようとする基本的誤謬にあったという面を忘れるわけにはいかない。

57 アーレントが、経済的問題について語る時には、貧困化の問題は論じられず、「自己所有の剥奪」expropriation（徴用と訳されているが、私的所有 private property が奪われる状態を示す）を最大の課題とみて、それを解決するための最良の方向は、経済的土台から独立した法律と政治制度を持つ福祉国家を作ることだと言っている（CR p.209, p.212）。アーレントが貧困からの改善の問題を、まったく論じないのは、それを文字通り、「自然的現象」とみていて、その解決は、科学技術の発展によるしかないと考えているせいかもしれない。

58 ノーベル平和賞を受賞した劉暁波の以下の二〇〇九年一二月二三日の最終陳述は、二〇一〇年一二月一〇日の式でも朗読された。

劉暁波　最終陳述二〇〇九年一二月二三日

「五〇歳を過ぎた私の人生において、（天安門事件が起こった）一九八九年六月は重要な転機だった。

文化大革命後（一九七七年）に復活した大学入試で、私は最初の大学生の一人となった。私の学生生活は博士課程まで順風満帆だった。卒業後は北京師範大学に残り、教員となった。

教壇では学生から歓迎される教師だった。同時に、公的な知識人でもあった。一九八〇年代には大きな反響を呼んだ文章や著作を発表し、各地の講演会にも頻繁に呼ばれ、ヨーロッパやアメリカからも招かれ、客員研究員になった。

私が自分自身に求めたのは、人としても作家としても、正直さと責任を負って、尊厳を持って生きることだった。

私はアメリカから戻り、その後に一九八九年の民主化運動に参加したことで、「反革命宣伝扇動罪」で投獄され、情熱を込めていた教壇を失った。中国国内において、私は二度と本を出版することも、講演をすることもできなくなった。

異なる政治的意見を表明し、平和的な民主化運動に参加しただけで、一人の教師が教壇を追われ、一人の作家が出版の権利を失い、一人の公的な知識人が公の場で話す機会を失った。このことは私個人にとっても、「改革解放」から三〇年を経た中国にとっても悲劇だ。

思い起こせば、六・四（天安門事件）の後に私が経験した劇的な経験は、すべて法廷と関わっている。私が公の場で話した二度の機会は、いずれも北京の人民中級法院の法廷が与えてくれた。一度目は一九九一年一月、二度目は今だ。それぞれで問われた罪名は異なるが、本質的には同じであり、ともに「表現の罪」を理由にしている。

二〇年が経過した今もなお、無実の罪で亡くなった天安門事件の犠牲者の魂は安らかな眠りについていない。私は一九九一年に釈放された後、天安門事件の情熱によって政府方針とは異なる政治的意見を持つ私は、国内での発言の機会を失い、海外メディアを通してのみ言葉を発信できた。それらの言葉は、当局から何年にもわたって監視されてきた。

当局からの生活監視（一九九五年五月〜九六年一月）、労働教養（一九九六年一〇月〜九九年一〇月）、そして今再び私を敵とみなす政府によって、私は被告席に押し込められている。

それでも私は、自由を奪った政府に対して伝えたい。二〇年前に「六月二日ハンスト宣言」で表明した時の信念と変わりはない——「私には敵はおらず、憎しみの気持ちもない」と。

私を監視、逮捕し、尋問した警察官、起訴した検察官、判決を下した裁判官も、誰もが私の敵ではない。

監視や逮捕、起訴、判決は受けいれられないが、私を起訴した検察官の張栄革と潘雪晴も含めて、君たちの職業と人格を私は尊重する。一二月三日の尋問では、私は二人から尊敬と誠意の念を感じた。

憎しみは人類の知恵と良心を腐らせ、敵対意識は民族の精神を傷つけ、生きるか死ぬかの残酷な闘争を煽り、社会の寛容性と人間性を破壊し、一つの国家が自由と民主主義へと向かう道のりを阻むものだ。私は個人的な境遇を超越し、国家の発展と社会の変化を見据えて、最大の善意をもって政権からの敵意に向き合い、愛で憎しみを溶かしたい。

「改革開放」が国の発展と社会変化をもたらしたことは周知の事実だ。私の見解では、改革開放は毛沢東時代の「階級闘争を要とする」執政方針を放棄したことから始まり、経済発展と社会の平和的調和に貢献するものだった。「闘争哲学」の放棄も、敵対意識を徐々に弱め、憎しみの感情を取り除き、人間性に染み込んだ「狼の乳」を取り除く過程だった。この過程によって、互いを愛する心の回復や、あらゆる価値観や異なる利益が平和裏に共存するための柔和な人間的土壌といった、改革開放に向けたゆとりある環境が国内外で整えられた。これにより民衆の創造性が発露し、慈しみの心が修復された。

国外に向けては「反帝国主義・反修正主義」の考え方を棄て、国内においては「階級闘争」の考えを棄てた。このことは、中国の改革開放が今日に至るまで継続できた大前提だったと言えよう。市場経済となり、文化は多様性へと向かい、遅まきながら「法の支配」へと移行したのも、みな「敵対意識」が弱まったおかげだ。

中国では最も進歩が遅い政治分野でも、敵対意識の弱まりによって、社会の多元化もあり、政府の包容性は増した。政治的思想が異なる者への迫害も大幅に弱まり、一九八九年の民主化運動への評価も、「扇動された動乱」から「政治的動揺（政治風波）」へと変わった。

敵対意識の弱まりは、政府にも人権の普遍性を、ゆっくりではあったが受容させた。一九九八年に中国政府が国連の二大国際人権条約への署名を世界に約束したことは、中国が普遍的な人権基準を受けいれたことを示した。二〇〇四年には全人代が憲法を改正。初めて「国家は人権を尊重し、保障する」と明記され、人権が法治の基本的な原則の一つになったと示した。

その一方で現政権は、「以人為本」「和諧社会」といった中国共産党の進歩を示す理念を唱えた。

このマクロレベルでの進歩は、逮捕されて以来、自分自身も経験として認識できた。

私は自らの無罪を主張し、私を罪に問うことは違憲だと考えている。それにもかかわらず、自由を失ったこの一年あまりの間に、私は二カ所での勾留、公判前に四人の警察官の尋問と、三人の検察官、二人の裁判官（の聴取）を経験した。

彼らには私を軽視する態度はなく、拘留期限も超過せず、自白を強制することもなかった。彼らの平静かつ合理的な態度は、常に善意を示していた。六月二三日、私は当局の監視下の住まいから、北京市公安局第一看守所、通称「北看」に移された。北看での半年間で、私は拘置方法の進歩を目の当たりにした。

私は一九九六年に旧北看（北京市宣武区半歩橋）で時を過ごしたことがあるが、一〇数年前と比べて現在の北看は、施設の設備や管理面で大幅に改善されていた。

特に現在の北看の革新的で人道的な管理は、拘留者の権利と尊厳を尊重し、拘留者に対して柔和な対応をするものだ。それは「温声放送（北看内での音声放送）」や雑誌「悔悟」、食事前や睡眠時間の前後に流れる音楽にも表れ、こうした管理は勾留された人に尊厳と温かさを感じさせ、秩序を維持しようとする意識を刺激する。

勾留された人に人間的な生活環境を与えるだけではなく、訴訟環境を和らげた。

私は、私の監房を管理していた劉峥刑務員と親密な間柄だった。拘留者に対する彼の尊敬と気遣いの念は、管理のあらゆる細部に現れ、彼のあらゆる言葉や行動にもにじみ出ているように感じた。誠実で、正直で、責任感があり、親切な劉刑務員と知り合ったことは、北看での幸運の一つだった。

私の政治的信条は、このような信念と経験に基づいている。すなわち、中国の政治的進歩は決して止まらないと堅く信じており、いつの日か自由な中国が生まれることへの楽観的な期待に満ちあふれている。いかなる力も自由を求める人間の欲求を阻むことはできず、中国は人権を至上とする法治国家になるはずだ。こうした進歩が、本件の審理にも体現され、法廷が公正な裁決、歴史の検証に耐えうる裁決を下すと期待している。

もし過去二〇年間で最も幸せな経験を語るとするならば、妻の劉霞の無私の愛を得たことだ。彼女は今日この裁判を傍聴できないが、しかしそれでも私は君に伝えたい。私の愛する人よ、君の私への愛が、いつまでも変わらないことを確信していると。

何年もの長い間、自由のない暮らしの中で、私たちの愛は外部環境によって苦難を強いられてきたが、思い返せば際限がない。私は有形の監獄で服役し、君は無形の心の獄中で待ち続ける。君の愛は太陽の光だ。牢獄の高い壁を飛び越え、鉄格子を通り抜ける。私の肌を撫でて、細胞を温め、心の平穏と純潔、明晰さを終始保たせ、獄中の全ての時間を意義あるもので満たしてくれる。

一方で、君への私の愛は痛みと苦しさでいっぱいで、時としてそのあまりの重さによろめいてしまう。私は荒野の石ころで、暴風雨に打たれるがままだ。冷たく、誰も触ろうとはしない。しかし私の愛は堅く、鋭く、いかなる障害をも貫くことができる。たとえ粉々に打ち砕かれても、私は灰となって君を抱きしめる。

愛する人よ。君の愛があるからこそ、私は来るべき審判に平然と向き合って、自分の選択を悔やまず楽観して明日を待つことができるのだ。

私は望んでいる。私の国が表現の自由がある場所となることを。全ての国民の発言が同等に扱われるようになることを。

そこでは異なる価値観、思想、信仰、政治的見解が互いに競い合い、平和的に共存できる。多数意見と少数意見が平等に保障され、特に権力者と異なる政治的見解も、十分に尊重され、保護される。ここではあらゆる政治的見解が太陽の光の下で民衆に選ばれ、全ての国民が何も恐れず、政治的意見を発表し、異なる見解によって迫害を受けたりしない。

私は望んでいる。私が中国で綿々と続いてきた「文字の獄」の最後の犠牲者となることを。そして今後、言論を理由に罪に問われる人が二度と現れないことを。

表現の自由は人権の基礎であり、人間性の根源、真理の母である。言論の自由を封殺することは、人権を踏みにじり、人間らしさを閉じ込め、真理を抑圧することなのだ。

憲法によって付与された言論の自由を実践するためには、公民としての社会的責任を果たさねばならない。私がしてきたあらゆることは罪ではない。たとえ罪に問われても、恨みはない。

皆さんに感謝を。」

59

レーニンは、実践家としての優れた感覚から、ロシア革命が勃発するとともに、直ちにそうした理論的な拘泥から自由になったことはよく知られている。しかしながら、革命の主体が労働者階級であって、組織された労働者階級が革命の主体であるという理論は強く影響を持ち続け、日本においても六〇年安保、あるいは七〇年安保の闘争の頃、学生という社会的階層そのものが、「小ブル的」であるとして、まるで存在そのものが間違っているような理解が蔓延していたことも事実である。そのため、比較的恵まれた家庭環境出身の学生の問題意識は、革命的運動の中で、まるで、罪深き存在であるかのような奇妙な感覚が支配的であった。これが後に述べる西部邁のような屈折した感覚を生み出す一つの理由でもあった。

60 このような捉え方の問題点を、アーレントは特に『人間の条件』のなかで強く指摘している。三一「活動の伝統的代替物としての制作」という節がそれで、人間同士が共同で作り上げる「活動」においては、その活動がどこに向かうかを予測できないという意味での「不可予言性」、その過程が不可逆であることや、誰が作ったかが明らかにならない匿名性という問題点を抱えている。そうした「活動」のかかえる困難を避けようとして、人びとの協同ではなく、支配者による統治の図式で置き換えようとするという。それはプラトン以来絶えず試みられてきたもので、「一つのモデルに従ってユートピア的な政治システムを組み立てる」(HC p.357, 227) 企てがいかに現実の多様性とダイナミズムを抑圧して暴力の行使に至るかを描いている。

61 中国の政権を見ていると、天安門事件に象徴されるように、民衆学生の政治的な覚醒は社会的混乱と体制の危機を生み出すという把握において、他の開発途上の国民国家の指導者と少しも異なることがないように見える。その運動がたとえ平和的に始まったとしても国民規模で運動となれば、党の指導と異なる混乱に向かうという判断において、資本主義的な開発方法とまったく異なることはない。

62 たとえば、内田樹は、「パリ・コミューンはすばらしい歴史的実験だったしめざしたものは崇高だったかも知れないけれど、あのような「新しい社会」を志向する、開放的な革命運動は政治的には無効だと考えた」とレーニンの総括を肯定的に論じている（内田樹・石川康宏『若者よ、マルクスを読もうⅢ』、かもがわ出版、二〇一八年、五九頁）。このような理解においては、「政治」は、権力奪取をめぐる問題として以上の意味はいささかなりとも位置付けられていない。問題は政治の中にどのように希望を持ち続けられるかではないのか。

63 この問題に関しては、ユーゴスラヴィアにおいては労働者の自主管理という名前で、企業体を合理的に運営することに、かなり困難をもたらした。他の社会主義諸国においても、資本家階級による搾取構造をなくすという名のもとに、結果的に経営の問題に関して共産党に代表される政治家と官僚による恣意的な計画立案や干渉的介入を許したりすることになった。たとえば、オートメーション化やコンピューター化などの科学技術の進歩によって、現場の労働者がこれまで獲得して生きた熟練技術を無用化してしまうという事態が生まれてくる。その技術革新による、新しい生産体制においては、現場の労働者は従来の技術を一旦は廃棄して新たな技術を習得しなければならない場合もしばしば生まれる。そうした場合には現場の労働者と管理経営者との間には一定の対立も生まれざるを得ないが、それを克服しようとすれば、結局、党官僚の外側からの介入を引き起こしやすくなる。暉峻衆三他著『ユーゴ社会主義の実像』、リベルタ出版、一九九〇年参照。

64 日本の場合、第二次大戦敗戦後、米軍の占領下で、二・一ストを禁止されたりして、米軍司令部の強い管理下に置かれていたことは周知のことである。同じように、ソ連は東欧諸国を事実上の占領国扱いしてきた。ハンガリーの場合には大戦期にヒトラー側についたことなどもあって、政府の形態の在り方に対してソ連は公然と介入し続けた。

65 たとえば一九五六年に形成された中央労働者評議会のもっとも代表的な人物の一人はバリ・シャーンドルという労働者であって、一九四五年以降共産党員として活動していた。ビル・ローマックス前掲書一九一頁以下参照。

66 総務省統計局職業別就業者数による。

67 経済的富を得る手段ではなくて、日々の生活のために必要な範囲での日常の家事や農業などが、人間の精神的情緒的安定に大きな役割を持つことについては、すでにさまざまな研究がある。たとえば、尾関周二・亀山純生ほか編『〈農〉と共生の思想』(農林統計出版、二〇一一年)参照。戦後日本においては、農業は一貫して工業化に対抗できる生産力増大をめざすという本来農業破壊的といってもよい国家政策が追及されてきた。

68 ジークムント・バウマンは、公的領域(エクレシア)と私的領域(オイコス)をつなぐ領域として、いわば「私的/公的領域」としての「アゴラ」の意義を強調するが、アゴラの位置は興味深い。たしかに、ソクラテスが、アテナイの市民に向かって話し合い、議論を吹っ掛けたのは、民会の外側といってもよいアゴラという市民が生活上のさまざまな交流を行う開かれた場であったということは重要である。ここで肝心なのは、決定することではなく、市民が自由に語り合うことである。アゴラの話し合いは、さまざまな意見を話し合って、人間の複数性を確認し合いながら、自らの共同体をめぐるありかたをめぐって、自分なりの意見や見え方を形成する内的基盤を作り上げる機会となっていた。共同体の利害にかかわる決定を行う民会と、それとは区別されるけれども、アゴラでの市民の自由な話し合いが持つ意味を考えることこそ、「政治」のアーレント的意味を考えるうえで極めて重要なポイントである。アーレントは近代社会の中では、自らの内面的な「自分らしさのためのプライヴァシー」である「私的領域」において、むしろ、「公的空間」への関与の可能性が生まれることの重要性を強調している。ジークムント・バウマン『政治の発見』、中道寿一訳、経済評論社、二〇〇二年、一二八頁以下参照。

69 フィンレイは、古代アテナイが徹底した対面社会の社会Face to face Societyであり、「書き言葉の世界」ではなく「話し言葉の世界」であったことを強調している。M・I・フィンレイ（『民主主義——古代と近代』、柴田平三郎訳、刀水書房、一九九一年、一七頁。

70 日本では、アーレントの『革命について』が一九六八年に合同出版から翻訳された。しかし、日本の左翼的運動にかかわった人々のなかで、当時、彼女の問題設定に対応できる思考に共鳴する人々はごく一部の例外的知識人と市民のみであった。当時の日本の学生たちの主要な理論的および実践的関心は、共産党系の運動対新左翼系の理論と運動方針の対立であった。それは、一九六〇年安保闘争の総括をめぐって以降、ずっと引きずり続けた問題設定であり、ベ平連に象徴される自立をめざした個人の市民運動は、学生の中ではきわめて影響力が少なかった。当時、アーレントに興味を持ったのは、永井陽之助、志水速雄らの冷戦下でのソ連批判に組した政治学者たちであって、米国的リベラリズムの流れにある知識人であった。しかし、これらのいずれにも組することなく、自立的思考を求めていた市井の批判的市民が、アカデミズムやジャーナリズム、あるいは政党運動とは区別された形で存在し、アーレントに関心を示したのは、見逃してはならない事実である。

71 アーレント自身が、そのようなかけがえのない経験をしたことはほぼ間違いないであろうし、それは、亡命中のパリを中心とする戦時下の経験であったろう。パリで、アーレントは、亡命者として生活の中で悲惨な経験を味わいながらも、夫だったギュンター・アンデルスの交流のネットワークなどを糸口に、ベンヤミンや、後に終生のパートナーとなるハインリッヒ・ブリュッヒャー、さらには、ブレヒトやフランスのカミュ、サルトル他の多彩な人物との交流を続けた。彼らは定期的に集まっては、世界のこと、文学のこと、政治のことを自由に語り合い、運動していたようである。

72 菅野賢治「われら亡命者　パリ亡命時代のハナ・アーレント」（『現代思想』一九九七年七月号）を参照のこと。

73 念のために言えば、ドイツ語の Zivilgesellschaft という言葉を英語に直訳すれば civil society ということになり、「市民社会」あるいは「ブルジョワ社会」という言葉になる。近代「市民社会」においては、経済と政治が合体癒着していくという過程そのものが、近代の「政治」破壊の起源になるという指摘こそアーレントの中核をなすのだが、この点こそハーバーマスとのもっとも重要な違いである。

74 J・ハーバーマス『公共性の構造転換　第二版』、細谷貞雄・山田正行訳、一九九四、p.xxxviii。注目すべきことだが、ハーバーマスが、以前、アーレントが経済的要素を政治から厳密に分離して区別することを強調していたことを強く批判していたことを考えると、一八〇度の方向転換といってよい。しかし、一八〇度の転換というのは不正確であって、ハーバーマスはここで、政治システムや経済システムに従属しない「市民協会」の可能性を発見したということであって、それが「自由主義的な法治国家」の中に位置づきうる可能性を第一に重視していたのである。

75 同上書翻訳では〈市民社会〉として、ヘーゲルやマルクスの使った「市民社会」と同じ言葉が使われているが、中身からすると、「市民協会」とでも訳すしかない。

76 篠原一編『討議デモクラシーの挑戦』（岩波書店、二〇一二年）には、世界の多様な「討議デモクラシー」としてまとめられる試みが興味深い形で紹介されている。

梶谷真司は『考えるとはどういうことか』（幻冬舎新書、二〇一八年）において、「誰にとっても必要」（p.108）な「哲学＝考えること」が複数で行われる時には「対話」が必要だが、その場合には、「理解」することさえ

77

必ずしも必要ではなく、互いがその「場を共有する」(p.172) ことが肝心であるという。その際には、相手の話を「その人のためにその場にいて、その人の存在をそのままに受け止めること」が必要なのだという。北海道浦河での「べてるの家」での統合失調症の患者同士が共同の生活をしながらの自由な話し合いの企てはその興味深い例だろう。彼らは、それ以外の場所ではほとんど絶望的な自由な「あるがままの」話し合いを、仲間同士で「当事者研究」という活動によって保証し合っている。向谷地生良『統合失調症を持つ人への援助論』、金剛出版、二〇〇九年、浦河べてるの家『べてるの家の「非」援助論』、医学書院、二〇〇二年、などを参照のこと。同じように、アルコールや薬物依存症の「ダルク女性ハウス」などにおいても「場を共有する」ことが重要視されている。

引用・参照文献

（但しアーレント著作は除く）

Anweiler, O., *Die Rätebewegung in Russland, 1905-1921*, Leiden E.J.Brill, 1958

Bonnie Honig(ed.), *Feminist Interpretations of Hannah Arendt*, Pennsylvania University Press, 1995

C.Calhoun and J.McGowan(ed.), *Hannah Arendt and the Meaning of Politics*, University of Minnesota Press, 1997

D.Schöttker und E. Wizisla(hrsg.), *Arendt und Benjamin*, Suhrkamp taschenbuch, 2006

David Schoenbaum, *Hitler's Social Revolution Class and Status in Nazi Germany 1933-1939*, Weidenfeld and Nicolson, 1967

E.H.Carr, *The Bolsheviki Revolution 1917-1923*, Penguin Books, 1950

Elisabeth Young-Bruehl, *Hannah Arendt For Love of the World*, Yale University Press, New Haven and London, 1982

Elzbieta Ettinger, *Hannah Arendt Martin Heidegger*, Yale University Press, 1995

Ernest Laclau, *On Populist Reason*, Verso, 2005

Isabelle Lorey, *State of Insecurity*, Verso, 2015

Jaida N'ha Sandra/ Jon Spayde, *Salons The joy of Conversation*, New Society Publishers, 2001

James Gilligan, *Violence Reflexions on a national epidemic*, Vintage, 1997

Judith Butler, *Precarious life: the powers of mourning and violence*, Verso, 2006

K.D.Bracher, *Die deutsche Diktatur*, Verlag Kiepenheuer&Witsch, 1969

Kurt Sontheimer, *Hannah Arendt Der Weg einer großen Denkerin*, Piper, 2006

Margaret Canovan, *Hannah Arendt: A Reinterpritation of her political Thought*, Cambridge University Press, 1992

Martin Heidegger, *Einführung in die Metaphysik*, Max Niemeyer verlag, 1953

Martin Heidegger, *Die Selbstbehauptung der deutschen Universität*, Vittorio Klostermann, 1990

Marx/ Engels, *GesamtAusgabe I/ II*, Dietz Verlag ,1982
Melvyn A. Hill(ed.), *Hannah Arendt The Recovery of the Public World*, St. Martin's Press, 1979
Sara Evans, *The Roots of Women's Liberation in the Civil Rights Movement and the New Left*, Vintage Book, 1979
Sheldon S.Wolin, *Democracy Incorporated*, Princeton University Press, 2008
Verena von der Heyden-Rynsch, *Europäische Salons*, Artemis&Winkler, 1992
Walter Benjamin, *Gesammelte Schriften BandI ～ VII*, Suhrkamp taschenbuch, 1991
Wolfram Fischer, *Deutsche Wirtschftspolitik 1918-1945*, C.W.Leske Verlag, 1968
ア・イ・モロク編『パリ・コミューン』、高橋勝之訳、大月書店、1971 年
P. アヴリッチ『クロンシュタット 1921』、菅原崇光訳、現代思潮社、1977 年
朝日新聞「DX は人を幸せにする？」(2022 年 1 月 17 日～ 19 日)
有田哲文『ユーロ通貨危機』、朝日新聞出版、2011 年
アルベール・カミュ『反抗的人間』、カミュ著作集Ⅳ、佐藤朔・白井浩司訳、新潮社、1958 年
アルベール・シャンボン『仏レジスタンスの真実――神話・伝説・タブーの終わり』、福元啓二郎訳、河出書房新社、1997 年
アレクサンドル・コイレ『コスモスの崩壊――閉ざされた世界から無限の宇宙へ』、野沢協訳、白水社、1999 年
G. アンダース『異端の思想』、青木隆嘉訳、法政大学出版局、1997 年
G. アンダース『時代遅れの人間』上下、青木隆嘉訳、法政大学出版局、1994 年
G. アンダース『世界なき人間』、青木隆嘉訳、法政大学出版局、1998 年
G. アンダース『核の脅威』、青木隆嘉訳、法政大学出版局、2016 年
G. アンダース・C. イーザリー『ヒロシマ　わが罪と罰』、篠原正瑛訳、ちくま文庫、1987 年
アントニオ・ネグリ , マイケル・ハート『〈帝国〉』、水嶋一憲他訳、以文社、2003 年
アントニオ・ネグリ , マイケル・ハート『マルチチュード』(上、下)、幾島幸子訳、NHK ブックス、2005 年

アントニオ・ネグリ，マイケル・ハート『叛逆』、水嶋一憲・清水知子訳、NHK ブックス、2013 年
アントニオ・ネグリ，マイケル・ハート『未来派左翼』（上、下）、廣瀬純訳、NHK ブックス、2008 年
イヴォンヌ・シュラット『ヒトラーと哲学者』、三ツ木道夫・大久保友博訳、白水社、2015 年
石井規衛「ロシア革命とボルシェヴィキ」（柴田三千雄ほか編シリーズ『世界史への問い　10 国家と革命』、岩波書店、1991 年）
市川裕『ユダヤ人とユダヤ教』、岩波新書、2019 年
市野川容孝『社会』、岩波書店、2006 年
伊藤孝之・南塚信吾・NHK 取材班『NHK スペシャル社会主義の 20 世紀 第 3 巻』、日本放送出版協会、1990 年
伊藤誠・大藪龍介・田畑稔編『21 世紀のマルクス』、新泉社、2019 年
岩田昌征『凡人たちの社会主義』、筑摩書房、1985 年
岩谷良恵『おしゃべり・雑談の政治哲学』、大月書店、2011 年
岩本勲『フランス社会党政権の転換点』、晃洋書房、1984 年
ヴァルター・ベンヤミン『ベンヤミン・コレクション 1　近代の意味』、浅井健二郎編訳、ちくま学芸文庫、1995 年（「複製芸術時代の芸術作品」「歴史の概念について」）
ヴァルター・ベンヤミン『ベンヤミン・コレクション 2　エッセイの思想』、浅井健二郎編訳、ちくま学芸文庫、1996 年（「エドゥアルト・フックス――蒐集家と歴史家」）
ヴァルター・ベンヤミン『ヴァルター・ベンヤミン著作集 9　ブレヒト』、石黒英男編、晶文社、1971 年
ヴァルター・ベンヤミン『ヴァルター・ベンヤミン著作集 13　新しい天使』、野村修編、晶文社、1979 年
ヴィクトル・ファリアス『ハイデガーとナチズム』、山本尤訳、名古屋大学出版会、1990 年
ヴェルコール『沈黙のたたかい――フランス・レジスタンスの記録 』、森乾訳、新評論、1992 年
ウェンディ・ブラウン『いかにして民主主義は失われていくのか』、中井亜佐子訳、みすず書房、2017 年
ウォルツァー『政治と情念』、齊藤純一他訳、風行社、2006 年
内田樹・石川康宏『若者よマルクスを読もう』、かもがわ出版、2018 年
海原峻編『ドキュメント現代史 8　レジスタンス』、平凡社、1973 年

N. エリアス・E. ダニング『スポーツと文明化』、大平章訳、法政大学出版局、1995 年
エリザベス・ヤング＝ブルーエル『ハンナ・アーレント伝』、荒川幾男・原一子・本間直子・宮内寿子訳、晶文社、1999 年
エーリッヒ・フロム『ワイマールからヒトラーへ――第二次世界大戦前のドイツの労働者とホワイトカラー』、佐野哲郎・佐野五郎訳、紀伊國屋書店、1991 年
エルジビェータ・エッティンガー『アーレントとハイデガー』、大島かおり訳、みすず書房、1996 年
小川英治編『EU スタディーズ２　経済統合』、勁草書房、2007 年
尾関周二『21 世紀の変革思想へ向けて』、本の泉社、2021 年
E.H. カー『ロシア革命の考察』、南塚信吾訳、みすず書房、1969 年
E.H. カー『ボリシェヴィキ革命』、原田三郎ほか訳、みすず書房、1967 年
E.H. カー『ロシア革命――レーニンからスターリンへ』、塩川伸明訳、岩波現代文庫、2000 年
角幡唯介『そこにある山』、中央公論新社、2020 年
角幡唯介「社会の役に立たないという価値：角幡唯介さん語る探検論」、朝日新聞、2020 年 10 月 1 日
梶谷真司『考えるとはどういうことか』、幻冬舎新書、2018 年
カス・ミュデ, クリストバル・ロビラ・カルトワッセル『ポピュリズム――デモクラシーの友と敵』、永井大輔・高山裕二訳、白水社、2018 年
加藤典洋『日本の無思想』、平凡社新書、1999 年
加藤典洋『敗戦後論』、講談社、1997 年
加藤典洋『戦後的思考』、講談社、1999 年
加藤典洋『日本人の自画像』、岩波書店、2000 年
加藤典洋『オレの東大物語』、集英社、2020 年
カトリーヌ・クレマン『恋愛小説――マルティンとハンナ』、永田千奈訳、角川春樹事務所、1999 年
ガブリエル・ガルシア・マルケス『生きて、語り伝える』、旦敬介訳、新潮社、2009 年
柄谷行人『世界史の構造』、岩波現代文庫、2015 年
柄谷行人『哲学の起源』、岩波書店、2012 年
柄谷行人『ニュー・アソシエーショニスト宣言』、作品社、2020 年
カール・マルクス『マルクス・エンゲルス全集　第 1 巻』、大内兵衛・細

川嘉六監訳、大月書店、1959 年
カール・マルクス『ユダヤ人問題を論ず』、久留間鮫造ほか訳、岩波文庫、1928 年
カール・マルクス『フランスの内乱』、木下半治訳、岩波書店、1952 年
カール・マルクス『経済学批判』、武田隆夫ほか訳、岩波文庫、1956 年
カール・マルクス『経済学・哲学手稿』、藤野渉訳、国民文庫、1963 年
カール・マルクス『資本論』(『世界の大思想 18』)、長谷部文雄訳、河出書房、1964 年
カール・マルクス『ヘーゲル法哲学批判序論　付　国法論批判その他』、真下信一訳、大月書店、1970 年
カール・マルクス『経済学批判要綱』、高木幸二郎監訳、大月書店、1958 年～ 1965 年
カール・マルクス , フリードリヒ・エンゲルス『マルクスエンゲルス全集 40 巻』、大内兵衛・細川嘉六監訳、大月書店、1975 年
カール・マルクス , フリードリヒ・エンゲルス『共産党宣言』、大内兵衛・向坂逸郎訳、岩波文庫、1951 年、
カール・マルクス , フリードリヒ・エンゲルス『ドイツ・イデオロギー』、古在由重訳、岩波文庫、1956 年
カール・ヤスパース『現代の政治意識　原爆と人間の将来』、飯島宗享・細尾登訳、理想社、1976 年
苅部直『丸山真男――リベラリストの肖像』、岩波新書、2006 年
キャス・サンスティーン『熟議が壊れるとき』、那須耕介訳、勁草書房、2012 年
河内謙策『東大闘争の天王山』、花伝社、2020 年
川崎修『アレント――公共性の復権』、講談社、1998 年
川崎修『ハンナ・アレントの政治理論Ⅰ』、岩波書店、2010 年
川崎修・萩原能久・出岡直也編著『アーレントと二十世紀の経験』、慶應義塾大学出版会、2017 年
クロード・ルフォール『民主主義の発明』、渡名喜庸哲他、勁草書房、2017 年
小岸昭『スペインを追われたユダヤ人』、ちくま学芸文庫、1996 年
小島亮『ハンガリー事件と日本』、現代思潮新社、2003 年
小森謙一郎『アーレント　最後の言葉』、講談社、2017 年
コリン・ヘイ『政治はなぜ嫌われるのか――民主主義の取り戻し方』、吉田徹訳、岩波書店、2012 年

齋藤幸平『人新生の「資本論」』、集英社新書、2020年
佐藤和夫『〈政治〉の危機とアーレント』、大月書店、2017年
R. ザフランスキー『ハイデガー』、山本尤訳、法政大学出版局、1996年
ジェイムズ・S・フィシュキン『人々の声が響き合うとき――熟議空間と民主主義』、岩木貴子訳、早川書房、2011年
ジェームズ・ギリガン『男が暴力をふるうのはなぜか』、佐藤和夫訳、大月書店、2011年
シェルドン・S. ウォリン『政治学批判』、千葉眞訳、みすず書房、1988年
D. シェーンボウム『ヒットラーの社会革命』、大島通義・大島かおり訳、而立書房、1978年
シグマンド・ノイマン『大衆国家と独裁』、岩永健吉郎・岡善達・高木誠訳、みすず書房、1960年
篠原一編『討議デモクラシーの挑戦』、岩波書店、2012年
篠原一『市民の政治学』、岩波新書、2004年
篠原一編著『ライブリー・ポリティクス』、総合労働研究所、1985年
シモーヌ・ヴェーユ『シモーヌ・ヴェーユ著作集Ⅰ　戦争と革命への省察』、橋本一明・渡辺一民編、春秋社、1968年
シモーヌ・ヴェーユ『シモーヌ・ヴェーユ著作集Ⅱ　ある文明の苦悶』、橋本一明・渡辺一民編、春秋社、1968年
シモーヌ・ヴェーユ『シモーヌ・ヴェーユ著作集Ⅴ　根をもつこと』、橋本一明・渡辺一民編、春秋社、1967年
シモーヌ・ヴェイユ『自由と社会的抑圧』、冨原眞弓訳、岩波文庫、2005年
シャンタル・ムフ『政治的なるものの再興』、千葉眞他訳、日本経済評論社、1998年
シャンタル・ムフ編『脱構築とプラグマティズム』、青木隆嘉訳、法政大学出版局、2002年
A. シュトゥルムタール『ヨーロッパ労働運動の悲劇Ⅰ・Ⅱ』、神川信彦・神谷不二訳、岩波現代叢書、1971年
C. シュミット『政治的なものの概念』、田中浩・原田武雄訳、未來社、1970年
ジュリア・クリステヴァ『ハンナ・アーレント』、松葉祥一・椎名亮輔・勝賀瀬恵子訳、作品社、2006年
シュロモー・サンド『ユダヤ人の起源』、高橋武智監訳、浩気社、2010年
ジョセフ・E・スティグリッツ『世界の99%を貧困にする経済』、楡井浩一・

峯村利哉訳、徳間書店、2012年
ジョセフ・E・スティグリッツ『世界を不幸にするアメリカの戦争経済』、楡井浩一訳、徳間書店、2008年
ジョルジョ・アガンベン『ホモ・サケル——主権権力と剥き出しの生』、高桑和巳訳、以文社、1995年/2003年
ジョルジョ・アガンベン『アウシュヴィッツの残りもの——アルシーヴと証人』、上村忠男・廣石正和訳、月曜社、1998年/2001年
ジョルジョ・アガンベン『人権の彼方に——政治哲学ノート』、高桑和巳訳、以文社、1996年/2000年
ジョルジュ・ベルナノス『抑圧と抵抗：レジスタンス論集』、渡辺一民編訳、春秋社、1982年
G.ショーレム編『ベンヤミン-ショーレム往復書簡』、山本尤訳、法政大学出版局、1990年
SEALDs編著『SEALDs 民主主義ってこれだ！』、大月書店、2015年
篠原一編『ライブリー・ポリティクス』、総合労働研究所、1985年
篠原一『市民の政治学』、岩波新書、2004年
篠原一編『討議デモクラシーの挑戦』、岩波書店、2012年
関哲行『スペインのユダヤ人』、山川出版社、2003年
タイラー・コーエン『大停滞』、池村千秋訳、NTT出版、2011年
竹内章郎・吉崎祥司『社会権』、大月書店、2017年
竹内洋『丸山眞男の時代——大学・知識人・ジャーナリズム』、中公新書、2005年
ダンテ・アリギエーリ『帝政論』、小林公訳、中央公論新社、2018年
千葉眞『資本主義・デモクラシー・エコロジー』、筑摩選書、2022年
塚本健『ナチス経済』、東京大学出版会、1983年
対馬美千子「アーレントと文学の力」『論叢現代語・現代文化 10』、2013年、pp.1-21
暉峻衆三・小宮洋司・竹森正孝・山中武士『ユーゴ社会主義の実像』、リベルタ出版、1990年
東京大学社会科学研究所編『ファシズム期の国家と社会3——ナチス経済とニューディール』、東京大学出版会、1979年
東京大学新聞研究所・東大紛争文書研究会編『東大闘争の記録』、日本評論社、1969年
戸門一衛『スペインの実験——社会労働党政権の12年』、朝日選書、1994年

トッド・チャン他『グローバリズムが世界を滅ぼす』、文藝春秋、2014年
トマ・ピケティ『21世紀の資本』、山形浩生・守岡桜・森本正史訳、みすず書房、2014年
永井清彦・南塚信吾・NHK取材班『NHKスペシャル社会主義の20世紀 第1巻』、日本放送出版協会、1990年
西部邁『六〇年安保——センチメンタル・ジャーニー』、文春学藝ライブラリー、2018年
日本大学文理学部闘争委員会書記局編『増補反逆のバリケード——日大闘争の記録』、三一書房、1969年
野村修『ベンヤミンの生涯』、平凡社、1993年
ノルベルト・エリアス『文明化の過程』、赤井慧爾・中村元保訳、法政大学出版局、1977年
ノルベルト・エリアス『スポーツと文明——興奮の探求』、大平章訳、法政大学出版局、1995年
M.ハイデッガー他『30年代の危機と哲学』、清水多吉・手川誠士郎編訳、1999年(M.ハイデガー「ドイツ大学の自己主張」、E.フッサール「ヨーロッパ的人間性における危機と哲学」)
M.ハイデッガー『形而上学入門』、川原栄峰訳、平凡社ライブラリー、1994年
パオロ・ヴィルノ『マルチチュードの文法』、廣瀬純訳、月曜社、2004年
パオロ・ヴィルノ『ポスト・フォーディズムの資本主義』、柱本元彦訳、人文書院、2008年
J.バトラー・E.ラクラウ・S.ジジェク『偶発性・ヘゲモニー・普遍性』、竹村和子・村山敏勝訳、青土社、2002年
羽仁五郎『都市の論理』、勁草書房、1968年
J.ハーバーマス『公共性の構造転換』、細谷貞雄訳、未來社、1973年
J.ハーバーマス『哲学的・政治的プロフィール(上)』、小牧治・村上隆夫訳、未來社、1984年
J.ハーバーマス『事実性と妥当性』、川上倫逸・耳野健二訳、未來社、(上)2002年(下)2003年
J.ハーバーマス『公共性の構造転換　第2版』、細谷貞雄・山田正行訳、未來社、1994年
林 健太郎『ワイマル共和国——ヒトラーを出現させたもの』、中公新書、1963年
ハンス・ヨナス『グノーシスの宗教——異邦の神の福音とキリスト教の端

緒』、秋山さと子・入江良平訳、人文書院、1986 年
ビル・ローマックス『終わりなき革命　ハンガリー 1956』、南塚信吾訳、彩流社、2006 年
W. フィッシャー『ヴァイマルからナチズムへ——ドイツの経済と政治 1918-1945』、加藤栄一訳、みすず書房、1982 年
M．I．フィンレイ『民主主義——古代と近代』、柴田平三郎訳、刀水書房、1991 年
東ドイツの民主化を記録する会編『ベルリン 1989』、大月書店、1990 年
ピーター・ゲイ『ワイマール文化』、亀嶋庸一訳、みすず書房、1987 年
福田歓一『近代民主主義とその周辺』、岩波新書、1977 年
K.D. ブラッハー『ドイツの独裁』Ⅰ・Ⅱ、山口定・高橋進訳、岩波書店、1975 年
N. プーランツァス『ファシズムと独裁』、田中正人訳、批評社、1983 年
P. ブルデュー・L. ヴァカン『国家の神秘』、水島和則訳、藤原書店、2009 年
ブルンクホルスト，ケーラー，ルッツ＝バッハマン編『人権への権利』、舟場保之・御子柴善之監訳、大阪大学出版会、2015 年
プレハーノフ『歴史における個人の役割』、木原正雄訳、岩波文庫、1958 年
O. ペゲラー編『ハイデガーと実践哲学』、竹市明弘他訳、法政大学出版局、2001 年
ベルトルト・ブレヒト『バール　夜うつ太鼓　都会のジャングル』、石黒英男訳、晶文社、1968 年
ベルトルト・ブレヒト『ブレヒトの政治・社会論』、石黒英男編、河出書房新社、1972 年
ベルトルト・ブレヒト『ブレヒトの小説』、岩淵達治・長谷川四郎編、河出書房新社、1972 年
ベルトルト・ブレヒト『転換の書——メ・ティ』、石黒英男・内藤猛訳、DWELL 績文堂、2004 年
マイケル・ウォルツァー『政治と情念』、齊藤純一ほか訳、風行社、2006 年
マーガレット・カノヴァン『アレント政治思想の再解釈』、寺島俊穂・伊藤洋典訳、未來社、2004 年
マーガレット・カノヴァン『ハンナ・アレントの政治思想』、寺島俊穂訳、未來社、1981 年

牧野雅彦『アレント「革命について」を読む』、法政大学出版局、2018年
牧野雅彦『精読　アレント『全体主義の起源』』、講談社、2015年
マックス·ホルクハイマー『権威主義国家』、清水多吉編訳、紀伊国屋書店、1975年
E. マティアス『なぜヒトラーを阻止できなかったか――社会民主党の政治行動とイデオロギー』、安世舟・山田徹訳、岩波現代選書、1984年
マニュエル·カステル『都市·階級·権力』、石川淳志監訳、法政大学出版局、1989年
マニュエル・カステル『都市とグラスルーツ』、吉原直樹ほか訳、法政大学出版局、1997年
マルガレーテ·ブーバー＝ノイマン『カフカの恋人 ミレナ』、田中昌子訳、平凡社ライブラリー、1993年
マルガレーテ·ブーバー＝ノイマン『スターリンとヒトラーの軛のもとで』、林晶訳、ミネルヴァ書房、2008年
三浦隆宏『活動の奇跡』、法政大学出版局、2020年
水島治郎編『ポピュリズムという挑戦』、岩波書店、2020年
ミュルダール『經濟學說と政治的要素』、山田雄三訳、日本評論社、1942年
ミッシェル・フーコー『ミシェル・フーコー講義集成〈8〉生政治の誕生（コレージュ・ド・フランス講義1978-79）』、慎改泰之訳、筑摩書房、2008年（Naissance de la biopolitique1979年3月7日（pp.229-264））
宮本常一『忘れられた日本人』、岩波文庫、1984年
本山美彦『金融権力』、岩波新書、2008年
森一郎「労働のゆくえ」千田義光・久保陽一・高山守編『講座　近・現代ドイツ哲学Ⅲ』、理想社、2009年、pp.43-75
森一郎『ハイデガーと哲学の可能性』、法政大学出版局、2018年
山下肇『ドイツ・ユダヤ精神史』、講談社学術文庫、1995年
ヤン＝ ヴェルナー・ミュラー『ポピュリズムとは何か』、板橋巧己訳、岩波書店、2017年
ヤン＝ ヴェルナー・ミュラー『試される民主主義』上・下、板橋拓巳・田口晃監訳、2019年
養老孟子「私の人生、「不要不急」？　再考した問い」、朝日新聞、2020年5月10日
吉田千秋·佐藤和夫·田平暢志·吉田傑俊『現代のための哲学』、青木書店、

1982 年
吉田徹『ミッテラン社会党の転換――社会主義から欧州統合へ』、法政大学出版局、2008 年
吉田徹『ポピュリズムを考える――民主主義への再入門』、NHK 出版、2011 年
吉田徹『感情の政治学』、講談社メチエ、2014 年
吉田徹『アフター・リベラル』、講談社現代新書、2020 年
吉本隆明『擬制の終焉』、現代思潮社、1962 年
吉本隆明『わが「転向」』、文藝春秋、1995 年
E. ラクラウ・C. ムフ『ポストマルクス主義と政治』、山崎カヲル・石澤武訳、大村書店、2000 年
E. ラクラウ・C. ムフ『民主主義の革命』、西永亮・千葉眞訳、ちくま学芸文庫、2012 年（上記と同じ原著）
E. ラクラウ『現代革命の新たな考察』、山本圭訳、法政大学出版局、2014 年
李鋭『中国民主改革派の主張――中国共産党私史』、小島晋治編訳、2013 年
リチャード・J・バーンスタイン『根源悪の系譜』、阿部ふく子・菅原潤他訳、法政大学出版局、2013 年
ルティ・ジョスコヴィッチ『私の中の「ユダヤ人」』、現代企画室、2007 年
H. ルフェーヴル『パリ・コミューン』、河野健二・柴田朝子訳、岩波書店、1968 年
M. レイボヴィッチ『ユダヤ女ハンナ・アーレント――経験・政治・歴史』、合田正人訳、法政大学出版局、2008 年
レーニン『国家と革命』、宇高基輔訳、岩波文庫、1957 年
ローザ・ルクセンブルク『ローザ・ルクセンブルク選集 4』、野村修・清水幾太郎他訳、現代思潮社、1970 年
ロバート・ダール『ダール、デモクラシーを語る』G. ボセッティ編、伊藤武訳、岩波書店、2006 年
ロバート・ダール『デモクラシーとは何か』中村孝文訳、岩波書店、2001 年

佐藤和夫（さとう・かずお）
1948年生まれ、千葉大学名誉教授（哲学）。著書に『〈政治〉の危機とアーレント』、『仕事のくだらなさとの戦い』、『ラディカルに哲学する』シリーズ（大月書店）、訳著にハンナ・アーレント『精神の生活』『政治とは何か』（岩波書店）、『カール・マルクスと西欧政治思想の伝統』、J・ギリガン『男が暴力をふるうのはなぜか』（大月書店）ほか。

〈政治〉のこれからとアーレント——分断を克服する「話し合い」の可能性

2022年9月25日　初版第1刷発行

著者 ——佐藤和夫
発行者 ——平田　勝
発行 ——花伝社
発売 ——共栄書房
〒101-0065　東京都千代田区西神田2-5-11出版輸送ビル2F
電話　03-3263-3813
FAX　03-3239-8272
E-mail　info@kadensha.net
URL　http://www.kadensha.net
振替 ——00140-6-59661
装幀 ——北田雄一郎
印刷・製本— 中央精版印刷株式会社

ISBN978-4-7634-2026-8 C3011

ノスタルジー

我が家にいるとはどういうことか？　オデュッセウス、アエネアス、アーレント

バルバラ・カッサン　著
馬場智一　訳

定価　1980円

●「ノスタルジー」と「故郷」の哲学

帰郷の後すぐ再び旅に出たギリシアの英雄オデュッセウス、ギリシア語を捨ててラテン語を話しローマの元になる都市を建立したアエネアス、アメリカ亡命後も母語ドイツ語に拘り続けたユダヤ人哲学者アーレント。自分の故郷を離れ、自分の言葉を忘れざるを得なかった人々の抱く「ノスタルジー」とは。